ルーズベルトの開戦責任

大統領が最も恐れた男の証言

ハミルトン・フィッシュ

渡辺惣樹＝訳

草思社文庫

FDR
THE OTHER SIDE OF THE COIN
How We Were Tricked into World War II
by the Hon. Hamilton Fish,
Former Member of the United States Congress

Japanese translation rights arranged
with The Estate of Hamilton Fish, New York
through Tuttle-Mori Agency, Inc., Tokyo

「釈明史観」を糺す歴史修正主義——文庫版訳者まえがき

『ルーズベルトの開戦責任』が日本で上梓されたのは二〇一四年のことである。読者の高い評価を受けて版を重ねてきたが、この度文庫化されることになった。訳者としては望外の喜びである。最後までフランクリン・ルーズベルト（ＦＤＲ）の外交を批判して世を去ったハミルトン・フィッシュも泉下で笑みをもらしていることであろう。私は歴史の真実は細部に宿っていると信じている。しかし、歴史的事象の全てを書き尽くすことはできない。何が重要な細部なのかを見極める力が必要となる。それに失敗した歴史家の書は、内容が浅薄なだけではなく間違った歴史解釈を生む。

アメリカは、先の大戦の参戦前の段階では、強力な（潜在的）軍事力を背景にヨーロッパの紛争に対しては仲裁に入れる立場であった。それができる機会は多々あった。それにもかかわらず、ＦＤＲは対立の火に油を注ぐ外交を繰り広げた。また、当時の米国の多くの政治家が、二人の怪物（スターリンとヒトラー）は早晩壮絶な戦いを始めると見ていた。このことを示す多くの事件や事象が、ハミルトン・フィッシュが本書で追究する細部である。

この重要な歴史の細部を捨象してあの戦争を描写しているのが、現在の「正統」と見なされている歴史書なのである（意図的であるか否かは不明だが）。上記二点を見逃して先の大戦を描こうとすれば、日独を中心とした枢軸国は第一次大戦後のベルサイユ体制を破壊し、世界覇権を求める〝極悪〟の全体主義国家であった、という結論になる。従ってその野望を叩きのめす外交を進めたFDRやチャーチルは〝絶対善〟であり、ヒトラーや東條英機は〝極悪人〟となる。しかし、歴史の細部に目をやれば、そんな単純な理解はとてもできない。こうした「正統」な歴史観に立つ歴史家は、自身の解釈に不都合な事件や関係者の発言に触れられると釈明に終始せざるを得なくなる。ハーバート・フーバー元大統領は、こうした歴史家を「釈明史観主義者」（アポロジスト）として軽蔑している。

フーバー元大統領も歴史の細部を疎かにしない歴史家であった。彼はその書『裏切られた自由』の中で、上記に挙げた二点に加えて、アメリカ参戦以降に繰り返された連合国首脳の度重なる会談を詳細に検討した。その上でフィッシュと同様の結論を導き出した。釈明史観では先の大戦には二つの「大義」すなわちポーランドの独立保障（英仏の対独宣戦布告理由）と、中国の独立回復（ハル・ノートによる日本の中国からの全面撤退要求）があったことになっているが、フーバーはこれが終戦期および戦後にことごとく蔑ろにされていく過程を詳述している。（『裏切られた自由』は草思社より邦訳出版される。翻訳は筆者)。

フーバーは『裏切られた自由』刊行を前にして世を去った(一九六四年)。およそ半世紀後の二〇一一年にこの未刊の書を世に送り出した歴史家のジョージ・ナッシュ(編者)は、同書を、「歴史修正主義史観の集大成である」と断言している。フーバーもハミルトン・フィッシュも、歴史修正主義に立つ。元大統領と、FDRの対日宣戦布告を容認した重鎮政治家(共和党)の二人が戦後になって歴史修正主義に立ち、FDRとチャーチルを批判していることは注目に値する。

歴史修正主義史観の本質は、日本やドイツなどの枢軸国の擁護にあるのではない。FDRやチャーチルの外交を冷徹に分析し、そこに間違いはなかったかと疑うことにある。ありていに言えば、もっと違った外交ができなかったのか、そうすることであの戦争を避けることができたのではないか、それができていれば戦後の冷戦はなかったのではないか、と考えることなのである。

『ルーズベルトの開戦責任』は、あの大戦に深くかかわった当事者の記録であり告白でもある。読者は、彼の語る歴史の細部に触れることで、巷に溢れる釈明史観に基づく歴史書を批判的にみる眼を養うことができるに違いない。そう確信している。

二〇一七年春　　　　渡辺惣樹

訳者まえがき

日米戦争の原因を冷静に遡(さかのぼ)ればヨーロッパで始まった戦争（一九三九年九月）に起因していることは間違いない。そのヨーロッパの戦いの原因はドイツとポーランドの、バルト海に面した港町ダンツィヒの帰属をめぐる争いだった。もともとドイツの前身であるプロシア領であったダンツィヒは、ベルサイユ条約（一九一九年）によって独立したポーランドが外交権を得たことで「自由都市」となり、ドイツから分断されたが、そこに暮らす九五パーセントの住民はドイツ系であった。

ヒトラーはポーランドに対してダンツィヒの返還を要求した。そしてドイツ領から飛び地になっているこの港町へのアクセス権（ポーランド回廊問題）を要求した。ウッドロー・ウィルソン米大統領が第一次世界大戦後のパリ講和会議で主張した民族自決原則からすれば、ヒトラーの要求に理があると考える政治家はイギリスにもアメリカにも多かった。機甲化されたドイツ陸軍とその航空戦力を考えたら、ポーランドはドイツとの外交的妥協を求めたほうが賢明である。多くの政治家はそう考えた。本書の著者であり、当時下院議員をつとめていたハミルトン・フィッシュもそうした政治家の一人であった。

ドイツにとって、ダンツィヒ帰属問題の解決は、過重な賠償をはじめ、敗戦国ドイツに対するベルサイユ条約の不正義からの回復運動の完成を意味した。これによってドイツ国民の恨みは解消できるはずであった。フィッシュらは、ヒトラーのナチス政権はダンツィヒ帰属問題を終結させ次第、その矛先をソビエトロシアに向けると考えていた。二つの全体主義国家は必ずや壮絶な戦いを始めるだろうとみていたのである。ヒトラーは、何度もダンツィヒ問題の外交的解決を図ろうとしていたし、同時に、英仏とは戦いたくないというメッセージを発していた。

ドイツは第一次世界大戦ではイギリスの海上封鎖に苦しんだ。食料不足で多くの国民が餓死し、それが社会主義者の跋扈（ばっこ）の呼び水となり内部から崩壊した。ヒトラーが、第一次大戦の苦しみの記憶から、食料も石油資源も豊富な東（ウクライナ方面）を目指すだろうと多くの政治家は予想していた。だからこそ、彼らの外交常識からすれば、ポーランドはドイツと妥協し、場合によってはドイツに協力して共に東進するオプションもあるはずだった。ソビエトはポーランドにとって十分に危険な国であった。しかし、ポーランドはなぜか意固地にヒトラーの要求を拒否した。

ポーランドの頑なな外交姿勢に業を煮やしたヒトラーが、犬猿の仲であったソビエトと独ソ不可侵条約（一九三九年）を締結したのは、ポーランドの強硬姿勢の背後にイギリスとフランスがいることを確信したからであった。ポーランドの独立維持は英仏の安全保障になんの関係もなかった。ダンツィヒをドイツ領に戻したとしても、英仏の安全が脅かされるはずもなかったのである。

ハミルトン・フィッシュは第一次世界大戦に参戦した。黒人部隊（第三六九連隊：通称ハーレム・ヘルファイターズ）に属する一中隊（K中隊）の指揮官として戦った。死を覚悟した激戦の中を運よく命拾いして帰国できた。それだけに、第一次大戦後に出来上がったベルサイユ体制の不正義に敏感であった。アメリカの伝統に反してヨーロッパのいざこざに介入した結果が、ベルサイユ体制であった。ベルサイユ会議での国境線引きはとても公平とはいえなかった。ヨーロッパ各地に憤懣の火種を撒き散らした。ダンツィヒ帰属問題はその典型であった。

アメリカ国民の多くが、ダンツィヒ帰属問題で、英仏がなぜドイツに宣戦布告したのか理解できなかった。英仏はポーランドに対して、その独立を守るためにもドイツとの妥協点を探るべきだとアドバイスすべきではなかったのか。アメリカ国民は、英仏がいったい何を目的にドイツに宣戦布告したのか皆目見当がつかなかった。

戦争目的のわからないヨーロッパの戦いに、参入したいと思う国民がいるはずもない。ヨーロッパでの戦端が開いても、アメリカは介入すべきではないと考えるものがほとんどだった。八割以上の国民だけでなく、与党民主党が圧倒的多数のワシントン議会でさえも七五パーセント以上の議員が非干渉を主張していたのである。一九四〇年の大統領選挙では、フランクリン・デラノ・ルーズベルト（FDR）ら大統領候補はヨーロッパ問題への非介入を公約とせざるを得なかった。ルーズベルトは投票日（十一月五日）直前のボストンの演説で次のように訴えた。

私はこれまでも述べてきたように、そしてこれから何度でも繰り返すが、あなた方の子供たちは外国の地での戦争に送り込まれることはけっしてない（一九四〇年十月三十日）。

ヨーロッパの戦いに介入したいルーズベルトは参戦のための準備を進めていた。それについては『アメリカはいかにして日本を追い詰めたか』（ジェフリー・レコード著、拙訳、草思社）の「解説」で詳述したのでここでは詳しく触れないが、端的に言えばルーズベルトはニューディール政策の失敗による経済的打撃から回復したいがために参戦を考えていたのである。これをより深く論証するにはルーズベルトとニューヨーク金融資本家との関係を探らなければならない。すでにアメリカにはいくつかの優れた研究がある。それについては機会をあらためて紹介したいと考えている。いずれにせよ、アメリカが参戦する制度的準備は整っていた。しかし圧倒的な、ヨーロッパ問題非干渉を願う世論を前にルーズベルトは身動きがとれなかった。

一九四〇年九月に発足したアメリカ第一主義委員会は、防衛力の強化には理解を示しながらも、アメリカ自身が攻撃されない限り、ヨーロッパの戦いにアメリカの若者を送ってはならないと主張し、全米各地に支部を設け、その会員数は八十万を超えていた。アメリカ第一主義委員会のスポークスマンの役割を果たしていた飛行冒険家チャールズ・リンドバーグはマジソンスクエアガーデン（ニューヨーク）やソルジャーフィールド飛行場（シカゴ）で演説し、集まった数万人の聴衆を熱狂させていた。


われわれはこれまで英仏両国が支配するヨーロッパと付き合ってきた。ドイツが戦いに勝利すれば、今度は、ドイツの支配するヨーロッパと付き合えばよいだけの話である。[1]

ルーズベルトは彼らの活動に苦虫を嚙みつぶしていたのである。

こうしてアメリカ国内ではヨーロッパ問題非干渉の強い世論が形成されている中で、日本の真珠湾攻撃が起こる。一九四一年十二月七日早朝（ハワイ時間）のことである。アメリカ国民は、ルーズベルト政権の対日外交などには関心はなかった。ヨーロッパでの現在進行形の戦いだけに目を向けていた。アメリカ国民にしてみれば後ろから鈍器で頭を殴られた感覚であった。日本の在米資産の凍結も、対日石油禁輸にも強い関心はなかった。ましてや、日米戦争の危機感を強めた近衛文麿首相がルーズベルトとの直接会談を望んでいたことも、最後通牒の性格を強く持ったハル・ノートが日本に手交されていたことも知りはしなかった。

ルーズベルト大統領が、日本に対して宣戦布告を議会に求めたのは真珠湾攻撃の翌日のことであった。その演説は次のようなものであった。

> 昨日すなわち一九四一年十二月七日、わが国は大日本帝国の海軍空軍兵力によって突然の、かつ入念に計画された攻撃を受けた。十二月七日はわが国の「恥辱の日」として記憶されることになろう。
>
> わが国と日本は平和状態にあり、同国政府および天皇と、太平洋方面における、和平維持に向けて交渉中であった。
>
> 実際、日本の駐米大使らは、日本の航空隊がオアフ島攻撃を開始してから一時間後に、直近のわが国の提案に対する公式回答を国務長官に手交したのである。この回答には、これ以上の外交交渉の継続は無益であると述べられているが、戦争行為あるいは武力行使を示す言葉は含まれていなかった。
>
> 日本とハワイの距離に鑑（かんが）みれば、この攻撃には何日もの、いや何週間もの周到

な準備があったことは明白である。そのことはしっかり記憶されなければならない。この間に日本は、和平の継続を望むという姿勢を見せて、わが国を欺いたのである。昨日のハワイ諸島への攻撃で、わが海軍及び陸軍は甚大な損害を被った。残念であるが、多くの国民の命が失われた。加えて、ホノルルとサンフランシスコを結ぶ公海上でも、わが国の艦船が魚雷攻撃を受けたとの報告があがっている。

昨日、日本はマレーを攻撃した。昨晩香港を攻撃した。フィリピンを攻撃した。ウェーク島を攻撃した。そして今朝、ミッドウェイ島を攻撃した。

日本は太平洋全域にわたって奇襲攻撃を実行したのである。昨日そして本日の日本の行動が何を意味するかは自明である。わが国民はすでに意思を固めた。(日本の攻撃が)わが国の生存と安全にどのような意味を持つか理解している。

私は陸海軍の最高司令官として、わが国の防衛のためにできることはすべて実行に移すよう命じたところである。われわれは、わが国に対して行なわれた攻撃の(卑怯な)性格をけっして忘れることはない。

(拍手)

日本の入念に準備されたわが国への侵略に対する戦いに、どれほどの月日が必要であっても、正義の力をもって完全なる勝利を実現する。

(拍手)

われわれは全力で国を守り抜かなければならない。そして二度とこうした欺瞞に満ちた行為によってわが国の安全が脅かされてはならない。私は（日本の攻撃にいかに対処するかについて）どのような思いを国民とそして議会が持っているか、十分に理解していると信じる。（中略）

私は議会に対して、一九四一年十二月七日日曜日の、挑発されていないにもかかわらず、わが国を卑劣にも攻撃した事実をもって、合衆国と大日本帝国は戦争状態に入ったことを、宣言するよう求める。

（拍手）

このルーズベルト演説に肯定的に応えたのが、ヨーロッパから帰国後下院議員に選出され、野党共和党の重鎮の一人になっていたハミルトン・フィッシュ議員であった。彼はアメリカ第一主義委員会の主張に賛同していた。その彼が、ルーズベルトに続いて次のように演説し、議会に対して、対日宣戦布告容認を訴え、ルーズベルト大統領支持を呼びかけたのである。

私は（日本に対する）宣戦布告を支持するためにこの演台に立たねばならないことを悲しく思う。そして日本に対して腹立たしい気持ちで一杯である。私はこの三年間にわたって、わが国の参戦にはつねに反対の立場をとってきた。戦場がヨーロッパであろうが、アジアであろうが、参戦には反対であった。

しかし、日本海軍と航空部隊は、不当で、悪辣で、恥知らずで、卑劣な攻撃を仕掛けてきた。日本との外交交渉は継続中であった。大統領は、日本の天皇に対してメッセージを発し、ぎりぎりの交渉が続いていた。日本の攻撃はその最中に行なわれたのである。このことによって対日宣戦布告は不可避となった、いや必要になったのである。

参戦の是非をめぐる議論のときは終わった。行動するときが来てしまった。干渉主義者もそうでない者も、互いを非難することをやめるときが来た。今こそ一致団結して、大統領と、そして合衆国政府を支えなければならない。一丸となって戦争遂行に邁進しなければならない。日本の（信義を裏切る）不誠実なわが国への攻撃に対する回答はただ一つ。完全なる勝利だけである。われわれは血も涙も流さねばならないだろうし、戦費も莫大になろう。しかし、日本による一方的なわが国領土への攻撃に対しては戦争によって対処するしかなくなった。

私は再三再四、外国での戦争にわが国が参戦することに反対を表明してきた。しかし、わが国が攻撃された場合、あるいは合衆国議会がアメリカの伝統である憲法に則ったやり方で宣戦を布告するなら、大統領および合衆国政府を最後の最後まで支援しなければならない。

日本民族は、神が破壊せしもの（民族）に成り果てた。日本人は気が違ってしまったのである。一方的な軍事攻撃を仕掛けてきたが、これはまさに国家的自殺行為である。私は先の大戦で志願して戦った。このたびの戦いにも時機をみて志願するつもりである。そして今度も黒人部隊に入って戦いたいと考えている。

国を守るためにはどんな犠牲を伴っても致し方ない。気の触れた悪魔のような日本を完膚なきまでに叩き潰すためには、どのような犠牲であれ大きすぎることはない。

戦いの時は来た。手を携え、堂々とアメリカ人らしく戦いを始めよう。そしてこの戦争は、たんにわが国に向けられた侵略に対する防衛の戦いというだけではない。世界に、自由と民主主義を確立するための戦いであることを知らしめよう。勝利するまで、わが国はこの戦いをやめることはない。

国民に、そしてとくにわが共和党員や非干渉主義を信条とする者たちに訴える。今は信条や党派を超えて大統領を支えるときである。最高指揮官の大統領を支え、わが軍の勝利に向けて団結するときである。

わが国の外交はつねに正しくあれ。万一間違っていることがあろうとも、アメリカは祖国なのである。

こうして日米戦争が始まった。この四日後の十二月十一日にはヒトラーは国会で演説し、アメリカに宣戦布告した。ヨーロッパの戦いはアメリカとアジアを巻き込んだ世界大戦となったのである。フィッシュが対日戦争を容認したことでアメリカ第一主義委員会の活動は停止した。

ルーズベルトは一九四四年の選挙でも勝利（四選）すると、ドイツと日本の敗戦後の世界の枠組みをチャーチルとスターリンとの間で話し合った（ヤルタ会談：一九四五年二月）。それは世界の半分を共産化することを暗黙に認めたもので、自由主義諸国への裏切りであった。チャーチルは参加していたものの、ルーズベルトを手玉に取るスターリンに何の抵抗もできなかった。戦争の始まりがポーランドの自由と独立の保持にあったことなどもはやどうでもよいことだった。そして、その会談のわずか二ヵ月後にルーズベルトは世を去ったのである。

ルーズベルトにとって、その立場を変えてまで対日宣戦布告を容認したフィッシュには恩があるはずだった。しかし、かねてからフィッシュがルーズベルトの進める経済政策（ニューディール政策）を批判し、ルーズベルトの恫喝的政治手法を嫌っていたこともあって、ルーズベルトは彼を政治の世界から葬ることを決めた。一九四四年の下院議員選挙で、フィッシュの選挙区の区割（ニューヨーク州）を変更させ、フィッシュの選挙が不利になるよう、ニューヨーク州に圧力をかけた。典型的なゲリマンダーの手法であった。その結果フィッシュは敗れた。

ルーズベルトの死後、彼の対日外交の詳細と日本の外交暗号解読の実態が次第に明らかになり、ハル・ノートの存在が露見すると、フィッシュは臍を噬んだ。窮鼠（日本）に猫を嚙ませた（真珠湾攻撃）のはルーズベルトだったことに気づいたのである。彼は、対日宣戦布告を容認する演説を行なったことを深く愧じた。彼は、ルーズベルトに政治利用され、そして、議席を失ったのである。

ルーズベルト外交の陰湿さが戦後の研究で明らかになると、フィッシュのルーズベルトへの怒りは日に日に増していった。しかし、彼は自重した。母国アメリカが世界各地で共産主義勢力と対峙している現実を前にして、既に世を去っていたとはいえ、自国の元大統領の外交の失敗を糾弾することはできなかった。

長い沈黙の末、彼がようやくその怒りを公にしたのがこの書である。上梓された一九七六年は、真珠湾攻撃からすでに三十五年が過ぎ、ルーズベルトの死からも三十一年が経っていた。フィッシュ自身も既に八十七歳の高齢であった。世を去る前に本当のことを書き残したい。その強い思いで本書を出版したのである。

読者におかれては、あの戦いで命を失ったアメリカの若者の父や母の視点も忘れずに、本書を読んでいただきたい。著者が語っているように、「天使も涙する」ほどの手口でアメリカを参戦に導いた元大統領の政治手法にあきれてしまうに違いない。そして同時に、本書に記される内容がアメリカの為政者にとって、どれほど都合が悪いかも理解できるに違いない。

本書はルーズベルト外交を疑うことをしない歴史家からは「歴史修正主義」の書と蔑(さげす)まれている。「歴史修正主義」という言葉はプロパガンダ用語である。ルーズベルトの政治は正しかったとする「ルーズベルト神話」に挑戦する本書に、「歴史修正主義」というレッテルを貼ることは無意味である。歴史修正の是非は、あくまで真実を探ろうとする真摯な心を持つ者だけに許される判断である。

フランクリン・ルーズベルトが最も嫌い、そして最も恐れた男の語る歴史から何が読み取れるのか。それについては「訳者あとがき」で語りたいと考えている。

注

1 Michael Fullilove, *Rendezvous with Destiny*, The Penguin Press, 2013, p90.

ルーズベルトの開戦責任◉目次

はじめに

私は二十五年間、共和党の下院議員であった。一九三三年から四十三年まで外交問題委員会、一九四〇年から四五年までは議院運営委員会の主要メンバーであった。一九三七年から一九四五年の間、ワシントン議会における外交問題の議論に深く関わった。私と同じような立場にいたメンバーのほとんどはもう亡くなっている（訳注：一九七六年時点）。一九四一年十二月八日に対日戦争布告容認スピーチをした最初の議会メンバーである。議会のスピーチをラジオで国民が聞いたのはこの時がはじめてであった。私のスピーチを、二千万人を超える国民が聞いた。スピーチは、あの有名なフランクリン・ルーズベルト大統領の「恥辱の日」演説（訳注：大統領が議会に対日宣戦布告を求めた演説）を容認し、支持するものであった。

私は今では、あのルーズベルトの演説は間違いだったとはっきり言える。あの演説のあとに起きた歴史をみればそれは自明である。アメリカ国民だけでなく本当のことを知りたいと願う全ての人々に、隠し事のない真実が語られなければならない時に来ているとと思う。あの戦いの始まりの真実は、ルーズベルトが日本を挑発したことにあったのである。彼は、日本に、最後通牒を突きつけていた。それは秘密裏に行なわれたものであった。真珠湾攻撃の十日前には、議会もアメリカ国民をも欺き、合衆国憲法にも違反する最後通牒が発せられていた。

今現在においても、十二月七日になると、新聞メディアは必ず日本を非難する。和平交渉が継続している最中に、日本はアメリカを攻撃し、戦争を引き起こした。そういう論説が新聞紙面に躍る。しかしこの主張は史実と全く異なる。クラレ・ブース・ルース女史[1]（元下院議員、コネチカット州）も主張しているように、ルーズベルト大統領はわれわれを欺いて、（日本を利用して）裏口から対ドイツ戦争を始めたのである。

英国チャーチル政権の戦時生産大臣（Minister of Production）であったオリバー・リトルトン[2]はロンドンを訪れた米国商工会議所のメンバーに次のように語っている（一九四四年）。

「日本は挑発され真珠湾攻撃に追い込まれた。アメリカが戦争に追い込まれたなどという主張は歴史の茶番（a travesty on history）である[3]」

天皇裕仁に対して戦争責任があると非難するのは全く間違っている。天皇は外交交渉による解決を望んでいた。中国及びベトナムからの撤退という、それまでは考えられなかった妥協案まで提示していた。

米日の戦いは誰も望んでいなかったし、両国は戦う必要はなかった。その事実を隠す権利は誰にもない。特に歴史家がそのようなことをしてはならない。両国の兵士は勇敢に戦った。彼らは祖国のために命を犠牲にするという崇高な戦いで命を落としたのである。しかし歴史の真実が語られなければ、そうした犠牲は無為になってしまう。これからの世代が二度と同じような落とし穴に嵌るようなことはなんとしても避けなければならない。

あの事件（真珠湾事件）から既に三十五年の歳月が過ぎた。それにもかかわらず、わが国がいかにしてあの戦争に参加することになったのかについての真実を隠そうとするものがいる。その行為は歴史の否定であり冒瀆である。ラテン語のことわざにもあるように「真実は常に偉大であり、最後には必ず勝利する」（magna est veritas, et praevalebit）のである。戦争ほど悲惨なものはない（だからこそ真実が語られなければならないのである）。

ウィンストン・チャーチルが（アメリカの参戦を喜ぶ）演説をしたのは、裏口からのわが国の参戦が決まってから二ヵ月後のことであった。彼は次のように述べた[4]（一九四二年二月十五日）。

「私はアメリカの底知れないパワーと彼らの持つ資源をいつも念頭にして外交を考え

ていた。この戦いがどちらに転ぼうが、彼らはいま大英帝国の側にいる。われわれの力に及ぶ戦力を持つ国は世界にもはやない。この状態こそが私が夢見てきたものだ。これを実現するために努力してきた。そして遂にそれが実現したのである」

ルーズベルトとチャーチルの二人がアメリカをこの戦争に巻き込んだ張本人である。（破廉恥にも）チャーチルは後にこの戦争は不必要な戦争であったとも言っている。これには驚くばかりである。チャーチルが喜んでいるのは、軍事力だけではなくアメリカの巨大な資金援助がイギリスになされたからだ。一九四一年十一月二十六日、日本に対して最後通牒（ハル・ノート）が発せられた。これはアメリカ財務省がその金庫の扉を開放したに等しかった。この後四年間にわたって、三百五十億ドルもの資金が大英帝国の生存のために費消されたのである。チャーチルそして大英帝国にとってその夢が実現した。しかしわれわれアメリカ人にとっては、国家財政の負担が増えただけであった。その結果、年間十億ドル以上の税金を余計に支払わされるはめになったのである。

武器貸与法（Lend-Lease Acts）による支出増は、イギリス支援に使われた資金のほんの一部に過ぎない。先の大戦はわが国に三千五百五十億ドルの出費を強いた。現在わが国の抱える負債のほとんどがこの時のものである。死に至る病を抱えたルーズベルトはあのヤルタの会談で東ヨーロッパと満洲をスターリンに献上した。その結果、共産主義は世界規模での脅威となった。スターリンとの戦いに、われわれはすでに一兆ドルを超える資金を費やしてしまっている。

ルーズベルト（民主党）はハリー・ウッドリング陸軍長官を解任（訳注：一九四〇年六月）した。チャールズ・エジソンも解任した。陸軍長官にはヘンリー・スチムソンを、海軍長官にはフランク・ノックスを起用している。この二人は共和党内でのいけいけの干渉主義者であった。（野党である共和党の）二人を閣内に起用することで、対独、対日戦争の開始のためにはどんな苦労も惜しまない体制をルーズベルトは作り上げた。この二人以上の干渉主義者はいなかったと言ってよいほどの人選であった。

この二人と同じ考えを持っていたのが、ルーズベルト、ハル（国務長官）、モーゲンソー（財務長官）、イッキーズ（内務長官）であった。もちろん参戦に肯定的だったのは彼らだけではない。フランシス・パーキンス（労働長官）、ジェシー・ジョーンズ（商務長官）、ヘンリー・ウォーレス（副大統領）、ハリー・ホプキンス（大統領顧問）も同じような考えであった。ルーズベルト政権には、非干渉主義の政治家はただの一人もいなかった。彼らはご都合主義的に口では平和を強調していた。しかし実際はルーズベルトと一緒になって参戦を画策していたのである。

ルーズベルト政権は戦争内閣と言ってもよいが、この政権をメディアが後押ししていた。東部の有力新聞であるニューヨーク・タイムズ、ニューヨーク・ヘラルド・トリビューン、ワシントン・ポスト、ボルチモア・サン、ボストン・ヘラルド、ボストン・グローブ。すべてが参戦に肯定的であった。こうしたメディアは国際金融資本家、軍事産業を含む巨大企業の支援を受けていた。そうした人物や企業の数は必ずしも多くはないが資金力があった。パブリシティー、プロパガンダをコントロールする力があった。

彼らは、ドイツとの戦争が始められるなら南米大陸の南のはてのパタゴニア[16]ででも戦争を起こしかねない連中であった。その中にはマーシャル将軍[17]もいた。彼は後に、上院の調査委員会でファーガソン議員[18]から証言を求められている。将軍は一九四一年十一月二十五日（訳注：ハル・ノートが議論された日）のホワイトハウスでの会議に出席していたことを認めている。そしてそこでの議論は、どうやったら日本に最初の一発を撃たせるように仕向けるかであったことを証言した。これはスチムソン長官が日記に著していた内容に合致していた。

一九四一年八月にルーズベルト大統領はチャーチルと会談している。それはイギリスの東アジアにおける利権をいかに守るかの協議であった。何が話し合われたかは秘密にされていた。しかし一九四二年一月二十七日のチャーチルの英国議会証言で明らかになっている。

「ルーズベルト大統領と、アメリカが攻撃されない場合でもアメリカが東アジアで参戦できるか否かを打ち合わせた。アメリカの参戦はわれわれの勝利を確実なものにする。その打ち合わせをしたことで私の心は幾分落ち着いた」

歴史の真実を知らせたくない者は少なからずいる。真実が明らかになれば、戦争を煽ってきた者にとっては、彼らが訴えてきた戦争の歴史の意義を変えてしまう恐れが出てくる。しかし、歴史の真実を隠し続ける権利は誰にもない。真実とは何かをはっきりとさせること。それこそが世界の平和と安寧の保持につながるのである。

ルーズベルト大統領の干渉主義を支持し参戦を煽ってきた連中は、元大統領を批判することは倫理的に許されないと主張するだろう。しかしセオドア・ルーズベルト大統領の言葉を思い出すべきである。彼こそはわが国の歴史の中でも最も偉大な大統領の一人であった。セオドア・ルーズベルトは第一次大戦の最中に次のように発言していた。

「大統領を批判するなという意見は卑屈であり、かつ反愛国的でさえある。国民に対する裏切り行為である。真実だけが語られるべきである。回想録や日記の類い（たぐ）の中でも真実が語られていかなければならない」

あの大ナポレオンも同じようなことを述べている。「対立する意見の中で多くの事件が起きている。そんな中では、真実を見極めることは簡単ではない。それでも、回想録、日記、そして政府の記録、そうしたものを基に真実が語られる。それが歴史である」

私は、この書の発表を、フランクリン・ルーズベルト大統領、ウィンストン・チャーチル首相、ヘンリー・モーゲンソー財務長官、ダグラス・マッカーサー将軍の死後にすることに決めていた。彼らを個人的にも知っているし、この書の発表は政治的な影響も少なくないからである。彼らは先の大戦の重要人物であり、かつ賛否両論のある人々だからである。

私はこのような人物の評判を貶(おとし)めようとする意図は持っていない。私は、歴史は真実に立脚すべきだとの信条に立っているだけである。それは、言ってみれば、表側だけしか見せていないコインの裏側もしっかり見なければならない、と主張することなのである。コインの裏側を見ることは、先の大戦中あるいは戦後すぐの時点では不可能であった。そのころはまだ戦争プロパガンダの余韻が充満していた。そうした時代には真実を知ることは心地よいものではない。しかし今は違う。長きにわたって隠されていた事実が政府資料の中からしみ出してきている。これまで国民の目に触れることのなかった資料が発表され始めたのである。

実は当時の民主党員でさえ、ルーズベルト大統領は参戦のためにできることはほとんど全て議会に同意させていたと認めている。大統領がしなかった（できなかった）ことは、（対独・対日）宣戦布告だけであった。一九四〇年九月の時点で、民主党のウォルター・ジョージ上院議員[19]でさえ次のように述べていた。

「議員諸君。自己欺瞞はもう止めようではないか。国民を欺くこともも う止めよう。国民は、政府が平和でなく戦争に向かう政策をとっていることを知っている。戦争の準備をしていることを知っている」

ルーズベルト大統領がジョージ議員を排斥しようとしたのはこの発言が理由だろう。もちろん大統領が排斥しようとしたのはジョージ上院議員だけではなかった。彼のパージのリストには十人の名があった。その中にヒューイ・ロング[20]の名前もあった。

今年（一九七六年）はアメリカ建国二百年となる記念の年である。ジョージ・ワシントン大統領はアメリカ国民に次のようなメッセージを残している。

「人気のある政治家の悪巧みに抵抗しようとすると、大抵の場合、（異議を申し立てる者は）疑われ嫌われる。彼ら政治家には国民の支持が必要だ。（したがって悪巧みの）実現のためには、国民の本当の利益を隠す。そうやって国民からの信頼を騙し取るのである。外国からの干渉を受け悪事を働く者もいる。国民はそうした政治家に油断することがあってはならない」

これはワシントンの離任の時の言葉である。真の愛国者に向けられた言葉である。

以下に列挙する人物はみな強烈な愛国者であった。

チャールズ・エジソン

アルフレッド・スミス（ニューヨーク州知事）
ハリー・ウッドリング
ハーバート・フーバー（元大統領）
ウィリアム・ハースト（訳注：サンフランシスコ・イグザミナーなどの新聞オーナー、イエロージャーナリズムの旗手で、反日本人の論調を展開していた）
ジョセフ・パターソン（ジャーナリスト）
ロバート・マコーミック（シカゴ・トリビューン紙オーナー）
チャールズ・リンドバーグ（非干渉主義者、大西洋単独飛行に成功）
ウィリアム・ボラ（上院議員アイダホ州共和党）
チャールズ・ブルックス（上院議員イリノイ州共和党）
アーサー・キャッパー（カンザス州知事、カンザス州上院議員共和党）
ベネット・チャンプ・クラーク（ミズーリ州上院議員民主党）
ハイラム・ジョンソン（カリフォルニア州上院議員民主党、反日本人政策推進）
エドウィン・ジョンソン（コロラド州上院議員民主党、コロラド州知事）
ロバート・ラフォレット・ジュニア（ウィスコンシン州上院議員共和党から進歩党）
パット・マッカラン（ネバダ州上院議員民主党）
ジェラルド・ナイ（ノースダコタ州上院議員共和党）

ロバート・レイノルズ（ノースカロライナ州上院議員民主党）
ロバート・タフト（オハイオ州上院議員共和党）
アーサー・ヴァンデンバーグ（ミシガン州上院議員共和党）
デイヴィッド・ウォルシュ（マサチューセッツ州上院議員民主党、同州知事）
バートン・ウィーラー（モンタナ州上院議員民主党）
カール・バッチマン（ウェストバージニア州下院議員共和党）
マーチン・ダイズ（テキサス州下院議員民主党）
エヴェレット・ダークセン（イリノイ州下院議員共和党）
クレア・ホフマン（ミシガン州下院議員共和党）
ローヤル・ジョンソン（サウスダコタ州下院議員共和党）
ハロルド・ナトソン（ミネソタ州下院議員共和党）
ルイス・ラドロウ（インディアナ州下院議員民主党）
ジョン・オコーナー（ニューヨーク州下院議員民主党）
アルビン・オルコンスキー（ウィスコンシン州下院議員共和党）
キャロル・リース（テネシー州下院議員共和党）
ジェイムス・リチャード（サウスカロライナ州下院議員民主党）
ジョー・スターンズ（アラバマ州下院議員民主党）

デューイ・ショート（ミズーリ州下院議員共和党）
フランシス・ウォルター（ペンシルバニア州下院議員民主党）
などである。そして当然私もその中の一人である。
建国二百年に当たって、私たちはもう一度、政府は国民の同意があって初めて存在することを再確認しなければならない。自由と独立の精神の中にわが合衆国は存在する。だからこそ世界で最も自由な国、世界で最も素晴らしい国たり得るのである。大ナポレオンはローマ王になったナポレオン二世に、歴史こそが彼の哲学であると遺言した。歴史に学べ。そう言い残していた。われわれにもその言葉が重くのしかかっている。

注

1 Clare Boothe Luce（一九〇三—八七）コネチカット州選出下院議員（一九四三—四七）、アイゼンハワー政権で駐ブラジル大使、駐イタリア大使を歴任。
2 Oliver Lyttleton（一八九三—一九七二）チャーチル政権では戦時生産大臣（一九四二—四五）。
3 *United Press International report*, June 5, 1944. 原注
4 Winston S. Churchill, *The End of the Beginning: War Speeches*, 1945, p66. 原注
5 Harry Woodring（一八九〇—一九六七）一九三六年から四〇年六月まで陸軍長官。ヨー

ロッパへの不干渉の姿勢をとっていた。

6　Charles Edison（一八九〇—一九六九）父はトーマス・エジソン。一九四〇年一月から六月まで海軍長官。

7　Henry L. Stimson（一八六七—一九五〇）一九二九年から三三年まで共和党フーバー政権の国務長官。一九四〇年から四五年まで陸軍長官。共和党。

8　Frank Knox（一八七四—一九四四）一九四〇年から四四年まで海軍長官。共和党。

9　Coedell Hull（一八七一—一九五五）一九三三年から四四年まで国務長官。

10　Henry Morgenthau（一八九一—一九六七）一九三四年から四五年まで財務長官。

11　Harold Ickes（一八七四—一九五二）一九三三年から四六年まで内務長官。

12　Frances Perkins（一八八〇—一九六五）一九三三年から四五年まで労働長官。女性政治家。

13　Jesse Jones（一八七四—一九五六）一九四〇年から四五年まで商務長官。一九三三年から三九年まで復興金融庁長官。

14　Henry Wallace（一八八八—一九六五）一九四一年から四五年まで副大統領。

15　Harry Hopkins（一八九〇—一九四六）一九三八年から四〇年まで商務長官。その後はルーズベルト大統領の顧問を務める。極めて容共的な思想をもち、スターリンとも親しかった。

16　Patagonia　南米大陸南部の南緯四〇度付近の地域。

17　George Marshall（一八八〇—一九五九）陸軍大将。陸軍参謀総長。

18　Homer Ferguson（一八八九—一九八二）一九四三年から五五年まで上院議員。ミシガン州共和党。

19 Walter Frank George（一八七八―一九五七）一九二二年から五七年まで上院議員。ジョージア州民主党。

20 Huey Long（一八九三―一九三五）一九三二年から三五年まで上院議員。ルイジアナ州民主党。一九三五年九月にルイジアナ州議会内で暗殺される。

第1章　大統領と個人崇拝

大統領は州権主義者（ジェファーソニアン）だった。そして、社会主義者に変貌した。

フランクリン・デラノ・ルーズベルト大統領（ＦＤＲと略記）の人を引きつける個性は大変なものであった。彼はハンサムだった。彼の声は人をうっとりさせた。ラジオを通じて国民に何度も訴えたが（訳注：いわゆる炉辺談話）、彼はその能力を遺憾なく発揮した。ただその談話の原稿のほとんどが、ゴーストライターによって書かれたものであった。わが国でも最高レベルの書き手がＦＤＲのスピーチの裏方であった。ルイス・ハウ、[1] レイ・モーレイ、[2] トミー・コルクラン、[3] スタンレー・ハイ、[4] サム・ローゼンマン、[5] そしてロバート・シャーウッド。[6] こうした能力のある連中がゴーストライターをつとめていた。

彼らの用意した原稿がないときのＦＤＲのスピーチは変わりばえのしないものであった。ただ声だけは相変わらず魅力的で、ときに皮肉や冗談を織り交ぜたから、国民優にすぎないという彼の本質には変わりはなかった。それでも演出家が用意した台詞で演技する舞台俳優としては有能であった。それでも演出家が用意した台詞で演技する舞台俳優への語り手としては有能であった。

FDRは読書をほとんどしなかった。経済や財政についての知識もほとんどなかった。歴史、経済、政府組織のあり方などを理解しようと思えば、しっかりとしたテキストをじっくりと読み込む作業が必要である。FDR政権の女性閣僚であったフランシス・パーキンスはFDRの青年時代から彼をよく知る人物である。彼女は、「FDRは本を読まなかった」とはっきり述べている。勉強嫌いで経済学の知識もゼロであった。FDR自身も経済学の本を手にしたことがないと認めている。

エドワード・フリン[7]は一九四〇年の選挙参謀で、FDRの親友でもあった。FDRがニューヨーク州知事のころには州総務長官をつとめている。フリンもFDRが本を読んでいるのを見たことがないと述べている。ホワイトハウスに詰めていた幹部や職員もFDRが専門書を読んでいるのを見ていない。彼が興味を持っていたのは推理小説と海軍関係の本だけであった。私から言わせれば、彼が読んだ海軍の本は海戦の歴史であって、本当の歴史を扱ったものではない。わが国の歴史もヨーロッパの歴史も複雑な政治のダイナミズムと社会運動の積み重ねである。(FDRが読んだ)海戦記はとても歴史書と呼べる代物ではなかった。

彼は中等教育を(大学予備校ともいえる寄宿制の)グロトン校[8]で受けている。それ以前の教育は住み込みの女性家庭教師や通いの家庭教師に頼っていた。一年のうちの一ヵ月は両親がドイツでの温泉治療に出かけたから、その間はドイツの学校に通っている。グロトン校でも、その後のハーバード大学でも彼の成績はとくに目立ったものではなく、ごく平凡であった。ただ彼は校内学生新聞ハーバード・クリムゾン紙[9]の編集者となっている。

グロトン校時代の校長はエンディコット・ピーボディー[10]牧師であった。ピーボディー師は単なる教育者ではなかった。聖公会で指導的立場にある宗教家でもあった。FDRが師の影響を受けたのは間違いない。FDRは死ぬまで聖公会の礼拝を欠かしていない。

しかし宗教活動と知的活動は関係がない。彼はやはり本は読まなかったし、ましてや著作活動などとは縁がなかった。ここが彼以前の大統領であるセオドア・ルーズベルト、ウッドロー・ウィルソン、ハーバート・フーバー、あるいは彼以後の大統領ジョン・F・ケネディ、ドワイト・アイゼンハワーらとまったく違っていたところである。ところが、FDRにはこうした錚々（そうそう）たる大統領たちを凌ぐところがひとつだけあった。傑出した「政治屋」の能力である。初期にはルイス・ハウやジェイムス・ファーレイ[11]のアドバイスを受けたが、たちまち素晴らしい能力を見せたのである。

彼はニューヨーク州知事に選出されてから死ぬまで「政治屋」として生きた男であ

った。FDRは反対勢力を徹底的に嫌った。その執念深さは、彼の（裕福な）出自を考えれば不思議なほどであった。ときに、その態度はサディズムに近いといっても過言ではなかった。

「私は、FDRが（閣僚たちよりも）優れた人物だと思ったことは一度もなかった。ただ政治屋としての能力では彼にかなうものはいなかった。目的の達成のためには非情であった」（元商務長官ジェシー・ジョーンズ）

確かにFDRは非情な側面をよく見せていた。仲間の民主党上院議員に対してさえも容赦なくパージ（粛清処分）することがあった。処分された議員の数は一ダースにもなった[12]。

私のような筋金入りの共和党員が、長々と、FDRの政治家としてのキャラクターを書き連ねても詮ないことである。私のような共和党幹部の観察は、党派性は避けられないし偏見もあるかもしれない。FDRに対する評価はむしろ民主党員に任せておいたほうがよいだろう。

実は私とルーズベルトとは長いこと親しい友人関係にあった。その関係は一九一三年から一九三三年までの二十年にもわたっている。彼はポリオ（小児麻痺）によって身体の一部の自由が奪われた。麻痺を克服しようとする彼の強靱な意志には驚嘆したものだ。私の手元にはそのころ彼から届いた手紙がいくつか残っている。

そのうちの一通は、セオドア・ルーズベルトの新政党（訳注：一九一二年の大統領選挙で共和党候補に選出されなかったセオドアが立ち上げた進歩党を指す）の候補として私にニューヨーク州上院議員選への出馬を勧めるものであった。彼は自らの所属政党（民主党）の票のとりまとめをするのにやぶさかではないし、彼自身が選挙キャンペーンに参加すると約束してくれていた。もう一通は私の父に関することであった。父がニューヨーク州の財政副責任者のころのことであるが、ウッドロー・ウィルソン大統領に頼んで、父を連邦準備委員会（Federal Reserve Board）の委員に推薦しようというものであった。

ＦＤＲが大統領に選出（訳注：第一期政権は一九三三年から）されたころは不況から脱出するための危機対応の政策が実施されていた。私は彼の政策を当初は支持した。しかし半年も経ったころ、彼とは政治的に決別することを決めた。彼の政権が作り上げた新組織であるＮＲＡ（訳注：the National Recovery Administration 全国復興庁。アメリカ産業全体の給与や製品価格を統制する機関。ニューディール政策の一環として設立）やＡＡＡ（訳注：the Agricultural Adjustment Administration 農業調整局。農産物価格の下落を防ぐ生産調整機関）は合衆国憲法の精神にそぐわないものであり、社会主義的であると確信したからである。またＦＤＲが大統領就任早々にソビエトロシアを国家として承認（訳注：一九三三年十一月）したことも許せなかった。彼との離反はけっして個人的感情によるものではなかった。

民主党員の中にもFDRの政策を歯に衣着せず非難するものがいた。（前ニューヨーク州知事の）アルフレッド・スミス[13]もその一人であった。彼はFDRを煽動政治家と罵った。スミスはFDRが一九三二年の民主党大統領候補選出の選挙公約を踏みにじり、民主党を社会主義政党化させていると憤ったのである。

FDRはカメレオンのような個性を持っていた。それだけに彼を正確に描写することは難しい。アルフレッド・スミスは「彼が何をしたか。とにかくそれを見ることだ。そうすればすべてがわかる」と述べている。

上述のようにFDRが民主党の大統領候補に選出されたのは一九三二年のことだった。彼はその受諾スピーチの中で「民主党の政治綱領は一〇〇パーセント守っていく」と確約した[14]。選挙キャンペーン中は、国家予算を最低でも二五パーセント削減すると訴えた。ところがこの約束は大統領当選後すぐに破棄された。その後のキャンペーンでも多くの約束（公約）がなされたが、そのほとんどがごみ箱行きになっている。

一九三二年の選挙戦では、フーバー政権を「無駄遣い政権」であると罵った。平和時における史上最悪の浪費政権だと非難した。その上で連邦政府の運営コスト削減の仕事を自分に任せてほしいと訴えたのである[15]。「どれほどうまく取り繕っても、（無駄遣いの法案を）隠すことはできない。財政赤字を止め、借金を止める勇気。今こそそれが必要なときである」[16]。これが後に「借金王」と呼ばれる男（Franklin *Deficit* Roosevelt）の国民への公約であった。

一九三二年のFDRの選挙公約を記憶しているものは今ではほとんどいない。しかし私のようにまだ生きているものは、彼の選挙公約をしっかりと覚えている。彼がその約束を反故にして、巨額の政府支出を実施させ、アメリカ社会に社会主義国のような組織を次々と作り上げたことを知っている。それを思い出すたびに、みな呆れ果ててしまう。国家管理の厳しい（社会主義の）国にはしない、そう規定する民主党綱領を守ると約束した。しかしFDRは政権第一期からそれを反故にした。一九四〇年の選挙戦では、ヨーロッパの戦争に介入しないと約束した。彼は端からそれを守るつもりはなかっただろう。彼のやってきたことを思えばなんの不思議もない。彼はわれわれには悟られないようにしながら、戦争介入を密かに画策していたのである。

ワシントン議会は四十億ドル以上の資金をFDRに自由にさせた。何の制約もなく議会への説明も必要のないお金だった。現在の価値に換算すれば百億ドルにも相当する巨額の資金であった。政府の支出をチェックするのは議会の役割である。議会がひとつの政党に偏って、盲判を押せば、議会の権能を大統領（行政府）に丸投げすることになる。共和党が優勢な議会であれ民主党が優勢な議会であれ、そうした態度をとることは、わが国の政府のあり方そのものを変えてしまうほどの一大事である。

　ＦＤＲ政権の予算編成は借金で成り立っていた。無税特典のある国債の販売や、財務省証券の発行でまかなっていた。これまでの借金の累積額をいとも簡単に凌駕する巨額な借金であった。すでに述べたように、ＦＤＲは収入と支出をバランスさせると主張して政権をとった。しかし現実はまったく逆であった。もう一度、一九三二年の選挙戦での彼の発言を振り返ってみよう。

「いかなる形であっても失業交付金の給付には反対する。政府にはただお金を配るだけの仕事をする権限は与えられていない」[17]

「どのようなお金であっても、失業者やその家族に福祉担当の役人がお金を配るようなことはしてはならない」[18]

「支出は歳入の範囲でやりくりしなくてはならない。国家財政は普通の家庭のやりくりと同じである。そうでなければ国はたちまち窮乏化する」[19]

　ＦＤＲは金融機関を通じた資金調達にも否定的であったから、次のように述べてフーバー政権を罵った。[20]

「政府の支出が必要であれば、それは税金で手当てしなくてはならない。それがどれほどの金額であっても、まず税収を増やすことから始めなければならない」[21]

　ピッツバーグの演説では「来年（一九三三年）の六月末時点で、わが国の借金は十六億ドルになる。皆さんはその莫大な額に口をあんぐりとあけるに違いない」[22]

これほどまでにフーバー政権を口汚く罵っていた。ところが、ＦＤＲ政権がその後に作った借金の額は天使も泣き出す（the angels weep）ほどの大きさに膨れ上がったのである。

民主党は連邦政府に権限が集中することを嫌う伝統があった。彼はそれを踏襲したはずであった。しかし結局はそれに反して中央集権的な政府機関を次々に設置した。彼は国民の人気を得た。その理由は単純である。不況から脱出する名目で、行政府が自由気儘に使える資金をありあまるほど作ったからである。その額は毎年三十億ドルにも上った。それが一九四一年の開戦時までの七年間続いたのである。この巨額資金の使い道は（ＦＤＲの任命した）ビッグボスと呼ばれる連中や、ＦＤＲの分身のようなハリー・ホプキンスらによって配分された。

その結果どうなったか。政府支出の二五パーセント削減や借り入れの停止といった公約はどこかにいってしまい、彼自身が浪費のチャンピオンに成り果てた。わが国は今現在も財政赤字と破滅的なインフレーションに苦しんでいる。もともとの責任はルーズベルトにある。

ＦＤＲは一九一〇年にニューヨーク州上院議員に選出されている。そのころの彼はジェファーソニアン（訳注：州の権限を尊重し、連邦政府に過度の権限が集中することを嫌う政治家）であった。ところが一九三二年の大統領選挙で当選すると彼は変身した。

ＦＤＲは過激な共産主義者や社会主義思想にかぶれた学者や政治家をワシントンに連れてきた。若い連中ばかりだった。彼らがＦＤＲの下で、わが国を社会主義的な、いわゆる福祉国家に変貌させていったのである。

ＦＤＲの周りには一般的に左翼と呼ばれる連中から過激派、あるいは（イギリスのフェビアン協会[23]の影響を受けた）フェビアン社会主義者などが群れ集まった。レックスフォード・タグウェル[24]（ＡＡＡ長官）、ヘンリー・ウォーレス（副大統領）、シドニー・ヒルマン[25]（労働運動家）、ハリー・ホプキンス（大統領顧問）、アルジャー・ヒス、[26]ハリー・デクスター・ホワイト[27]、ラクリン・カリー[28]（経済顧問、ＦＤＲ首席秘書）といった連中である。

ＦＤＲはわが国憲法を旧式で古臭いと考えた。それでも彼は選挙戦ではそれを守ると約束した。ところが憲法の精神に沿って構築されていた自由主義経済システムは、官僚主義的で社会主義的な福祉国家システムに変えられていった。ＦＤＲは合衆国憲法を貶めたのである。

私にはルーズベルトに対して個人的な恨みはない。彼の評価を貶めようという気持ちもない。しかし彼は私のことが大嫌いである。そうなったのには十分な理由もある。私は、議会内で、彼の社会主義的なニューディール政策に反対であったし、ヨーロッパの戦争に介入すべきでないと主張していた。その上、私の選挙区（ニューヨーク州ダッチェス郡周辺）には彼の実家があった。それでも私は当選し続けた。FDRは面白くなかったに違いない。

私は下院で徴兵制度が議論されたときに、まず三十年間は志願兵だけで必要な兵力をまかなうべきであるという法案を提出した。民主党が多数派であったにもかかわらず、この提案は下院では七票差で可決された。このときのFDRの怒りは凄まじかったことをよく覚えている。子供が癇癪を起こしたようだった。民主党の幹部をホワイトハウスに呼びつけ、強く叱責した。彼の戦争介入プランに欠かせないこの法案が、共和党のせいで変更させられたことが許せなかった。しかし、修正案提出に民主党員も参加していた事実を知ると、（怒りのあまり）卒倒せんばかりであったらしい。この場面に居合わせた議員が私にそう教えてくれた。

彼らは私に向かって、「（この修正案作成の首謀者である）君は大統領を殺してしまうところだった」と言って、ニヤッと笑ったものだった。私がFDRの気分を害したのはこの案件だけではなかったから、彼は私にはつねに冷たかった。

私は共産主義に警戒的であった。上下両院で実施した共産主義者の工作の実態を調査する委員会[29]（フィッシュ委員会）では委員長をつとめた（一九三〇年）。私は共産主義に対して宥和的な態度をとることに一貫して反対してきた。当時もそして現在もそうであるが、共産主義ほど世界の自由と民主主義を脅かすものはないと信じている。

そういう意味でFDR政権は危ない政権であった。共産主義に甘い考えを持つ人間が溢れていた。それがまるで流行の思想であるかのような空気があった。ルーズベルト本人だけでなく夫人（エレノア）もそうであったし、前出のヘンリー・ウォーレス、シドニー・ヒルマン、ハリー・ホプキンス、アルジャー・ヒス、ハリー・デクスター・ホワイトも同様であった。陸軍参謀総長のジョージ・マーシャルや国務次官補のディーン・アチソンは中国共産党に甘かった。ただ、アチソンは後にその態度を変えている。

ニューディールを指導した左翼、過激思想を持つもの、フェビアン社会主義者らは、政府内に次から次に新組織を作り、新税を導入した。彼らが創設した組織は（AAAなどのように）頭文字をとって表現されるが、そうした訳のわからない組織が乱立したのである。ワシントンのこれまでの伝統からは考えられない組織であった。（州の権利を尊重すべきだと考えていた）ジェファーソンの残した思想は、ワシントンから跡形もなく消えてしまったのである。

ＦＤＲはジェファーソンの考えを理解していたはずであった。彼は時代とともにその考えが進化したという。何という情けない進化であったか。自由を重んじるジェファーソニアンから、過激な自由主義者になり、フェビアン社会主義者になり、最後には共産主義者を容認する人物に成り果てたのであった。

ＦＤＲは、共産主義者の友人がいるとはっきりと認めていた。そして自身があの独裁者ヨシフ・スターリンの友人であるとまで述べていた。スターリンは世界最悪の殺人者である。ＦＤＲ自身は確かに共産主義者ではない。彼はキリスト教を信じていたし、その信仰は最後まで変わらなかった。私が、ＦＤＲはフェビアン社会主義者だと主張すれば、かつてニューディールを指導した連中が、ＦＤＲ擁護の声を上げるに違いない。しかし、彼がやったことをみれば私の主張の正しさは明白である。事実を洗い流してしまうことはできない。

ニューディール政策には巨額の政府資金が投入された。この政策は間違いなく社会主義的であり、わが国の集産主義（collectivism）化あるいは国家社会主義化への地ならしとなるものであった。（アメリカ社会党党首の）ノーマン・トーマスでさえも驚くような政策をルーズベルトは進めた。彼は収入の上限を二万五千ドルと決めたのである（訳注：現在価値でおよそ三十五万ドル。上限を超えた収入に一〇〇パーセントの税率を課そうとした。最終的に税率は九四パーセントとなった）。この事実はＦＤＲがフェビアン社会主義者であることを示している。

大統領はルーズベルト・モーゲンソー税法案を提出している。この法案は一万二千ドルを個人収入の限度として、それを超える収入には累進課税をかけようとするものであった。最高税率は九九パーセントにもなるものである。もちろんこの法案は歳入委員会で葬り去られた。それにしてもこの法案は、本物の社会主義者でさえもびっくりするような代物であった。共産主義国家も顔負けの収奪的な税制案であった。私は今でもこの法案に反対する演説原稿を保存している。この法案のおぞましさを訴えたのである。

さて対日本外交については第十五章で詳述するが、FDRは日本に対してわれわれの知らないところで最後通牒を発していた。FDRの欺瞞に満ちた政治の典型例であった。最後通牒を隠していたから、（ハワイ防衛の責任者である）キンメル提督とショート将軍をスケープゴートにすることができた。真珠湾の責任をこの二人に被せることができた。その結果、わが国の歴史に大きな汚点が残った。ハルゼー提督[30]は次のように述べていた。私は彼のこの言葉は正しいものと確信している。

「真珠湾事件の責任を押し付けられたスケープゴートや殉教者が生まれている。しかしそれは、雲の上にいる連中の責任を回避するための手段である」

（FDRは金融経済についても全く理解していなかった。ドイツ系金融資本家の）ジェイムス・ウォーバーグ[31]は「FDRはびっくりするほど金融問題に無関心であった。そのことは否定できない事実である」と述べている。

ウォーバーグは次のように続けている。

「おそらく金融問題を理解する能力がなかったというのではなく、この問題が『嫌い』だったのであろう。努力して『嫌い』なものを理解しようなどとは思わなかったに違いない。彼の意思決定は、欲望、好き嫌い、あるいは偏見といった非常にパーソナルな感情に左右されていた」（傍点著者）

FDRは、ニューディール政策に反対した者や彼の干渉主義的な外交政策に批判的だった者を執念深く攻撃した。彼の性格がウォーバーグの分析どおりだったからであろう。FDRに対する個人崇拝のような空気が生まれてきたのは、第三期目が始まったころである（訳注：一九四〇年末から一九四一年を指す）。FDRは大統領の任期は二期八年という不文律を破った最初の大統領である。そのことによって自らが最高の権力を持つ人間だと思い込んでしまった。

（イギリスの政治家であり歴史家でもある）アクトン卿[32]は、「権力は腐敗する。絶対的な権力は絶対的に腐敗する」と述べた。その言葉どおりFDRは腐敗したのである。FDRはアクトン卿の言葉の正しさを証明した。FDRに対する個人崇拝は、戦争指導者としての権限の増大に伴って強まっていった。日本に発した最後通牒は、腐敗した権力の象徴であった。（FDRの死の直前に行なわれ）最悪の結果をもたらしたヤルタ会談（一九四五年二月）も、絶対的な権力の不可避的腐敗の典型であった。

FDRの第三期政権は議会から多くの権限を奪っていた。そのことでFDRは、自分は何でもできると勘違いしてしまった。議会を超越し、司法をコントロールし、国民の上に存在する人物になったと思い込んだ。だからこそ彼は、議会の意思も司法の考えも国民の思いも何もかも無視することができた。

ハイラム・ジョンソン上院議員[33]は前カリフォルニア州知事であり、ハーディング大統領[34]から副大統領職をオファーされていた政治家である。ハーディング大統領は任期途中で病死しているから、もしオファーを受けていれば大統領になる可能性があった人物である。彼は次のように語っている。

「私はわが国が戦争に巻き込まれないために全力を尽くしたい。しかし政権中枢には国民を欺いてでも参戦したいと考えている連中がいる」

FDRがやったことは、ジョンソンが危惧していたシナリオそのままであった。議会の意向を無視して日本を挑発し、日本に開戦を仕向けたのである。これはわが国憲法の精神にも、わが国民の意思にも反した行為だった。政治屋の権化でもあるFDRは、日本に対する最後通牒（訳注：ハル・ノート）の存在を隠し続けた。政権そのものが沈黙を守った。一般国民は今現在においても、（わが国の送りつけた）最後通牒の存在さえ知らない。FDRが用いた策略と騙しのテクニックは見事なものである。あのレーニンに匹敵する狡猾さであった。

FDRの行為は反倫理的である。FDRは狡猾で、抜け目のない政治家だった。ホワイトハウスに居座って、真珠湾攻撃の日は「（わが国の歴史に刻まれる）恥辱の日

（day of infamy）」などと演説し、すべての責任を日本に被せたのである。今にして思えば、まさにプロパガンダの茶番劇であった。

このプロパガンダは実に効果的であった。すべての国民がころりと騙されてしまった。私も騙されたひとりであった。その経緯については第16章で詳述することにする。これほどひどい策略を駆使してわが国を戦争に踏み込ませた大統領はいなかった。ジョージ・ワシントン、トーマス・ジェファーソン、アブラハム・リンカーン、グローバー・クリーブランド、セオドア・ルーズベルト。ここにあげた大統領が、われわれ国民にＦＤＲのような裏切り行為を働くことができるだろうか。そんなことは想像だにできない。

私はＦＤＲを徹底的に批判する。しかしそれでも、彼の進めた施策の中で納得できるものについては賛成してきた。たとえば、ＦＤＲの第一期の初期に進められた、金融危機を回避するための法令である。私はそうした法案のほとんどに賛成した。しかし、（民主党が圧倒的多数の議会が、盲判を押すだけの機関に成り果てると）ＦＤＲは次々に社会主義的な施策を導入した。ニューディール政策で創設された新組織が、わが国の国柄を破壊し始めた。その姿はメリーゴーラウンドに乗ってはしゃいでいるようなものだった。

ところが第二期目も終わるころになると、自らが創設したそうした組織に愛想をつかすようになる。なんの効果も生み出さなかったからである。FDRは責任者のジェイムス・ファーレイを更迭した。それまで抜け目なく振る舞っていたファーレイに代えて登用したのがハリー・ホプキンスであった。FDRは親友であったホプキンスを顧問に起用したのである。（FDRのニューヨーク州知事時代に）社会福祉事業を担当する官僚として頭角を現した男である。彼には経済学の知見も、国際関係の知見も全くなかった。

（ジャーナリストの）ウォルター・リップマン[35]はFDRを次のように評していた。

「彼の頭は冴えているわけではない。彼がやろうとしていることは単純でもない。そして彼の手法はひねくれている」

言ったことは守るということは道徳的にも重要である。この点でもFDRへの評価は低い。ニューヨーク・タイムズ・ワシントン支局のターナー・カトリッジ[36]は『わが人生とタイムズ（*My Life and the Times*）』の中で、「FDR時代のホワイトハウスの行動倫理はワシントン議会のそれよりもレベルが低かった」と述べている。

「私は、ワシントンの政治に対して国民が不信の目を向けるようになったのはFDRの責任であると思っている。彼の二枚舌的な手法はそれまでのワシントンにはなかったのである」

「FDRを長年にわたって観察してきたが、彼の誠実性を疑うことが何度もあった。

彼は人を操る天才であった。わざと誤解させたり、騙したり、明らかな嘘を言うことも平気であった。目的達成のために必要だと考えたら何でもやった」

評論家のジョン・フリン[37]も『ルーズベルト神話（*The Roosevelt Myth*）』の中でFDRを詰(なじ)っている。

「ホワイトハウスがルーズベルト家のビジネスオフィスになっていた。親族にFDRの地位を利用した商売をさせていた[38]」（訳注：夫人のエレノアや息子ジェイムスのためにFDRは大統領の地位を利用して便宜をはかった。そうしたビジネス手法を指す）

フリンの書では二つの章でFDRのそうした行状を描写している。読んでいると気分が悪くなるので、その部分は読み飛ばしたくなるほどである。本書での私のFDR批判は、少しその範囲を限定し、合衆国のそしてわが国民の利益に関わる案件についてだけを問題にするつもりである。私がこの書を記す真意は、わが国の将来を脅かすような愚かな間違いを、二度と起こしてはならないと考えているからである。

FDRは権力を自らに集中させた。そのさまはヒトラーやスターリンに近いものであったが、彼はこの二人のような独裁者にはなれなかった。その理由の一つは、FDRは二人のように独裁をうまく化粧してごまかす能力に欠けていた。もう一つの理由は、彼の進めた（社会主義的な）ニューディール政策の効果に、彼自身がいまひとつ懐疑的であったことである。だから徹底的にそれを推進することをためらうところがあった。

ＦＤＲは軍の最高指揮官であることに誇りを持ってはいた。しかし、ヒトラーやスターリンのように将軍連中を自由気儘に操るところまではいかなかった。チャーチルのレベルにまでも達していなかった。それでも、政治権力の行使に躊躇はなかった。彼は、鼻っ柱が強く、虚栄心に満ちた男であった。利己的で巨大な権力の行使を楽しんでいた。

すでに述べたように、ＦＤＲは（議会に知らせずに）日本に対する最後通牒を発した。そして戦争への介入に反対する非干渉主義者を徹底的に迫害した。何人もの非干渉主義者を裁判にかけたが、有罪にはできなかった。合衆国憲法の精神（言論の自由）が彼らを守ったのである。ＦＤＲはこの世界の半分をスターリンに献上した。そこには中国も含まれる。それはヤルタでの密約の結果であった。

先にも述べたが、ＦＤＲの敵に対する態度は容赦ないものであった。歳入庁（ＩＲＳ：Internal Revenue Service）の調査権限を悪用して、政敵を調べ上げたりすることも平気でやっている。最高裁判所判事や仲間であった民主党上院議員も十人ほどが犠牲になった。（暗殺された）ヒューイ・ロング上院議員もＦＤＲの犠牲者の一人である。私自身も電話を盗聴された。私だけでなく、彼に反対するものは、上院議員、下院議員を問わず、すべて盗聴の対象であった。彼はそうすることが国家の利益になると考えたのかもしれない。あるいはただ単に保身のため、あるいは政策の推進のためだったかもしれない。本当のことは誰にもわからない。

（かつてFDRの支持者であった）ジョン・ルイス[39]はMBS（the Mutual Broadcasting System）放送局を通じて、FDRを批判した。FDRは「傲慢で、異常なほど利己的で、権力に貪欲だった。彼は戦争に反対し和平を希求する態度を見せる一方で、（ドイツ、イタリア、日本を）封じ込めるべきだとする隔離演説[40]（一九三七年）を行なっている。彼が戦争を欲していることはこの演説以降誰の目にも明らかになった」と述べた。

ヒュー・ジョンソンはNRA（全国復興庁）の長官であった。ニューディール政策推進者の一人であったが非介入論者であった。彼も次のように述べ、FDRを批判した。

「国民は八対一で非介入の立場を支持している。それにもかかわらず、わが政府は参戦に向かって一直線に進んでいる」

こうした批判に対して、FDR信奉者は、徹底的に反論した。その中心人物はエルマー・デイヴィス[41]とアーチボルド・マックレイシュ[42]の二人であった。この二人は、FDRの個人的な人気を貶めたり、参戦に積極的なFDRに批判的な態度をみせるものを徹底的に攻撃した。そのような行為は、国家破壊活動であり、国家の団結を乱すものであると主張した。二人がトップをつとめる戦争情報局（デイヴィス）と議会図書館（マックレイシュ）は、古代エジプトのバール教の神官組織のようなものだった。FDRという偶像を破壊するものは組織の敵だった。組織を指導する二人にとって、FDRはニューディール政策推進の神聖なるシンボル（偶像）であり、戦争の神（War God）であった。

ニューヨーク・タイムズ紙のアーサー・クロック[43]はFDRの長年の知己であった。彼はFDRの重層的な個性と政治的な資質を観察しその功罪を指摘している。クロックがFDRの長所としてあげたのは、私的な場面と公的な場面とを問わず、FDRの人を魅了する能力であった。カリスマ的な彼の魅力は歴史的にみても稀な資質であった。そのクロックも、FDRには多くの問題があることを認めている[44]。

「FDRには知力が欠けていた。深い思考ができなかった。それが必要な場面では、口先だけの、気がきいていると思わせる演説で切り抜けた。彼には、地方都市のボス連中を政治力で懐柔する能力があった。もともと彼はその能力で出世してきた政治家であった」

「FDRは行政能力に欠けていた。また彼の立場を利用する親族の（非倫理的）行動にも寛容であった、いやむしろ無神経であったというほうが正確だろう。彼の信じる国益のためであれば、事実の隠蔽は致し方がないと決め、そのことが正しいか正しくないかなどと悩むことはなかった」

「彼に対する批判がどれほど真摯なものであっても、批判する者を恨む性癖があった。そうした人物には大統領の権限を駆使して制裁を加えた。そのやり方はかなり胡散臭いものであった」

「ＦＤＲの自惚れと傲慢な態度は（前例にない）三期目の大統領職を狙い始めたころから目立つようになった。彼自身の持つ多様な能力が人類にとって必要とされている。そう思い込むほどであった。そうであるにもかかわらず、彼は歴史の理解が乏しかった。わが国の歴史についてさえその理解の程度は怪しいものであった」

「私は一九四五年の時点でＦＤＲの欠点をこのように並べてはいるが、こうした彼の資質の問題については、彼が大統領となる前には明らかになってはいなかった。彼自身が大統領の持つ巨大な権力に気づくまでは、問題は表面化しなかったのである」

　ＦＤＲ政権で労働長官をつとめたフランシス・パーキンス女史は、ＦＤＲは彼女が知る最も理解に苦しむ人物であると評しているが、彼女の見立てに間違いはないであろう。ＦＤＲの重要案件に対する態度は、ロシアンルーレットを想起させる。彼自身、自分の決断がどのような結果を導くことになるのか理解できていなかった。その上、ＦＤＲは、最もアドバイスを受けてはならないと思われる人物の影響を受けることが多かった。だからこそ新聞記者たちも、ＦＤＲに対する信頼を失っていった。ＦＤＲ

に不誠実さや虚偽性を感じたからである。

FDRは議会の権限を奪った。予算編成、開戦権限は議会にあった。それを簒奪したのである。議会は彼のニューディール政策に盲判を押すだけの機関に成り果てた。その上、FDRは最高裁判所の権限にまで介入を試みた。しかしそれは成功しなかった。


(郵政長官だった) ジェイムス・ファーレイはハルを海軍病院 (ベセスダ〈Bethesda〉、メリーランド州) に見舞ったことがある。ルーズベルトが世を去ってすぐのころであった。ファーレイは回想録の中で次のように述べている。

「私が大統領を最後に見たのは、彼が療養のためにウォームスプリング (ジョージア州) に出かける少し前のことだった。FDRの最後の旅になる保養地行きであった。(出発前に大統領は) 私のオフィスに立ち寄ってくれた。部屋に入った彼の顔を見て私は息を詰まらせた。彼には死相が出ていた。自分でもあまり調子がよくないと言っていた。静脈に問題があるせいか吐き気が止まないというのである」

「私はハルからヤルタ会談の模様を聞いた。ハルの説明は大雑把で曖昧なところがあった。会話のつじつまが合わなくなることもあった。それでもハルは、チャーチルがのべつまくなししゃべっていたこと、会話の九〇パーセントはチャーチルの独演会で、残りの一〇パーセントがスターリンとルーズベルトの間で交わされたようなものだった、と語ってくれた」

「ハルも私もルーズベルトは明らかにヤルタでは病んでいたということで意見が一致した」

注

1　Louis McHenry Howe（一八七一—一九三六）ルーズベルトの初期の時代の政治顧問。妻エレノアの政治活動の顧問でもあった。

2　Raymond Moley（一八八六—一九七五）FDRの顧問。ニューディーラーと呼ばれる政策集団を組織したキーマン。

3　Thomas G. Corcoran（一九〇〇—八一）ハーバード大学法学部卒業後、会社法（特に金融業界）の専門家として活躍。ブレイントラストの一員であり、戦後はリンドン・B・ジョンソン大統領の顧問となった。

4　Stanley High（一八九五—一九六一）ジャーナリスト。クリスチャン・サイエンスモニター紙、クリスチャン・ヘラルドなどに寄稿。ニューディール政策を高く評価。

5　Samuel Rosenman（一八九六—一九七三）コロンビア大学法学部卒業。ニューヨーク州最高裁判事の後、ルーズベルトの顧問およびスピーチライターを務める。

6　Robert Sherwood（一八九六—一九五五）劇作家、スクリーンライター。戦争情報局（OWI：Office of War Information）長官も務め、彼の言葉はルーズベルト大統領がたびたび引用した。

7 Edward J. Flynn（一八九一―一九五三）ニューヨーク州議会議員。FDRの選挙参謀。ヤルタ会談にはFDRの顧問として同行。
8 Groton School 米国聖公会が運営する私立の大学予備校。マサチューセッツ州にある。
9 *The Harvard Crimson* ハーバード大学の学生新聞（日刊）。
10 Endicott Peabody（一八五七―一九四四）米国聖公会牧師。グロトン校創立者。
11 James A. Farley（一八八八―一九七六）郵政長官（任期は一九三三年から四〇年）。
12 パージの実態は下記に詳しい。原注
Turner Catledge, *My Life and the Times*, Chapter 9.（訳注：Harper & Row, 1971）
13 Alfred E. Smith（一八七三―一九四四）ニューヨーク州知事。FDRの前任の知事。
14 The Public Papers and Addresses of Franklin D. Roosevelt 1928-1932, edited by Judge Samuel I. Rosenman, Vol. 1, p661. 原注
15 同右、p761. 原注
16 同右、p662. 原注
17 同右、p42. 原注
18 同右、p463. 原注
19 同右、p663. 原注
20 同右、p806. 原注
21 同右、p798. 原注
22 同右、p805. 原注
23 フェビアン協会（Fabian Society）ロンドンで設立（一八八四年）された社会主義団体。

24　Rexford Guy Tugwell（一八九一―一九七九）コロンビア大学教授。経済学者。AAA長官。

25　Sidney Hillman（一八八七―一九四六）労働運動指導者。CIO（産業別労働組合会議）創設の中心人物。

26　Alger Hiss（一九〇四―九六）AAA勤務。後に大統領側近。ヤルタ会談にも顧問として出席。ソビエトのスパイであったことが、アメリカと旧ソ連の間で交わされた電報（一九三〇年代から四〇年代にかけて傍受された暗号）を解読した米国家安全保障局（NSA）の記録文書（「ベノナ文書」）で判明している。

27　Harry Dexter White（一八九二―一九四八）経済学者。財務省高官。ソビエトのスパイであると見なされている。ハルノートを起草した。

28　Lauchlin Currie（一九〇二―九三）経済学者。FDRの経済顧問。戦後ソビエトのエージェントであると疑われ、コロンビアに移住。

29　一九三〇年に設立された。アメリカ国内での共産主義者の活動実態を調査する委員会。調査結果は一九三一年一月十七日に発表されている。

30　William Halsey, Jr.（一八八二―一九五九）米国海軍第三艦隊司令長官。

31　James Warburg（一八九六―一九六九）ドイツ系アメリカ人。金融資本家。非干渉主義者であったが、一九四一年にFDR政権に戦争情報局幹部として参画した。

32　John Acton（一八三四―一九〇二）イギリスの政治家。思想家。

33　Hiram Johnson（一八六六―一九四五）カリフォルニア州知事。共和党上院議員。カリフォルニア州での反日本人運動のリーダーであったが、非干渉主義の立場をとり、アメリカの参戦には反対であった。
34 Warren Harding（一八六五―一九二三）第二十九代大統領（一九二一―二三）。共和党。
35 Walter Lippmann（一八八九―一九七四）ドイツ系とユダヤ系の両親を持つ政治評論家。コラムニスト。
36 Turner Catledge（一九〇一―八三）ニューヨーク・タイムズ紙記者。一九四三年から七〇年まで編集主幹（managing editor）。
37 John T. Flynn（一八八二―一九六四）保守系ジャーナリスト。ニューリパブリック誌、ハーパーズ誌などを舞台に評論活動。ニューディール政策を激しく批判した。
38 たとえば、長男ジェイムスの設立した保険代理店が国内の大企業から次々と契約を結んだ行為を指す。ニューディール政策での恩恵を受ける巨大企業ばかりであった。（John T. Flynn, *The Roosevelt Myth* (50th Anniversary Edition), Fox & Wilkes, 1998, pp218-19. 出版五十周年記念版）
39 John L. Lewis（一八八〇―一九六九）労働運動指導者。ＣＩＯ創設に貢献。政権初期にはＦＤＲを支援したが、参戦には反対していたため袂を分かった。
40 一九三七年十月、ＦＤＲはシカゴの演説で侵略的な国の隔離が必要であると訴えた。「隔離演説（Quarantine Speech）」である。ドイツ、イタリアそして日本を侵略国とみなす演説であった。
41 Elmer Davis（一八九〇―一九五八）新聞記者。ニューヨーク・タイムズ紙編集者。戦争情報局長官。
42 Archibald MacLeish（一八九二―一九八二）米国議会図書館長。ＦＤＲによって抜擢された。

43　Arthur Krock（一八八六―一九七四）ジャーナリスト。一九二七年からニューヨーク・タイムズ紙論説記者。同紙ワシントン支局長。

44　Arthur Krock, *Memoir,* Funk & Wagnalls, 1968, pp145-46. 原注

第2章　アメリカ参戦への画策

非干渉主義者が、参戦を望む大統領の手綱を締めた。

国際主義者あるいは干渉主義者と呼ばれる連中が、アメリカの介入工作を活発化させたのは第二次世界大戦勃発の二年ほど前からである。彼らが目的達成のために使った材料は、あのシェークスピアの『マクベス』に登場する魔女が地獄のスープを作った材料も顔色なしという代物である。ルーズベルトや政権幹部は、悪魔的材料を使って、アメリカ参戦という「料理」を実に見事に作りあげたのである。

先述の「隔離演説」も、FDRがターゲットとする「侵略国」への禁輸政策も、わが国の若者に血を流させてでもわが国は世界の警察官になるという目的を達成するための材料であった。「わが国は世界の揉め事には介入しない」という伝統は破棄された。良き伝統は集団的安全保障とか世界政府とかいう構想の犠牲になった。そうした構想の実現には大統領に権限を集中させ、議会が持つ開戦権限を奪う必要があった。

FDRはヨーロッパやアジアの外交に口出しするようになった。ヨーロッパ諸国は昔からいがみ合っていた。その紛争にアメリカを巻き込んだのがＦＤＲであった。ＦＤＲは国際主義者であったことは間違いない。そして同時に干渉主義者であった。彼は一九二〇年の大統領選挙では民主党の副大統領候補であった。国際主義の象徴である（ウッドロー・ウィルソン前大統領が構想した）国際連盟に賛意を示し連盟への参加を主張していた。

ＦＤＲは大統領の持つ権限を外交に最大限に利用した。対英、対仏、対ポーランド外交の遂行に、時に甘言を弄し、時に恫喝し、わが国の持つ影響力を直接的にも間接的にも利用した。特にポーランドに対しての外交はひどいものだった。ダンツィヒの人口の九〇パーセントはドイツ人であり、ヒトラーは併合を要求していた。ＦＤＲはその要求に屈してはならないと強烈な圧力をポーランドにかけたのである。

ＦＤＲは全体主義国家の指導者を、悪口雑言を弄して詰っている。イタリア、ドイツそして日本の指導者を口汚く批判した。ＦＤＲと（内務長官の）イッキーズの二人の、この三国に対する物言いは余りに辛辣であった。その結果、わが国が和平交渉の中心的役割を果たすことなど、とてもできなくなってしまった。ところが、ソビエトのヨシフ・スターリンに対してだけは口を噤んだままだったのである。

和平などＦＤＲにとってはどうでもよいことだった。彼の目的はわが国を参戦させることにあった。一九四〇年の初めには短期間ではあるが、和平実現の仲介役になろうとした時期が確かにあった。しかし、基本的には、ドイツのポーランド侵攻（一九三九年九月一日）から日本の真珠湾攻撃（一九四一年十二月七日）まで、わが国をどうやったら参戦させることができるかで頭が一杯であったことは間違いない。

ＦＤＲはなぜそれほどまでに参戦したかったのか。（イギリスに対する）暗黙の約束でもあったのだろうか。六年間にもわたって繰り広げたニューディール政策が一向に失業者を減らすことがなかったから、戦争を起こすことで一千万人を超す失業者を救済しようと考えたのだろうか。国際主義者として戦争に訴えてでも（警察官の）役割を果たしたかったのだろうか。戦時をリードした名大統領として歴史に名前を残したかったのだろうか。国際連合を創設し、その実質的な指導者つまり全世界のリーダーの立場をスターリンとともに分かち合いたかったのだろうか。

商務長官であったジェシー・ジョーンズの回想がこの疑問に答えるためのヒントを提供している。（一九三二年に設立された）復興金融公社（ＲＦＣ：Reconstruction Finance Corporation）長官でもあった彼は、その著書『五百億ドル（*Fifty Billion Dollars*）』の中で次のように述べている。

「ＦＤＲは、戦争は嫌いだと何度も繰り返した。しかし本音は戦争をしたくて仕方がなかった。（前例のない）三期目の大統領職を確実なものにしたかったから嫌いだと述べたに過ぎない。大統領を三期も務めることは、ＦＤＲにとっては最高の栄誉であり、それをなんとしてでも実現したいとする野心があった。結局、三選を成功させたことで彼の虚栄心は満たされた」

ＦＤＲはこの二つの目的（三選と参戦）を見事に遂げた。ジキルとハイドを効果的に演じきることでそれを可能にした。彼の登用した政府高官も見事な共謀者であった。われわれの住む世界では人間の作った法律よりも重いものがある。それは真実である。また歴史にも真実の光がつねに当てられなければならない。歴史は真実を語るものでなくてはならない。ＦＤＲは戦争を心底欲していた。しかし彼はそれを巧妙に隠した。彼のやり方は、羽が折れてしまった振りをして野鳥が敵を欺くテクニックにそっくりであった。

「彼は戦争を欲していた。それでも発する言葉はおとなしいものだった。しかしその（穏やかな）言葉は抜かれた剣に匹敵する力があった」（『詩篇55：4』）

ルーズベルトはイギリスやフランスに、アメリカが参戦するだろうと思わせた。彼がそうしなければ、ダンツィヒ問題で英仏両国があれほど頑なな態度を見せることなく、どこかに妥協点を見出したに違いない。そうなっていればドイツと戦うこともなく、彼らは植民地の維持も可能であった。われわれアメリカ国民はたしかにナチズムを嫌っていた。しかし、メーメルラント[1]（Memelland）やダンツィヒ（Danzig）など、ベルサイユ条約で帰属が決まった土地をめぐる争いのために、自分たちの息子を戦場に送ることなどまっぴらだと思っていた。そして、ソビエトロシアの共産主義を守るため、あるいはイギリスやフランスの植民地を守るための戦争などもっての外だと考えていた。

英仏両国の同盟国であるソビエトロシアは、この世の中で最も専制的で、独裁的な国家であった。彼らの進める戦争が、自由と民主主義のための戦いであるはずがなかった。彼らはただたんに覇権と植民地主義を守るために角突きあわせていたに過ぎなかった。

アメリカ国民が、FDR政権はヨーロッパの戦いに参戦したがっているのではないかと勘づいたのは一九三九年四月二十一日のことである。ヨーロッパの戦いが始まる四ヵ月ほど前のことである。FDRと政権幹部そしてニューディール政策担当者（ニューディーラー）は、ヨーロッパの戦争危機を利用して国民の不安を煽りはじめた。外国の戦いではあるが若者を戦場に送らざるを得ないという雰囲気を作ろうとしたのである。

ヨーロッパ情勢を不安がる国民を落ち着かせる言葉は、大統領の口から一つも出てこなかった。彼が冷静な言葉を使って国民に語っていれば不安を鎮めることができた。しかしFDRの口から発せられたのは戦火が拡がったほうがよいとしか受け取れない言葉ばかりであった。

ワシントン・ポスト紙に、もしヨーロッパで戦いが始まったらわが国の参戦は避けられないとする論説記事が出た。大統領がその考えを是認したのは一九三九年四月十一日のことであった。FDR政権とニューディーラーらは使える組織すべてを動員して、戦争ヒステリーを煽るプロパガンダを開始したのである。この動きに対抗するためには全国的な組織が必要だった。アメリカ第一主義委員会（the America First Committee）が出来たのは、FDR政権のプロパガンダに対抗するためであった。わが国の若者を外国の戦争のために送ってはならなかった。

敵は自国に有利な歴史を書く、とはよくいったものだが、味方であるはずの内部からそういう人物が出るのは情けないことだった。ロバート・シャーウッドが著した『ルーズベルトとホプキンス』[2]はそういう類いの本である。この本を読めば、非介入主義者の考えがどれほど正しいものであったかが一目瞭然になる。シャーウッドは「非干渉主義者」の用語を嫌い、侮蔑をこめて「孤立主義者」という用語を使った。この本を読めば、FDRがどれほど軍国主義的な政治家であるかがよくわかる。

先述の「隔離演説」（一九三七年十月五日）から、英仏の対独戦争布告（一九三九年九月三日）まで、FDRの外交政策はヨーロッパのパワーゲームへのお節介そのものであった。アメリカ国民は、第一次大戦のあまりの犠牲者の多さと莫大な戦争コストに辟易（へきえき）していた。第一次大戦はわが国が参戦したからこそ連合国が勝つことができた。アメリカは、兵士は送ったけれど、何の要求もしなかった。戦利品もなく賠償金もなかった。それにもかかわらず、資金を融通してあげたイギリスやフランスからは、シャイロックのような高利貸しの悪党だと罵られたのである。英仏両国はわが国への借金を返していない。利子分さえも返そうとしない。カルビン・クーリッジ元大統領は彼らの誠意のなさにひどく腹を立てていた。

わが国がヨーロッパのごたごたに関わりたくないと思う気持ちを持つのは当たり前であった。シャーウッドはその態度を「孤立主義」と評して、それがあたかも利己的な態度であるかのように批判した。彼はFDRのスピーチライター（ゴーストライター）だったから、そう主張して当然かもしれないが、彼が何と言おうと、アメリカ国民はヨーロッパの揉め事には関わりたくない（非干渉主義）と思っていたのである。

シャーウッドは前掲書で、FDRが世論のそうした空気を感じていたことを証言している。だからこそ、FDRは世論と正面からぶつかることを避けた。彼は巧妙なプロパガンダ作戦に出た。ドイツの恐怖を煽る作戦である。ドイツの爆撃機がデンバーを襲う。ドイツはパンサー戦車をアフリカからブラジルに送り込む。その途中でニューヨークを襲わせることも計画している。なんの証拠もないほら話で国民の恐怖心を煽ったのだ。和平を希求する国民を、嘘を使って不安にさせる行為は下品きわまるものであった。

シャーウッドの書は、ＦＤＲが陰謀にまみれた国際主義者であることも如実に示している。また個人的な関係を利用した外交手法を好んで用いていることがわかる。彼が利用したのはビーバーブルック卿[3]である。

ウィンストン・チャーチルとＦＤＲが交わした大量の交信記録があるが、その全てが公開されているわけではない。なぜ国民はその内容を知らされないのであろうか。隠されるものがあってはならない。全てが公開されなくてはならない。あの当時、われわれは戦争ヒステリーを煽る一大プロパガンダキャンペーンに踊らされた。戦わなければ、あのノルウェーやオランダのように、ドイツにやられてしまうというキャンペーンである。戦いに打って出るか、ヒトラーの餌食になるか。二者択一を迫るプロパガンダがあった。要するに、ままよと崖から飛び降りるか（こちらから戦いに打って出るか）、座したままやられるのを待つかの二者択一しかないと国民に思い込ませた。

そのうちドイツはダカール（訳注：アフリカ西端の都市。現セネガルの首都）を根拠地にしてわが国を攻撃する、ヒトラーはパンサー戦車でブラジルを征服し、そこからわが国を襲う。こんな与太話がまことしやかに囁かれた。わが国からダカールまでの距離はドイツへの距離の二倍もあるのだ。ヒトラーがわが国を侵略する。もしそうなら世界最強のわが海軍は何もしないでいるわけがない。ヒトラーの陸軍はあのわずか二十マイル（三十キロメートル強）のイギリス海峡でさえ越えることができないでいた。そのドイツ陸軍がどうやったら、三千マイル（五千キロメートル弱）もある大西洋を渡れるというのだろうか。こうしたばかばかしいプロパガンダが平気で国民に対してなされたのである。

私の先祖がアメリカにやって来たのは三百三十七年前のことであった。果てることのないヨーロッパの宗教戦争と内戦に嫌気がさしてアメリカに渡ってきた。アメリカ国民の先祖のほとんどが同じ理由でこの国に移ってきたのである。しかし、ハリー・ホプキンス、イッキーズ、モーゲンソー、ハリマン[4]（訳注：駐ソビエト大使）、ヘンリー・ウォーレスそしてＦＤＲといった連中は、もう一度ヨーロッパの抗争に関わりたいと考えたのだった。

彼らには戦いの経験がなかった。平和時には大きな顔をしているが、戦いの時が来るとどこにいるのかわからない連中なのである。その彼らがわが国の若者をヨーロッパやアジアの戦場に送ろうと画策していたのだから始末が悪かった。スチムソン陸軍長官とノックス海軍長官も同じように参戦を主張してはいたが、この二人は先の大戦で現実の戦いを経験している人物であった。この二人を上記の連中と同じように批判するのはフェアではないだろう。

ＦＤＲの干渉主義の考えを最もよく知るのはフランク・ノックス海軍長官ではなか

ったかと思う。ノックスとスチムソンはFDR政権に登用されたが、その人事はニューディール政策の推進とは関係ないものであった。この二人はニューディール政策には否定的であった。それだけに、この政策推進のプロパガンダを冷ややかな目で観察することができた。「ニューディールと称する政策は巨大な政治プロパガンダである」とノックスははっきりと証言している。しかしこの二人でさえも、アメリカ参戦のためのプロパガンダには手を貸したのであった。

世論が非干渉か参戦かを真剣に考え始めると、FDR政権は言葉のマジックを使うようになった。彼らは参戦に反対する者に対して「孤立主義者」というレッテルを貼ったのである。「孤立主義」という言葉が持つネガティブなイメージを使い、相対的に干渉主義者や世界国家を目指す連中（one-worlders）の価値を高めることが狙いだった。

私たちの祖先の九〇パーセントは、ヨーロッパ大陸の厳しい生活、食料の欠乏、絶えることのない争いごとに嫌気がさしてこの国にやって来た。しかしだからといって、旧大陸から孤立して生きるべきだなどと考える者はいない。「孤立主義者」という言葉は、旧大陸とは交易しない、外交関係を持つことにも反対するというネガティブなイメージを持つ。しかし、（「孤立主義者」とレッテルを貼られた）国民はそんなことを主張してはいない。ただ単純にヨーロッパの揉めごとにアメリカは関わるべきではないと考えているだけなのだ。第一次世界大戦の結果をみれば明らかなように、われわれは裏切られたのだ。だからこそ国民の多くは、アメリカが攻撃されないかぎり、けっして参戦してはならないと信じていたのである。

参戦に反対するものに浴びせられる言葉は「孤立主義者」だけではなかった。「何でも反対する頑固者」「ナチス」「ファシスト」「ダチョウ」（訳注：頭を土の中に突っ込んで見たくないものは見ないようにする態度をとる人間を表す言葉）「マムシ野郎（copperhead）」。非干渉であるべきだと固く信じている国民はこうした悪口雑言にも平気であった。アメリカはヨーロッパの血塗られた政治に関与してはならないという信念を持っていたからである。

故ジョン・F・ケネディ元大統領は、エール大学のスピーチ（一九六二年六月十一日）で次のように述べている。

「真実の敵は嘘そのものではない。むしろ、得心できるほどにしつこく繰り返される『神話』である。非現実的な神話のほうが、計画的につかれた嘘の数々よりも危険である」

歴史解釈には論争がつきものである。歴史家の使命は、実体のないほのめかしの言説や、半分だけしか本当のことを語らないストーリーや、あるいは歴史解釈の誤りを正すことにある。それは、ひたすら真実を探ることでしか達成できない。誤った歴史解釈は、疑うことをしないうぶな人々、事実を知らされていない人々の心に根深く植えつけられている。真実を探る作業は簡単なことではない。ニューヨーク市にあるハンターカレッジの構内にラルフ・エマーソンの言葉[5]が掲げられている。「われわれは意見を異にすることが多い。しかしそうではあっても、真実とは何かを探る心はつねに心のどこかに持っていなければならない」

私はかつて、このことを、NBCのラジオネットワークを使って訴えた（訳注：スピーチの年は不明、恐らくヤルタ会談〈一九四五年二月〉以降である）。「東部の新聞も南部の新聞も、干渉主義を主張していた。こうした新聞は攻撃されないかぎり参戦すべきではないという圧倒的な国民の声を記事にすることを避けた。だから国民は干渉主義の主張ばかりを聞かされた。新聞の論調、コラムニストやコメンテーターの訴え、そうした主張の映画の数々。何もかもが、いけいけの参戦気分を煽るものだった。思い起こせば身の毛もよだつプロパガンダが世の中を覆っていた」「参戦に積極的なものもそうでないものも、わが国では、自由にその意見を述べる権利がある。しかし、積極派である一五パーセントの少数意見を持つものだけが、それを述べることができるような異常な光景があった。『自由のための戦い委員会』(Fight for Freedom Committee) はその中心的存在であった。彼らはアメリカの国益よりも大英帝国の国益を優先するかのように、一刻も早い参戦を主張した。しかし、メディアは彼らを批判しなかった」

「ペッパー上院議員[6]は、戦争ともなれば戦費は年間千億ドルともなり、終戦までに五年が必要だろう」と言っていたが、私も同じ考えだった。私はわが国の母親たちが、ソビエトロシアのために、あるいはヨーロッパを共産主義の餌食にするために、息子たちを戦場に送りたいはずがないと確信していた。もちろん、アフリカや支那大陸で息子たちが命を落とすことなど到底考えられない。しかし国家が攻撃され危うい場合の戦いであれば、息子たちが国を守るために命をかけることを厭(いと)う母親はいないのである。

「ルーズベルト大統領は、民主党青年クラブに書簡を送りつけ、孤立主義者は民主党から去れと脅かした。民主党創設の立役者トーマス・ジェファーソンがそれを聞いたら寝込んでしまいそうな主張である。アメリカ史の中でもジェファーソンは典型的な非干渉主義の政治家であった。彼は繰り返し、アメリカはヨーロッパの戦争に巻き込まれてはならないと説いた。ジェファーソンは民主党を創設し、そしてＦＤＲはジェファーソンの精神を踏みにじったのである」

「ルーズベルトが党からパージした仲間は枚挙に暇がない。ウィーラー上院議員（モンタナ州）、クラーク上院議員（ミズーリ州）、クラーク上院議員[7]（アイダホ州）、ウォルシュ上院議員（マサチューセッツ州）、マッカラン上院議員（ネバダ州）、レイノルズ上院議員（サウスカロライナ州）。最も進歩的なラフォレット上院議員（ウィスコンシン州）までもが追い出された。彼らは、わが国が攻撃されないかぎり、不干渉の立場を取るべきだと訴えていただけだった」

「FDRが北部諸州のお気にめさない政治家をみんな追い出してしまったら、民主党にいるのは、党職員か、『自由のための戦い委員会』のメンバーだけになっていただろう。『自由のための戦い委員会』というのも、ヤルタ会談以降は、その名前は恥ずかしくて使えないだろう」

「FDRは国民に参戦か非介入かの決定を強引に迫った。民主党にも共和党にもいた非干渉主義者の主張は国防力の強化であった（たんなる平和主義の主張ではなかった）。こちらから戦争を仕掛けることに反対であったのだ」

「国家の運命を左右する意思決定は憲法の精神に基づかなければならない。（開戦権限を持つ議会に）対独宣戦布告を諮問したら議会は四対一の圧倒的大差で否決したはずであった。国民はわが国の国防は、海でも陸でも空でも、無敵であってほしかった。侵略国が北アメリカあるいは南アメリカを攻撃することがあれば、撃退できる軍事力はほしいと思っていた。（そうした期待に応えて）わが海軍は世界で最大規模を誇り、かつよく訓練されていた。ドイツ海軍の何倍にも匹敵する強力な部隊であった。わが海軍をもってすればどのような攻撃に対しても防衛力は十分であった」

「それに加え、あと数年で大西洋にも太平洋にも展開可能な、両大洋を自在に遊弋(ゆうよく)できる大艦隊が完成するはずであった。わが陸軍でも、一年以内に、いかなる陸の侵攻にも対応できる火砲、戦車、航空機、対戦車砲、高射砲の装備が完了することになっていた」

これが私のスピーチの一部である。簡単な説明ではあるが、読者には、ヨーロッパで戦火が広がったころのアメリカ国民の、「ヨーロッパの争いに巻き込まれたくない」という感情がどれほど強かったかを、よく理解していただけたのではなかろうか。それでは少数派だったおよそ一五パーセントの参戦肯定派はどういった人々だったのか。

彼らは確かに数の上では少数であった。しかし、国際銀行資本家、大手メディア、特に北東部のニューヨーク・タイムズ紙、ニューヨーク・ヘラルド・トリビューン紙(共和党系)、ワシントン・ポスト紙、ボルチモア・サン紙、ボストン・グローブ紙、そしてフィラデルフィアの新聞各紙が参戦派を応援していた。資金も豊富であった。メディアを通じた参戦プロパガンダ活動は強力だった。これに加えて、北東部の有力資産家は婚姻関係を通じて英仏と深い関わりを持っていたから、英仏両国への同情心は尋常ではなかった。一五パーセントの人々は少数派ではありながら、世論に訴える強力な武器を持っていた。お金もたっぷりあった。

知識人とみなされる有力人士にも介入に肯定的な者がいたことを忘れてはならない。

ハーバード大学のコナント学長、[8]エール大学のシーモア学長、[9]コロンビア大学のバトラー学長、[10]プリンストン大学のドッド学長。[11]こうした面々も参戦に積極的であった。

このようにわが国の参戦に積極的なグループは、金融界、新聞やラジオを牛耳(ぎゅうじ)るマスコミ、学界などの後押しを受け強大な力を持っていた。もう一つ忘れてならないのは、南部諸州の政治家も同じように参戦に前向きであったことである。南部諸州は南北戦争で英国に支援されたことで英国に対するシンパシーが根強く残っていた。彼らはまた民主党員であった。（訳注：南北戦争における英国と南部諸州の関係については、拙著『日米衝突の根源　1858―1908』〈草思社〉第四章「南北戦争」を参照されたい。民主党は南北戦争後に敗れた南部諸州の政治家の権力回復を目指す勢力〈南部民主党〉によって共和党に対抗してきた歴史的経緯がある）

ＦＤＲの英国に同情をみせる偏った外交政策は、もし南部民主党が上下院で勢力を持っていなかったら、議会で簡単に否決されただろう。南部諸州は参戦に積極的で、しかも民主党の大統領がその政策を推進した。南部民主党員がＦＤＲを応援したのは歴史的経緯に鑑みれば当然の帰結であった。南部出身の政治家で非干渉主義を貫いたのは前出のロバート・レイノルズ上院議員（ノースカロライナ州）唯一人であった。それでもレイノルズ議員は怯(ひる)むことなく積極的に議会活動に取り組み、上院では軍事問題委員会（the Military Affairs Commitee）の議長を務めた。彼の固い信念はＦＤ

Rの干渉をものともしなかったのである。

たしかに南部諸州の政治家は参戦に積極的ではあった。しかし彼らでさえ、アメリカが直接攻撃されることがなければ、アメリカの参戦にイエスの票を投じたのはせいぜい二〇パーセント程度ではなかったかと私は思っている。

サム・レイバーン下院議長[12]はテキサス出身で、人好きのする有能な政治家であり、典型的な国際主義者であった。FDRに劣らない干渉主義者であったが、彼には軍隊の経験が一日もなかった。彼の例が示すように、FDRの周囲には軍隊経験のない者が多かった。FDRの分身のようなハリー・ホプキンス[13]も、シドニー・ヒルマンも、ウォーレス副大統領もクリフトン・ウッドラムにも軍隊の経験はない。

FDRを支持したのは民主党員ばかりではない。共和党員にも支持者はいた。トーマス・デューイ[14]もネルソン・ロックフェラー[15]もそうであった。二人とも軍隊経験はなく、後日どちらも大統領の職を狙った。彼らの当選を阻止したのは、戦争経験のある復員兵の団体であり、その家族票であった。

私は政府の提案する徴兵法案に対して修正案を提示したが、それに賛同してくれたのは北部および西部諸州の政治家であった。下院では修正案が二百七対二百で通過した（訳注：徴兵期間の短縮〈一年〉、年齢制限などの修正。この法案で最初に徴兵された兵士の兵役が終了するのは一九四一年十月であった）。一九四一年には兵役期間を（六カ月）延長する法案が提出されたが、反対が多かった。わずか一票の差（二百十一対二百十）で下院を通過した（訳注：一九四一年八月十三日の採決を指す。一九四〇年成立の法案〈Selective Service Act〉で徴兵された兵士は一九四一年十月には兵役終了の予定であった。この日採択されたのは、兵役を六ヵ月延長する修正法案であった[16]）。南部出身の議員が中心になってこの延長法案を可決させたのである。

この数字は、当時のワシントン議会（上下両院）の三分の二が民主党に占められていたことに鑑みれば、議会内にも参戦反対の空気が強かったことを示すものであった。それにもかかわらず兵役期間延長法案が成立したのには訳があった。FDRとその分身であるハリー・ホプキンスが主導する（ニューディール）政策は、言ってみれば税金をばらまいて票を獲得するプログラム（Tax-and-Elect program）であった。その結果として多くの民主党議員が議会に送り込まれることになった。下院議員の選挙は二年ごとに行なわれる。大量に送り込まれた民主党議員は、参戦を実際に決定する切羽詰まった場面でないかぎり、政権の政策を支持し、ニューディール政策に絡む資金の導入を期待するのは当然だったのだ。

FDR政権は参戦に備えた政策を着々と進めていた。民主党員でありながら、そのような政策に敢然と立ちはだかり、反対の意思を表明した下院議員にルイス・ラドロウ[17]（インディアナ州下院議員）がいる。開戦の決定には国民投票が必要であるとの法案を起草したのが彼であった。その法案はもう少しで可決されるところまで行った。FDR政権が必死で抑え込んで否決に持っていったのである。

参戦に否定的だったのはどのような勢力であったろう。ウィリアム・グリーンが指導するAFL（アメリカ労働総同盟 American Federation of Labor）、ジョン・ルイスの鉱山労働者同盟（the United Mine Workers）などの労働組合、農業団体、カソリックやバプティストあるいはルター派などのプロテスタント宗教団体、女性グループ、アメリカ第一主義委員会などであった。また（社会主義者の）ノーマン・トーマスのようなリベラル派、あるいはドイツ系、イタリア系移民団体も参戦には否定的であった。また重要なのは第一次大戦で戦いの経験を持つものは参戦に反対であったことだ。彼らは、あの戦争には幻滅を感じていたのである。ロバート・ウッド、セオドア・ルーズベルト・ジュニア、ハンフォード・マックネイダーらがそうであったし、在郷軍人会も同様であった。

ソビエトが英仏の同盟国として対独戦争に参加したことは、国際主義者（干渉主義者）にとっては痛手だった。フーバー前大統領は、ソビエトの参戦によって干渉主義者の理屈（民主主義を守るための参戦）は崩れたことをはっきりと訴えた（一九四一年六月二十九日）。「ソビエトロシアは人類が生んだ最悪の暴虐と恐怖の政治を進めている」。彼はそう述べたのである。

ベネット・クラーク議員（ミズーリ州上院議員民主党）は、「ヒトラーと同じように、スターリンの手は血で真っ赤に染まっている。わが国は、二人の独裁者の戦いを黙って傍観していればよい」と主張した。（ＦＤＲの後を襲って大統領となった）ハリー・トルーマンも、ロシアが追い詰められればロシアを支援し、ドイツが劣勢になったらドイツを助ければよい、としていた。その後の歴史をみれば、トルーマンのほうがどれほど将来を見る眼力を備えていたかがわかる。

ロバート・ラフォレット・ジュニア（ウィスコンシン州上院議員）は私の論敵であった。議会だけでなく全米各地の（演説会で）論戦を繰り返した仲である。その彼もトルーマンと同じ考えであった。彼は次のように語っていた。

「（ＦＤＲは）国民に向かってソビエトの迫害については目をつむれと言い出すに違いない。あの統合国家政治局（ＯＧＰＵ）によってなされた私有財産の没収、信仰の自由の迫害、フィンランド侵攻も忘れ、ソビエトがポーランドの半分だけでなく、ラトビアもエストニアもリトアニアも奪ったことまでも忘れろと言うだろう」

ラフォレットも共産主義がいかに自由の敵であるかを理解していた。ＦＤＲは何としても参戦したかった。ドイツをしつこく挑発したがうまくいかなかった。しかし日本に対する挑発はうまくいった。日本が戦争を覚悟しなくてはならない最後通牒を使ったのである。最後通牒が発せられたことは、今日でもアメリカ国民のほとんどは知らないのである。

注

1　Memelland 東プロシアの北部。十三世紀にドイツ騎士団によって開発された地域。ドイツ系住民が多い。第一次大戦後国際連盟管理下となり、リトアニアに併合された。
2　Robert Sherwood, *Roosevelt and Hopkins: An Intimate History*, Harper & Brothers, 1948.
3　William Maxwell Aitken, Lord Beaverbrook（一八七九―一九六四）カナダ出身の政治家。ウィンストン・チャーチル政権の閣僚。航空機製造を中心にした軍需品生産の責任者。ルーズベルト政権への政治工作に関わった。ハリー・ホプキンス夫人に当時の価値で四千ドル相当のダイヤモンドのネックレスを贈っていることが指摘されている（*The Roosevelt Myth*, p131）。
4　William Averell Harriman（一八九一―一九八六）父は鉄道王エドワード・ハリマン。ニューディール政策の推進者の一人。駐ソビエト大使（一九四三―四六）。
5　Ralph Waldo Emerson（一八〇三―八二）アメリカ文化を代表する詩人、哲学者。
6　Claude Pepper（一九〇〇―八九）上院議員。フロリダ州民主党。
7　David Worth Clark（一九〇二―五五）上院議員。アイダホ州民主党。
8　James Bryant Conant（一八九三―一九七八）化学者。後の駐西ドイツ大使。
9　Charles Seymour（一八八五―一九六三）歴史家。

10 Nicholas Murray Butler（一八六二―一九四七）哲学者。
11 Harold W. Dodd（一八八九―一九八〇）政治学者。
12 Sam Rayburn（一八八二―一九六一）下院議員。テキサス州民主党。
13 Clifton Woodrum（一八八七―一九五〇）下院議員。バージニア州民主党。
14 Thomas E. Dewey（一九〇二―七一）共和党。ニューヨーク州知事（一九四三―五四）。
15 Nelson A. Rockefeller（一九〇八―七九）共和党。ニューヨーク州知事（一九五九―七三）。
16 Thomas Fleming, *New Dealer's War*, Basic Books, 2001, p88.
17 Louis Ludlow（一八七三―一九五〇）下院議員。インディアナ州民主党。

第3章　若者を外国の戦場に送ってはならない

非戦の世論に立ち往生した大統領の選挙公約が国民を欺いた。

非干渉主義に立つものは、一九三七年十月五日のＦＤＲによる「隔離演説」で、ＦＤＲが参戦を目論んでいることに気づいた。ＦＤＲがヘンリー・スチムソン（陸軍長官）とフランク・ノックスを閣僚に起用したことで、その懸念は確信に変わった。この二人は共和党員であったが、いけいけの干渉主義者（war camp）であった。特にスチムソンはその考えを隠そうともしていない。

一九四〇年六月十八日、スチムソンは、対独戦参戦は宣戦布告なしでもできると受け取れるメッセージを、ラジオを通じて訴えた。英仏艦船にはアメリカの港の使用を許せ、わが国の艦船を両国への物資運搬に使え、それが戦争地域（war zone）であっても構わない。そう主張したのである。もはや参戦することと同義の主張であった。スチムソンがこうした主張をしていたにもかかわらず、いや、していたからこそＦＤＲ政権の高官として起用されたのだ。

（共和党員である）スチムソンは、上記のラジオスピーチを文字におこしたものをFDRが読んでいるかどうか確認している。FDRの答えは、読んでいるし、その考えを承認する、というものであった。もちろんこのやりとりをわれわれは知らなかった。しかしFDRと彼を取り巻く連中は、スチムソンが参戦には積極的な政治家であることをはっきりと認識していたのである。

彼を政権内部に登用してからも、FDRは、国民には同政権が和平を希求していて参戦を考えていないと言い続けた。その不誠実な態度はわが国の歴史上でも稀にみるものであった。偽善と嘘で国民を欺くものであった。一九四〇年の三選をかけた大統領選挙では、民主党の幹部は国民の非干渉の声が依然として高いことに慌てている。その空気に迎合するようにFDRは、非参戦の立場をとることをはっきりと口にせざるを得なかった。一九四〇年十月三十日のボストンでの演説は、わが国歴史上で最も卑劣で嘘にまみれた国民への約束であった。投票日が一週間後に迫っていたこの日、ルーズベルトは次のように述べたのである。

「（わが子を戦場に送ることを心配している）お父さんやお母さん。全く心配することはありません。前にも何度か約束したことをもう一度はっきりとさせておきます。あなた方のお子さんが、外国での戦争で、戦うことはけっしてありません。何度でも何度でも繰り返して約束いたします（I shall say it again and again）」

（共和党の大統領候補である）ウェンデル・ウィルキーとの違いを明確にするために、FDRは「わが国の外交方針は（ヨーロッパの戦争に）巻き込まれないことが基本である」（十一月三日）とまで述べた。投票日二日前のことであった。

現職大統領が非参戦をはっきりと国民に約束したのである。アメリカ国民がそれを信じないはずがなかった。ウィルキー候補を担ぐものには共和党内部の干渉主義者たちがいた。そのため、ウィルキーの物言いはFDRに比べると非参戦の主張が曖昧なところがあった。直接的な表現で民主党やFDRの戦争介入の外交姿勢を攻めなかった。ヨーロッパの戦争に介入するのか、しないのか。この問題こそ国民の最大の関心事であった。ウィルキーは、国内の非介入を求める空気を読む戦いに敗れたのである。

ルーズベルトの三選のためについた意図的な嘘。それは何千何万のわが国の若者の命を左右した。その嘘はけっして許されるものではない。ボストンでのスピーチでは「わが国が攻撃された場合は別である」という文句が外されていた。非干渉主義者でさえも、アメリカが攻撃さえ受けなければ、と条件を付けていた。FDRはそれさえも省略した。国民の前に明確な非介入の方針を打ち出すべきだとFDRに指南したのはロバート・シャーウッドであった。ボストンのスピーチはそれを受けてのものである。そのシャーウッドも後年、「あの演説を思い返すたびに心が痛む」と述べているほどである。

ＦＤＲは国民に知らせることなく日本に対して最後通牒を送りつけた。その結果およそ三十万人の若者が命を失い、七十万人が負傷したり行方知れずになってしまったのである。国民への約束を反故にしたのである。

ＦＤＲはなぜ嘘をついたのか。彼は国民を騙してでも三選を実現し、ヨーロッパの戦争にどうしても参戦したかったからである。十月三十日の非介入を国民に約束した演説のわずか二ヵ月後、ＦＤＲは自らの分身とも言えるハリー・ホプキンスをロンドンに派遣した。ホプキンスがチャーチルに伝えた言葉は、ＦＤＲの国民との約束と百八十度異なるものであった。

「大統領は、貴国とともに戦う決心をいたしました。両国間に誤解のなきようするために、私をロンドンに送り大統領の考えを直接伝えに参りました。わが国はどのような方法を使ってでも、またどれほどのコストがかかろうとも（at all costs and by all means）、この約束を実現させます。大統領にできないことは何一つありません」

ハリー・ホプキンスは公式の晩餐会の場で、アメリカ参戦の意思を伝えたのである。彼は（旧約聖書の）『ルツ記』の言葉まで引用している。

「私はあなたの行かれるところへ行き、宿られる所に宿ります。そしてあなたの死なれるところで死ぬのです」（訳注：『ルツ記』１：16、17）

ロバート・シャーウッドは、ＦＤＲのスピーチ原稿のほとんどを執筆したゴーストライターであった。彼はルーズベルトの嘘は許容されるものだと主張する。「世論や議会に影響力を維持するためにはそうせざるを得なかっただけである」。しかし、こうした態度で、嘘をつくことは事実を隠蔽する行為そのものである。

ヒトラーがポーランドに侵攻したとき、あるいはフランスが征服されたときには、少なからざる人々が、アメリカの参戦が正しいことだと考えた。その中には著名な人々もいた。そう考える者たちは、その信じるところを堂々と述べても一向に構わない。わが国の憲法は言論の自由を保障している。ただこの自由は、ヨーロッパの戦いには干渉すべきでないと考える者にも保障されなくてはならない。

さてここで、アメリカはポーランドが侵攻された時点でなぜ介入しなかったのかを考察しておきたい。その答えはそう難しくはない。アメリカ国民には戦いの原因が皆目理解できなかったのである。

なぜ英国を世論が支持しなかったのだろうか。アメリカ国民は（ドイツとポーランドの係争地である）ダンツィヒがいったいどこにあるのかも知りはしなかった。ポーランド侵攻のあった一九三九年九月ごろの世論は、九六パーセントがヨーロッパの戦いに再び巻き込まれるのは嫌だと思っていた。このおよそ七ヵ月後にヒトラーはノルウェーに侵攻した（一九四〇年四月）。わが国の世論の動向をギャロップが調査しているが、アメリカの参戦を望むものはわずか三パーセントに過ぎなかった。

ポーランド侵攻のあった時点でも、ノルウェーやフランスへの侵攻があったときも、アメリカの世論は変わらなかった。その後時間の経過とともに参戦派は数を増やしていったが、それでも国民のおよそ八五パーセントは参戦に反対していた。この数字は真珠湾攻撃の直前まで変わっていない（訳注：ギャロップ調査では八三パーセントが反対であった）。

当時のＦＤＲの周囲には、彼自身が任用した干渉主義者が数多くいた。彼らは共産主義に寛容であった。前述のアヴェレル・ハリマンや、国務次官補のディーン・アチソンがその典型であった。この二人はスターリンが牙をむき始めるまで、共産主義が自由の敵であり、わが国の敵であることを理解できなかった。

ＦＤＲも、ハリー・ホプキンスとスターリンの仲が極めて良いことが自慢であった。二人は親友であるとまで言って喜んでいた。ホプキンスはスターリン擁護を繰り返した。スターリンを共産主義者と看做すことさえ馬鹿げたことだ、彼はナショナリストである。こう言ってスターリンを庇（かば）ったのである。シドニー・ヒルマンもハロルド・イッキーズも同じようなものだった。前駐ソ大使のジョセフ・デイヴィス[1]もスターリンにころりと騙されている。彼らは自身の抱いた幻想のソビエトのイメージをＦＤＲに伝えた。スターリンはロシアをこよなく慈しむ愛国者（patriot）。それが彼らの頭の中だけでイメージしたスターリン像であった。

副大統領のヘンリー・ウォーレスも共産主義に対してかなりの理解を示した人物である。彼はヨーロッパで共産革命が起きたほうがよいとまで述べている。そのほうが一般人は幸福になるとまで考えていたのである。彼は第四期FDR政権では商務長官であった。ルーズベルトの死（一九四五年四月）を受けて大統領に昇格したトルーマンにソビエト外交を指南しようとしたのも彼であった。ウォーレスがトルーマンに宛てた文書が新聞に発表されているが、それはソビエトの要求に徹底的に妥協すべきという内容であった。トルーマンは共産主義になんの幻想も抱いていなかった。彼がウォーレスに辞任を要求したのは文書発表のすぐ後のことであった（訳注：ウォーレスの辞任は一九四六年九月）。

三十五年前、私に課せられた最も重要な使命は、FDRに参戦させないことであった。当時の私は下院外交問題委員会と議院運営委員会の幹事の一人であった。私は、非干渉主義に立つ議員の中心にいた。参戦したい勢力との戦いは困難を極めた。議会での民主党の勢力はあまりに強力であった。民主党議員の数は共和党議員を百人も上回っていた（訳注：第七十七議会〈一九四一年一月から一九四三年一月〉の下院の構成は、民主党二百六十七に対し共和党百六十二であった）。FDR政権は次々と参戦を念頭にした政策を進めていった。物理的な戦争はしないと国民には説明していたが、現実は参戦への道をまっしぐらに進んでいたのである。

われわれはＦＤＲの参戦の動きを結局は止めることはできなかった。しかし、もしわれわれの動きがなかったら、わが国の参戦はもっと早まっていたかもしれない。仮に六ヵ月あるいは一年早くなっていたら、どうなっていただろうか。ヒトラーは対ソ戦争（一九四一年六月二十二日）を始めなかっただろう。ヒトラーが対ソ戦で失った戦力は温存され、フランスや北アフリカの海岸線の防衛に回されていたはずだ。そこに配備された強力なドイツ軍を前にして、アメリカ軍は上陸作戦も考えられなくなるほどだったに違いない。

ドイツの対ソ戦前にわが国が参戦していれば、戦いは長期化したことは間違いないだろう。おそらくわが国は百万以上の死者を出し、数百万人が負傷し、その多くが障害者として人生を送ることになっただろう。わが国の全ての人々が、その父や息子や兄弟の誰かが死んだり傷ついたりする悲しみを経験することになる計算になる。そう考えれば、非干渉主義勢力がアメリカの参戦を、少なくとも日本の真珠湾攻撃のときまで遅らすことができたことには価値があったのかもしれない。

最近ＦＤＲの伝記が出版された。著者はジェイムス・マクレガー・バーンズ教授[2]である。『ルーズベルト：自由を求めて戦った兵士』[3]（一九七〇年）と題された書である。そこには私の名前が十五回も出てきた。そしてＦＤＲにとって最大の敵が私だったらしいのである。これには私も驚いた。

ＦＤＲの政策に反旗を翻していたものは多かった。なかでも、すでに挙げたヒューイ・ロング上院議員や、シャルル・ド・ゴール将軍[4]や、アルフレッド・スミス州知事（ニューヨーク）らがその筆頭だと思っていた。他にも反ＦＤＲの政治家がたくさんいたから、そうした人物に比べたら、私がＦＤＲに嫌われる度合いはもっと下だろうと思っていた。それでも共和党政治家として、ＦＤＲの嫌う政治家ナンバーワンの栄誉に浴したことは素直に受け入れたい。

ＦＤＲが私を嫌いでたまらなかった理由はよくわかる。私の選挙区には彼の邸があった。それにもかかわらず私はその選挙区で勝ち続けた。下院外交問題委員会でも、議院運営委員会でもＦＤＲの政策を厳しく批判した。議会内だけでなく、ラジオを使って国民に訴えてもいた。ＦＤＲの社会主義的な国内経済政策と、外国政府を挑発する外交姿勢を批判し続けた。私の批判の言葉には控えめなところは一切なかった。それでもＦＤＲを個人攻撃したり、感情にまかせて悪口を言うようなことはしなかった。彼への批判はあくまで政治的な懸案についての是非を真摯に論議するものだった。

ヒューイ・ロング議員は汚い言葉でＦＤＲを詰（なじ）っていたし、ロング議員の後ろには強力な支援グループがあった。それでもＦＤＲが私を嫌ったのは、おそらく私が議院運営委員会の議長になる可能性があったからではなかろうか。私が議長職につけば、ＦＤＲの提案する、社会主義的な法案や、参戦を目指した政策が邪魔されるだろうと警戒していたのだろう。あの悪名高い日本に対する最後通牒は明らかに憲法に違反していた。議会の権能を無視するものであった。私が議長になっていれば、大統領弾劾決議案を提出していたかもしれない。

ＦＤＲはイギリスに五十隻の駆逐艦を供与（訳注：一九四〇年九月に、イギリスの欲しがっていた駆逐艦五十隻を供与した。カリブ海周辺にあるイギリス植民地の軍事基地の使用権をバーターにした〈九十九年リース〉）し、アイスランドに兵を駐屯させ（訳注：一九四一年七月）、さらにドイツ潜水艦は発見し次第攻撃せよと命令した（訳注：一九四一年九月）。一連の大統領命令は、議会の同意を得ていない。

ＦＤＲはその三選を実現させるために和平の努力を国民に約束した。先述のボストンでの演説がその典型だった。しかし、実際に彼の推進した外交政策はそれとは正反対の方向に進んでいった。彼は国民を欺いたのである。和平への姿勢を見せたのはたんに票が欲しかったからだ。もうそろそろＦＤＲの欺瞞に対して、真実を探るサーチライトの光が当てられてもよいころではないだろうか。ＦＤＲを偉大な大統領だと崇めているものや、彼を固く支持し続けているものがどれほど反発しようが、そんなことはどうでもよいことである。真実を明らかにすること。それこそが最も重要なことなのである。

アイスランドに駐屯させる兵士をＦＤＲが送り出したのは一九四一年七月のことだ

った。ドイツの攻撃に備えた防衛部隊であった。わが国が参戦したのは、部隊派遣のわずか五ヵ月後であった。その結果、百万ものアメリカ兵が戦死し、あるいは負傷した。

一九四一年一月九日に年頭の一般教書演説があった。今それを思い返すと、FDRの国民へのメッセージに彼の思惑が含まれていたことがわかる。

「われわれは国家防衛をしっかりやらなければならない。（ただ）わが国の安全保障は、侵略国家がつくりあげた（偽りの）和平の上に立つものであってはならない。そのような和平は、宥和優先主義者が主導して出来上がったものである。永続的な和平が、他者の自由を犠牲にしてもたらされるようなことがあってはならない」（傍点著者）

（戦後は）多くの国の自由（と和平）が（スターリンによって）破壊された。ポーランド、チェコスロバキア、ハンガリー、バルカン諸国、バルト諸国。こうした国にも和平が実現したというなら、それは茶番劇である。FDRの上記のメッセージもおかしなものであった。わが国はどの国とも戦争状態になかった。議会もわが国の参戦を認めてはいなかった。それでもFDRは議会に対して、（偽りの）和平に黙従するなと説いたのである。

私の考えを読者に理解していただくために、下院海軍問題委員会での私の発言（一九三八年二月十五日）を以下に再録しておきたい。

「アメリカ国民の圧倒的多数は（ヨーロッパの）戦争に巻き込まれることに反対です。わずか一〇パーセント程度の、いわゆる国際主義者連中が介入を望んでいるにすぎません。ルーズベルト大統領は、侵略国家の認定、そうした国家の海上封鎖、禁輸措置などの権限を持ちたがっていますがそれにも反対します。他国に対して警察官の役割を果たそうとして、他国の行動を力ずくで抑え込んだりすれば戦争になることは明らかです」

「ヨーロッパの列強はそういう外交を何百年と続けてきました。大英帝国は世界の半分を支配し、フランスも世界中に植民地を持っています。イタリアもドイツもロシアの行動も同じようなものです。それでもわが国はヨーロッパ諸国のそうした外交に介入することはなかったのです」

「ハーバート・フーバー前大統領の最近のスピーチは私の考えと同様です。私はフーバー氏に、彼の考えを支持するとして次のような電報を打ちました。『一九三八年一月十七日、パロアルト市カリフォルニア州、ハーバート・フーバー殿、下院外交問題委員会共和党幹事委員として貴殿の平和を求める考え方を全面的に支持いたします。貴殿の主張を委員会の記録に残すよう指示しました。FDRの考えに賛同している（共和党員の）ヘンリー・L・スチムソンのような国際主義の考えを貴殿も是認しないことがわかり、喜びに堪えません。彼らは禁輸措置や軍事力の行使で他国に干渉することを主張しています。アメリカ国民は和平を望んでいるのであって戦争を望んではいないのです。ハミルトン・フィッシュ』」

注

1 Joseph Davies（一八七六―一九五八）一九三六年から三八年まで駐ソビエト大使。

2 James MacGregor Burns（一九一八―）ウィリアムズ大学（マサチューセッツ州）教授。歴史学。

3 James MacGregor Burns, *Roosevelt: The Soldier of Freedom*, Harcourt Brace Jovanovich, 1970.

4 Charles de Gaulle（一八九〇―一九七〇）フランス陸軍軍人。フランスのドイツ降伏後にはロンドンに亡命し自由フランス政府樹立。フランス大統領（一九五九―六九）。

第4章　容共派に囲い込まれたFDR

ヤルタ会談が世界に共産主義を四散させた。

私は何度も「あなたはFDRを共産主義者と思うか」という質問を受けた。私の答えは「NO」ではある（しかし彼が容共的であったことは間違いない）。出身地であるハイドパークの町で民主党員として登録され、彼はつねに民主党員として活動してきた。FDRは、民主党リベラル左派であり、社会主義思想を受け入れていた。ほとんどの場合、社会主義者は共産主義者による全体主義化、警察国家化を嫌うものである。しかし、彼は共産主義者の友人がたくさんいるとも言っていたし、政権内部にそうした考えを持つ友人を多数登用した。

マーチン・ダイズ（テキサス州民主党）議員は非米活動委員会[1]の議長を務め、共産主義思想に影響された連邦政府職員二千人の名前を公表した。FDRはこれに激怒した。ダイズ委員長は、自らに課せられた使命を忠実に実行し、調査の結果を大統領に報告した。ただそれだけのことであった。ところがFDRはダイズ議員を徹底的に排除(パージ)しようとしたのである。

本来であれば、ダイズ委員会の調査の労に感謝し、連邦政府から給料をもらいながら破壊活動を行なう共産主義者を追放するのが筋であった。彼らはアメリカの敵なのである。ところがわが国の安全と憲法を守ると宣誓したはずの大統領が、多数の共産主義者、破壊主義者が政府組織の内部に浸透しているという事実に目をつぶった。意図的であったかそうでなかったかにかかわらず、ＦＤＲがアメリカ国内における共産主義者勢力の伸張を助けたことは間違いがなかった。

その後のヤルタ会談の結果が示しているように、ＦＤＲはスターリンの友人に成り果て、共産主義を世界中に広める立役者になった。その最たるものが中国の共産化であった。私たちが疑問に思うのは、ＦＤＲは、なぜ共産主義者やそのシンパあるいは容共的な人物と親しくなったのかということである。なぜＦＤＲはそうした人物を政府の要職につけたのだろうか。なぜホワイトハウス内部で働かせたのだろうか。なぜ、前任の大統領や国務長官の反対意見やあるいは国民の反ソビエト感情を無視してまで、ソビエトを国家として承認（一九三三年）したのだろうか。

私はその理由は単純だと思っている。ＦＤＲは権力に魅せられていたのである。三選そしてその後に続く四選が示すように、彼は権力に執着していた。彼は権力の獲得に関しては歴史上最も狡猾な大統領であった。ＦＤＲは獲得した権力を失うなら死んだほうがましだと思うような政治家であった。

（四選を目指したころ）彼は病が重篤であり、健康状態が日に日に悪化していることを知っていた。しかし自らが余人をもって代えがたい権力者であると信じていた。彼が権力へのあくなき執着を見せたのは、病と（ポリオによる下肢の）障害のせいかもしれない[2]（訳注：ＦＤＲの死因は、左目周辺の皮膚がんが脳に転移したことが原因ではないかとの研究が発表されている）。その理由が何であれ、彼は権力掌握に想像を絶するパワーを発揮したことは間違いない。そのやり方も非情なものだった。

ルーズベルトは、世論の人気を得るための才能には恵まれていた。つねにどうやったら再選されるかばかりを気にしていたから、世論を自分になびかせるテクニックを心得ていた。彼は南部民主党員の支持はがっちりと摑んでいた。（ニューディール政策によって）政府資金をたっぷりと注ぎ込んだ賜物であった。同時に、ニューヨークの過激なリベラルや共産主義に甘い考えを持っている連中の心を摑むのもうまかった[3]。それだけでなく、ばりばりの共産主義者であるアール・ブロウダーとの仲も悪くなかった。ＦＤＲのリベラルな姿勢は、大都市の票を確保するのに役立った。ニューヨーク、フィラデルフィア、シカゴ、デトロイト、サンフランシスコ、ロサンゼルス。こういった都市のリベラル票はＦＤＲに流れたのである。

ＦＤＲはたしかに人を魅了する個性の持ち主であった。それでも、ロバート・シャーウッドの『ルーズベルトとホプキンス』を読めば、FDRの執念深さに驚いて、その魅力も簡単に色褪せるに違いない。またFDRは大衆を煽動（demagoguery）する天賦の才があった。その上サディスト的な性向もあった。それはフランク・ノックスが海軍長官に抜擢される二年前に語った言葉によく示されている。

「FDRの政策はキャピタリズム（資本主義）を苛め抜くものであった。そのやり方はサディスト的とも言えるほどの苛烈さであった」

ニューヨーク州知事だったアルフレッド・スミスも同じような評価であったが、彼はそのことを隠さなかった。FDRが大統領になる前からそれをはっきりと口にしていた。ちょうどFDRがニューヨーク州知事のときで、最初の大統領選挙のキャンペーンを始めたころである。スミスは一九三二年のジェファーソン生誕記念日（訳注：四月十三日）に、ワシントンのあるパーティーにメインゲストとして呼ばれている。そこで次のように述べた。FDRを念頭にした発言であった。

「わが国では大衆煽動などあってはならない。不況で国民が喘いでいるときにあっては、階級間の憎しみを煽る輩が必ず出てくる。持つものと持たざるものの対立を煽る連中である。私はそのような態度を断乎として許さない。職を失ったものが新しい職を得るには、まず経営者が工場を再開することが先決である。それを無視して、職を見つけることは簡単だ、などと幻想を振りまくことがあってはならない。階級闘争を通じて職が創造されるなどと主張することは、結局は働くものへの裏切りとなる。民主党の立党精神にも反し、何よりも合衆国建国の理念とも相容れない。私はそのようなデマゴギーを振りまく大統領候補者を前にしたら、すぐにでもこの背広を脱ぎ捨てて、徹底的に戦いを挑むつもりである」

この言葉は共和党員から発せられたものではない。民主党の、大統領候補者の一人の言葉である。民主党の中でもとりわけ優秀な政治家の一人が述べた言葉であることに注意しなくてはならない。

ＦＤＲを支持するものからすれば、私の表現はあまりにひどすぎるのではないかと感じるかもしれない。それでも私はＦＤＲの持っていた魅力については素直に認めている。ハンサムでもあった。ラジオを通じて伝わる彼の声は歌うように軽やかで、言葉の一つ一つには、蜂蜜をかけたような甘い響きがあった。ただ彼が人の心を惹きつける魅力を見せるのは、何か企んでいるときだった。

ＦＤＲはラジオ全盛時代の「声の名優」であったことは間違いない。しかし、チャーチルのような生まれつきの演説の名手ではなかった。ＦＤＲが名演技（演説）ができたのは、ラジオのマイクロフォンの前だけだった。

ＦＤＲが愛国者であったことを疑っているわけではない。私が解せないのは、彼がなぜ共産主義者やそのシンパにころりと騙されて（duped）しまったのかである。とりわけ、血塗られた独裁者であり、歴史上稀にみる大量虐殺の張本人であるスターリンに、なぜあれほどの親しみを見せたのか。私は首を傾げるばかりである。

もし、ルーズベルトが（アメリカの伝統どおりに）二期で大統領職から退いていたら、彼は名大統領の一人として歴史に名を刻んだ可能性がある。しかし彼は大統領職に留まった。彼の第三期、そしてとりわけ第四期はわが国の歴史の中でも最も暗い時代となった。その筆頭が日本に対して（議会に内緒で）突きつけた最後通牒であった。その最後通牒はきわめて挑発的で、日本を戦争に追い込んでしまった。ヤルタ会談もひどいものであった。そこには共和党の意見を反映できる人物は一人もいなかった。死期の迫った大統領の周りを固めていたのは（スターリンとの親密さを自慢する）ハリー・ホプキンスであり、ソビエトのスパイであったことが戦後になって露見したアルジャー・ヒスであった。その結果、世界の半分が共産主義者の手中に落ちたのである。

ルーズベルトはポーランドに対して、ヒトラーの要求に屈しないように圧力をかけていたのではなかったか。皮肉にもＦＤＲの指導に従ったポーランドはソビエトに支配されることになった。ＦＤＲに裏切られたのである。さらにヤルタ会談の結果、七億以上の人々がスターリンの血塗られた腕の中に追いやられることになった。そのほとんどが自由と独立を謳歌していた人々だったのである。

大戦後には朝鮮戦争が、そしてベトナム戦争が起きた。ＦＤＲ外交の負の遺産がもたらしたものである。共産主義との戦いのために一兆ドルを超える国民の税金が費やされた。この数字はメルヴィン・レアード国防長官（訳注：ニクソン政権の国防長官〈一九六九―七三〉）が私への私信の中で明らかにしてくれたものである。

大統領の評価はその実績によって決まる。大統領が何をしようとしたかで評価してはならない。あくまでも結果を出せたかである。ＦＤＲのケースでいえば、第一、二期（訳注：一九三三年から四〇年）は可もなく不可もない程度だが、第三、四期（訳注：一九四一年から四五年四月）は歴代大統領の中でも最低である。

特に問題としなければならないのは、自身の健康問題を隠したことである。所属政党（民主党）まで欺き、大統領候補となった。その意味では、騙された民主党には、ＦＤＲが見せたスターリンへの呆れるほどの妥協やヤルタ会談での失敗、あるいは三十万人の戦死者と七十万人の戦傷者を出してしまったことに責任はないのかもしれない。（議会に秘密にした）日本への最後通牒と、自由と民主主義の精神を踏みにじったヤルタ会談。この責任を負わねばならないのはフランクリン・Ｄ・ルーズベルトである。

私はＦＤＲを厳しく糾弾してはいる。しかし、かつて彼が反対勢力から、共産主義者ではないかと疑われたときに、選挙区を同じくする私は彼を擁護した。

FDRが容共的であり、スターリンに甘かったことは歴史的事実である。私は、ダイズ議員から次のような手紙をもらった。彼はすでに述べたように、非米活動委員会の議長を務めた人物である。

一九六二年二月十二日
ハミルトン・フィッシュ殿
貴殿の手紙（二月一日付）を受け取りました。
私はすでに繰り返し証言しているように、大統領（FDR）は、私に対して、「共産主義者である親友がいる。しかし共産主義がわが国にとって危険なものであるとは考えていない」と述べていました。
彼は、「ロシア（ソビエト）はわが国が最も頼れる同盟国になるだろうし、彼自身は共産主義を信じてはいないが、ソビエト政府はそれ以前の皇帝政治から比べれば、大きな進歩を見せている」と言っていたのです。
マーチン・ダイズ

「ソビエト政府はそれ以前の皇帝政治から比べれば、大きな進歩を見せている」というFDRの観察がいかに的外れであったか。それはその後の歴史で明らかである。スターリンの始めたソビエト独裁政治が、過去三十年間にどれだけの自国民を殺したか。三千万人以上が秘密警察の手にかかって殺害され、強制労働の結果病死したのである。[4] ニコライ二世（訳注：在位一八九四―一九一七）の二十三年間の治世で、秘密警察によって殺害されたりシベリアに送られて死んだものの数は二千に届かない。

皇帝の治下では、概ね旅行の自由、広範な言論の自由、信教の自由があった。そして何よりも財産を私有する自由があった。政府が国民を恐怖に陥れるようなことはなかった。もちろん爆弾をしかけるような連中や、アナーキストや革命を狙う過激派に対しては厳しい処置がとられたものの、ニコライ二世の統治下のロシアでは、現在のアメリカやその他の自由主義諸国と同じ程度の政治的自由が存在していた。

言うまでもないことであるが、私はロシア皇帝による専制政治を肯定し、誉めそやしてはいない。当時もそして今も続いているユダヤ人に対する迫害を看過するものでもない。ＦＤＲは（皇帝による専制を嫌い）共産主義を容認した。しかし私は、共産主義は世界の平和と自由を侵す害毒であると、固く信じてきた。共産主義体制は、過去にあったどのような独裁体制よりも性質（たち）の悪いものである。キリスト教徒もユダヤ教徒も信仰の自由を失ったことからもそれがわかる。

ニクソン大統領はソビエトと共産中国を訪問した（訳注：ニクソンの訪ソは一九七二年五月、訪中は同年二月）。核戦争の危機を少しでも和らげようとしたのである。その意味では、ニクソンの努力を評価している。

一九六一年、国務省はテヘラン会談に関する秘密文書を公開した。テヘラン会談は、イランのテヘランで一九四三年十一月二十八日から十二月一日まで、米英ソの首脳が集まった会議であった。文書の公開は遅きに失してはいるものの、その文書を見れば、FDRがどれほど大統領権限を誇張して(拡大解釈して)会談に臨んでいたかがわかる。自らが強大な力を保持していると錯覚しているような発言が多々ある。彼とスターリンが、フランスに対して極めて厳しい態度であったことがわかる。(ドイツに降伏した)フランスの態度が二人には許せなかった。「フランスにはペナルティーが必要であって、インドシナ植民地はフランスに戻してはならない」とFDRは述べていた。さらに彼は次のようにスターリンに語っていた。

「四十歳以上のフランス人は元の職場に戻れないようにすべきである。しかし、チャーチルはそうは思っていないようだ。フランスをできるだけ早く強い国家に再建させるべきだとの意見らしい」

FDRはチャーチルの意見に与(くみ)していないことがわかる。イギリスのイーデン卿[5]は著書『歴史の清算(*The Reckoning*)』(一九六五年)の中で、FDRがどのような考えを持っていたかを語っている。一九四二年に卿はホワイトハウスでFDRの次のような言葉を聞いていた。

「戦後は、アメリカ、イギリスそしてロシアが全ヨーロッパの警察官の役割を果たすべきだ。小国にはライフル以外の武器を持たせてはならない」

イーデン卿は驚いた。フランスだけではなく、ベルギー、オランダ、ノルウェーにとってても看過ならない発言だった。この発言をこうした国々が戦中あるいは戦後すぐの時期に知らされていたら、FDRは裏切り者の烙印を押されたに違いない。彼の肖像画や人形が焼かれてもおかしくないほどである。彼の発言は大西洋憲章に違背している上に、何のために戦ったかもわからなくしてしまうものだった。

イーデン卿は、一九四三年のカサブランカ会談の際のFDRの発言も紹介している。FDRはイーデン卿に向かって、新国家「ワロナ（Wallona）」建設のアイデアを披露したというのだ。「ワロナ」は、ベルギー、アルザス‐ロレーヌ、ルクセンブルク及び北部フランスの一部を包含した領土を持つらしい。イーデン卿は、この構想を耳にしたとき、FDRはヨーロッパの地理に関する知識をほとんど持っていないのではないかと疑った。FDRの知識は、趣味の切手収集から得た程度のものではないかと心配になったのである。イーデン卿は、FDRがド・ゴール将軍を極端に嫌っていることも問題視している。FDRの態度は、卿の目には「不条理」で「度量の狭い」態度と映ったのであった。

注

1 The House Committee on Un-American Activities（HUAC）ダイズ議員が委員長であった期間（一九三八年から四四年）は彼の名をとってダイズ委員会と呼ばれる。
2 Steven Lomazow and Eric Fettmann, FDR's Deadly Secret, *Pacific Affairs,* 2009.
3 Earl Browder（一八九一―一九七三）アメリカ共産党書記長。
4 数字は *Encyclopedia Britannica,* 1974に拠った。原注
5 Anthony Eden（一八九七―一九七七）大英帝国外務大臣（一九三五―三八、四〇―四五、五一―五五）、首相（一九五五―五七）。

第5章　イギリスを戦争に駆り立てたFDR

イギリスはドイツとの戦いを望んではいなかった。

先の大戦前には、わが国のヨーロッパ外交の内幕を国民のほとんどが知らなかった。英、仏、ポーランドに対してどのような外交姿勢で臨んでいたかよくわかっていなかった。われわれが知っているのは、ヨーロッパ外交におけるFDRのスポークスマンが駐仏大使ウィリアム・ブリット[1]だったということだけである。

このころのわが国の外交を理解するには、一九三九年四月十四日にドルー・ピアソン[2]とロバート・S・アレン[3]の書いた記事が参考になる。「ルーズベルトと国務省が、チェンバレン首相（英）に突きつけた最後通牒」とでもタイトルがつけられる内容である。この二人のジャーナリストは、干渉主義者でかつFDRと親しい人物であった。彼らのこの時期の発言を追えば、一九三八年から三九年のイギリス外交に対して、FDR政権がどれほどの干渉をしていたかが理解できる。それは、ドイツに対する宥和的な外交交渉を破棄させ、開戦を決断させるほどに強力なものだった。

長くなるが二人の著した記事を以下に示しておきたい。（注：「 」の部分は、この記事への著者フィッシュの感想である）

国務省はかなり安堵したに違いない。外国政府への干渉の作業を無事やりとげたからである。国務省の、いやもっと正確にいうなら、大統領の狙いは、大英帝国に対して、ヨーロッパの民主主義が危機に瀕していることを知らしめることであった。そうするためには、大英帝国を脅かしたり、なだめすかしたりの手練手管が必要だった。

イギリスは、わが国に二枚舌を使っていた。ドイツの再軍備のファイナンスをしていたのはイギリス金融資本であった。イギリス産業連盟（the Federation of British Industries）も、ドイツ産業界と秘密裏で交渉を続けていた。もちろんこの交渉は米英間の取り決めに背くものであった。これにはルーズベルトもハル国務長官もウェルズ次官[4]も怒り心頭であった。チェンバレン首相に「最後通牒」とでも言えそうな文書を送りつけている。アメリカはイギリスがナチス側の国なのか、民主主義国家側の一員なのかを見極めなければならない。そのためにチェンバレン首相のやり方を監視する、と厳しく警告したのである。

いったいなぜＦＤＲがこれほどどきつい態度に出たのだろうか。それを理解するには一九三八年に発生したミュンヘン危機以降に何があったかを知っておかねばならない。[5]

　ミュンヘン危機の直後、ＦＤＲは駐英大使ジョセフ・ケネディに対して、ヒトラーに対する有効な外交は軍事力の誇示しかない、それをチェンバレン首相にわからせよ、と指示している。宥和外交の全面中止も考慮すべきだ、とも伝えさせたのである。チェンバレン首相はこの要求を了承したと伝わっている。その上で、ＦＤＲと国務省は、ヒトラーに対して、口先ばかりの約束事はもはや許されないと伝えることが必要だと考えた。その一方で、ソビエト共産主義者のリップサービスについては口を噤（つぐ）んでいた。

　ＦＤＲ政権はその意思をはっきりと示そうと、駐独大使を召還した。[6]「この召還は、実質的に何の意味もないものであった。召還は和平に向けての外交圧力になるはずもなかった。大戦の勃発まで何もできなかった」。イッキーズ内務長官は、（ワシントンの）ドイツ代理公使は厚かましいやつだと非難した。ＦＤＲが年頭教書演説で、（ドイツやイタリアの）指導者を独裁者だと非難したのは、アメリカの強硬姿勢を示す外交方針の一環であった。

　後日判明したことであるが、イギリスの保守党政権は、ナチス政権に対して、アメリカが厳しい態度をドイツに見せるたびに、イギリスはアメリカとは考えを一にしないと伝えていた。ジョン・サイモン卿[7]はそうした行動を取った閣僚の筆頭格である。

チェコスロバキア危機[8]の少し前のことであるが、国務省は、イギリス産業連盟がナチス政府と秘密の貿易協定を結ぼうとしていることをかぎつけた。産業連盟の代表にはチェンバレン政権閣僚も含まれていた。この秘密協定はコーデル・ハル国務長官が結んだ米英貿易協定を蔑(ないがし)ろにする性質のものであった。これを知ったFDRや政権幹部の怒りはすさまじいものであった。彼らは、イギリス政治が少数の集団によってコントロールされていることを思い知った。イギリスは、本音ではドイツの独裁政治を維持したいと考えていたのである。イギリスが、フランスの人民戦線（Popular Front）や、スペインの人民戦線政府を恐れていたことを示していた。

（訳注：著者のいうピアソンとアレンの右の記事の出典は不明だが、一九四八年二月二十五日付パームビーチポスト紙〈フロリダ州〉に、ピアソンの署名記事がある。本書のこの部分に関わる記述の一部を読者の参考のために以下に訳出した）

「故ルーズベルト大統領あるいは国務省幹部以外にはほとんど知られていない事実がある。一九三八年から三九年にかけてのイギリスの対独外交はひどいものだった。ドイツに対して徹底した宥和政策をとっていた。その黒幕とでも言えるのが、以下のような人物であった。
ウォルドルフ・アスター卿[9]とナンシー夫人[10]
ロシアン卿[11]（駐米大使）
ロンドンデリー卿[12]（ドイツ貴族層〈ユンカー〉との深い交流があった）
ジェオフリー・ドーソン[13]（ロンドン・タイムズ紙編集人）
ランチマン卿[14]
テンプルウッド卿[15]
ロシアン卿は何度もドイツを訪問しヒトラーと会見していたし、ランチマン卿のチェコスロバキア調査団は、ズデーテン地方はヒトラーが併合すべきだという考えを示していた。

こうしたイギリス政界の動きにＦＤＲは激怒している。ルーズベルト大統領はチェンバレン首相に最後通牒とも言える厳しい警告を発した。『今後とも今のような外交（対独宥和政策）を継続したら、アメリカはイギリスに協力しない。イギリスは独自外交を好き勝手に進めればよい。（アメリカはもはやイギリスを助けない）』と伝えたのである。（中略）

イギリス金融資本は、ドイツのズデーテンラント侵攻によるビジネスチャンスの到来を見逃さなかった。オークランド・ゲッデス卿[16]は、（巨大鉱山会社の）リオ・ティント社の会長であり、同社はスペインに複数の鉱山を所有していた。彼は、フランコ[17]を支援したし、またドイツにも資金を提供していた。彼らは、アメリカがドイツに厳しい姿勢を見せるたびに、イギリス保守党政府はナチス政権に、アメリカの反ドイツの考えを共有するものではないと伝えていた」

ドルー・ピアソンとロバート・S・アレンの記事は、ヨーロッパでの戦いが始まる四ヵ月半前に発表され、ワシントン議会の報告書にもその内容は掲載されている。FDR政権の対英外交がどれほど脅迫的であったかがわかる。このFDRのやり方こそが、イギリスの対独政策を捻じ曲げ、ヨーロッパに史上最悪の戦禍をもたらし、民主主義体制であった東ヨーロッパを共産主義独裁者の手中に収めさせてしまったのである。

イギリス自体にとってもあの戦争は最悪の結果をもたらした。六年間の戦争で財政破綻同様となり、帝国領土のほとんどを失った。FDRがイギリスにこれほどの圧力をかけた事実をもってすれば、対フランス、対ポーランドの外交はそれ以上であったろう。FDR政権のスポークスマンの立場であったウィリアム・ブリット駐仏大使はヨーロッパ諸国全体に対する全権大使のような役割を果たし、強引な外交を繰り広げていたのである。

注

1　William Bullitt（一八九一―一九六七）初代駐ソ大使（一九三三―三六）、駐仏大使（一九三六―四〇）。

2　Drew Pearson（一八九七―一九六九）ジャーナリスト。ラジオコメンテーター。

3　Robert S. Allen（一九〇〇―八一）ジャーナリスト。ＦＤＲのソビエト承認の後押しをした。

4　Sumner Welles（一八九二―一九六一）国務省次官（一九三七年から四三年）。

5　ドイツのズデーテン地方（チェコスロバキア）割譲要求にともなって新たな大戦勃発の危機が生じた。一九三八年九月、独英仏伊の首脳会談で、同地方のドイツへの割譲が合意された。

6　一九三八年十一月十五日、ＦＤＲは駐ベルリン大使ヒュー・ウィルソン（Hugh Wilson）を召還した。これを受けて一週間後に、ドイツも駐米大使ハンス・ハインリッヒ・ディクホフ（Hans Heinrich Dieckhoff）を召還した。

7　Sir John Simon（一八七三―一九五四）チェンバレン内閣の財務大臣（一九三七―四〇）。

8　チェコスロバキア共和国の崩壊（一九三九年）前後の危機を指す。

9　Waldorf Astor 二世（一八七九―一九五二）ニューヨークの不動産王アスター家の一族。イギリスに渡り下院議員となる。ベルサイユ条約下のドイツに同情的であった。

10　Nancy Astor（一八七九―一九六四）イギリス初の女性下院議員。

11　Philip Henry Kerr, 11th. Marquess of Lothian（一八八二―一九四〇）イギリスの政治家。

アスター卿と同じくベルサイユ条約下のドイツに同情的であった。駐米英国大使（一九三九―四〇）。

12 Charles Vane-Tempest-Stewart（一八七八―一九四九）一九三一年から三五年まで空軍大臣。対独宥和派。

13 Geoffrey Dawson（一八七四―一九四四）ロンドン・タイムズ紙編集人。同紙社主はアスター卿。対独宥和の論調をリードした。

14 Walter Runciman（一八七〇―一九四九）ミュンヘン危機の際英国政府特使としてチェコスロバキア事情を調査。最終的にズデーテン地方のドイツによる併合を是とする報告書を提出した（「ランチマン・レポート」）。

15 Samuel Hoare（一八八〇―一九五九）内務大臣（一九三七―三九）。

16 Auckland Geddes（一八七九―一九五四）駐米大使（一九二〇―二四）。多国籍鉱山会社リオ・ティント会長（一九二四―四七）。

17 Francisco Franco y Bahamonde（一八九二―一九七五）フランシスコ・フランコ。スペイン人民政府を嫌う保守層の支持を受けて、人民政府に対しての叛乱を指導。一九三九年に内戦を終結して国内統一した。

第6章 イギリス第一主義者：ウィンストン・チャーチル

チャーチルは共産主義を嫌悪し、そして畏怖した。

ウィンストン・チャーチルは、ＦＤＲとは比べようもない、しっかりとした人物であった。彼はあることを肝に銘じていた。戦争でも和平でも、その鍵を握るのは軍事力と資金力だということである。その二つをがっちりと握っているのはＦＤＲであった。チャーチルはそのことをつねに念頭において行動した。

テヘランでもヤルタでも、チャーチルはＦＤＲとスターリンの演じる政治ゲームから は外されていたのも同然だった。ルーズベルトには資金力が、スターリンには軍事力があった。チャーチルには輝かしい海軍があったが、ヤルタ会談が開かれるころにはその海軍力もほとんど意味をなさないものになっていた。チャーチルの業績は確かに素晴らしいものではあるが、テヘランとヤルタの会談結果は、彼の評価を著しく下げている。

チャーチルの政治家としての資質、高潔さ、勇気あるいは戦時下のリーダーシップは一流であった。しかし結果として、彼は大英帝国を財政的に破綻させ、帝国の瓦解を生んでしまった。これはヨーロッパ政治つまりパワーバランスを重視する政治の自然な帰結であった。彼らの政治手法の中にはつねに戦争という手段が組み込まれていた。

それでも、チャーチルはヨーロッパ戦線の進め方においてFDRに抵抗した。イタリア方面からユーゴスラビア、ブルガリアに侵攻し、そしてオーストリアに進入するルートでナチスドイツとの戦いを進めるべきことを主張した。チャーチルは、この方面にスターリンの軍隊が前進してくる前に米英の軍隊を進めておきたかったのである。彼はスターリンの軍隊が先にこの地域に侵入したらどうなるかを見通していた。しかし、チャーチルの提案はFDRとスターリンの強い反対によって葬られた。

チャーチルは一九三八年の時点で次のように述べていた。

「わが帝国は自らをコントロールする力を失って、深い谷底に続く階段を降りていく。はじめ踏み板の幅も十分に広くカーペットも張られていた。しかしそのカーペットも消えた。最後にその階段は、剝き出しの砂利道に通じている。さらに進むと、その道自体が足元から崩壊してしまうだろう。それが、わが帝国が進んでいる道なのである」

世界に広まった共産主義。そして核兵器の恐怖。一九三八年のチャーチルの言葉はイギリスがたどってしまった道程を言い当てたものだった。この恐怖の道程はまだ終わっていない。

イギリスにそのような道を歩ませてしまったチャーチルではあるが、彼の立場もわからないではない。あの状況の中ではルーズベルトに引きずられるしか打つ手はなかったのだろう。チャーチルには、ボルシェビキ思想つまり共産主義思想は絶対につぶさなければならないという信念があった。国際共産主義思想は大英帝国を崩壊させると恐れていた。この思想は世界各地に叛乱を生起させ、内戦を生むとわかっていた。彼は正しかった。世界の現状がそれを証明している。これから世界がどう動くかさえもわからない状況である。チャーチルは将来に対する鋭い洞察力を持っていたのである。彼が責められるべきは、最も重要な時期（テヘラン会談、ヤルタ会談）にスターリンへの宥和政策を容認したことである。

そういう観点からすれば、チャーチルとＦＤＲは、民主主義の守護者ではなかった。共産主義からキリスト教世界を守ることもできず、小国の独立を保護することもできなかった。あの大西洋憲章では四つの自由がうたわれた（訳注：言論と表現の自由、すべての個人がそれぞれの方法で神を礼拝する自由、欠乏からの自由、そして恐怖からの自由）。チャーチルとルーズベルトが訴えたこのスローガンは、ヒトラー、ムッソリーニ、東條に対してぶつけたものであった。しかしすぐにゴミ箱に捨てられたのも同然になっている。

二人が訴えた四つの自由は耳に心地よい理念であった。理想を高らかにうたうものであった。しかしこの訴えの本質は、プロパガンダであり、政治的なごまかしであった。実際この理念はテヘランでもヤルタでも忘れられた。そして、ポーランドもチェコスロバキアもハンガリーも共産主義者の属国に成り果てた。

あれほど共産主義を嫌悪していたチャーチルがいたにもかかわらず、スターリンとの交渉がなぜこんなことになってしまったのか。その理由は、FDRがチャーチルに口を挟ませなかったと考えるほかはない。チャーチルは共産主義の本質を語るとき、その言葉を濁さなかった。

「共産主義者というのは単なる信条を持った人間というふうに考えてはいけない。自らの信条を他者に押し付けることに類いまれな才能を持ったものたちであると考えるべきである。人々の不満や、権力に逆らいたいという気持ちを正確に分析し、既存の組織を破壊する科学的手法を身に付けている。共産主義者に対して、真摯に向き合ったり、憐れみや寛容さを見せれば、彼らはそれにとことんつけ込んでくる。出来上がっているものを壊す。それが彼らの目的だからである」

「彼らは機が熟したと判断すれば、どんな手段を使うことも厭わない。冷酷な暴力、騒乱・騒擾行為、暗殺。その実行にあたっては良心の呵責など見せない。(民主主義の）砦となる機関に対しては、『自由の敵』あるいは『民主主義の敵』といった言葉で攻撃する。権力機関が一度『労働者同胞（the Brotherhood）』の手に落ちれば、反対意見を持つものは抹殺される。民主主義の標榜は、権力奪取のためにそれを道具として使っているに過ぎない」

チャーチルの共産主義に対する分析は簡潔であるが真実を鋭くついている。私は、チャーチルの態度に敬意を表している。彼は、つねに国益を第一に考えた。大英帝国第一主義であった。彼は共産主義の脅威を悟っていた。ただ問題は、対ヒトラーの戦いでソビエトロシアが同盟国になってしまったことだった。意に反して、FDRとともに共産主義に宥和的な態度をとらざるを得ない羽目に陥った。それは卑しい態度であった。しかし、FDRの張った蜘蛛の巣にからめとられた虫のように、チャーチルは身動きがとれなくなったのである。アメリカの資金と軍事力を前にして他に取る道はなかったのだろう。

チャーチルはFDRのド・ゴール将軍嫌いにも付き合ったし、ドイツを無条件降伏させるという主張にも同意した。（ドイツの工業を破壊し農業国にしてしまうという）あのとんでもないモーゲンソー・プランも承認した。彼の出席したヤルタ会談では、米英仏の尊い命を犠牲にしたものたちへの裏切りも黙認した。

チャーチルが、ポーランドもチェコスロバキアもユーゴスラビアも、そしてそれ以外の小国をも裏切り、FDRの側に立ったのは、他でもない、大英帝国の植民地をひたすら守りたかったのである。香港、シンガポール、マラヤ、セイロン、ビルマ、インド。それだけではなくイギリスの勢力圏にあるギリシャ、パレスチナ、イラク、イラン、アフリカ各地を保持したかった。チャーチルの行為は、大英帝国の利権をバーターにした不道徳な（unholy）裏切りだったのである。

チャーチルはたしかに天賦の才能を持っていた。父親の伝記や自伝を書くほどの文才、演説に見せた迫力と威厳、（イギリスが攻撃されたときに見せた）忍耐力。何もかもが彼の優れた資質によるものであった。私はそのことまでも否定するつもりはない。チャーチルは戦争特派員としても有能であった。スポーツではポロに親しみ、絵の才能にも恵まれていた。講演もうまかったし、歴史家としても一流であった。ブランデー好きの好感の持てる政治家（statesman）というイメージもあった。けっして政治屋ではなかった。それでも、倫理観や道徳観の視点からみればけっして政治家の鑑（かがみ）と言える人物ではなかったのである。

かなり以前のことになるが（評論家の）E・T・レイモンドがチャーチルを次のように評したことがある。

「彼の性格は多分にその血統の影響を受けている。彼には時に執拗とも思えるユーモアがある。場違いな陽気さがある。（彼の先祖である）サラ・ジェニングス[1]は奔放な女性であった。彼にはスペンサー家の血がしっかりと流れている。スペンサー家（スペンサー・チャーチル家）といえば、イギリス政治史の無節操な時代の中でも、とりわけそれが目立ったことで有名だった。ウィンストン・チャーチルには（サラの夫で軍人のジョン・チャーチルの血が流れているのか）外交姿勢は好戦的であった。彼の知性は高く、古い考え方をあっさり捨てるところがあった。彼は非情で、狙ったことはあくまでやり遂げるという強い意志があった。その意味ではスペンサー家初代のジョン・ウィンストンにひけをとらない」

チャーチルが初代の性格を受け継いでいることは間違いないだろう。初代は（妻サラの王室との関係を利用した）計略家であった。チャーチルは（策略に長けた）ばりの「英国人」であり、国際的な謀略あるいはパワーゲームも得意であった。イギリスの伝統的な謀略家チャーチルと稀代の策略家FDRが、蜘蛛の糸がからまるように、奇しくも同じ舞台に立ったのである。この二人によって、ヨーロッパに和平を維持するためのチェンバレンの工作はことごとくつぶされていくことになった。

チャーチルの舌鋒の鋭さ、戦う意志の強靱さ、そこから醸し出される個性。彼は疑いもなく第二次世界大戦時の指導者の中でも傑出した人物であった。彼はヒトラーやムッソリーニよりも、あるいはスターリンやFDRよりも優れていたのではなかろうか。

しかしそのチャーチルも物理的な戦争には勝利したものの、和平の枠組み構築の戦いには敗れたのである。最終的な勝利者となったのはスターリンであり共産主義思想であった。チャーチルの指導した大英帝国は見事なまでに崩壊した。大英帝国が世界の安定に貢献した事実は確かにある。大英帝国には、法と秩序を守る理念、議会制があった。国際法に準拠した国際通商拡大の理念があった。大英帝国の残した遺産はいまだ輝いている。

その大英帝国が生んだ最高レベルの政治家がウィンストン・チャーチルだった。そのチャーチルが、ローマ帝国を上回るほどの広がりを見せていた大英帝国を崩壊させたのである。強烈な歴史の皮肉であった。

大英帝国崩壊から三十年余りが経過した。イギリスはいまだ屈してはいないが、ソビエトは好き勝手な外交を推し進めている。チャーチルこそがテヘランとヤルタで、ソビエトが巨大な国家に成長するのを後押ししたのだった。イギリスはいまだ大英帝国の誇りは持っているが、現実の政策は、モスクワのご機嫌をうかがうしかなくなっている。万一核戦争にでもなったら、イギリスは完全に破壊されてしまうことを知っているからである。

共産主義が中国を襲ったのは戦後四年目のことだった。中国だけでなく、朝鮮半島、ベトナム、インドネシア、マレーシア、タンザニア、チベット、コンゴ、キューバ、アラブ諸国、チリ、イタリアを脅かした。共産主義者は、イギリスにとっての最後の防衛ラインとでもいえるフランスまでも強い影響下に収めてしまった。イギリスは完全に崩壊する。万一ソビエトがフランスまで勢力圏に組み込んでしまったら、イギリスと、かつての敵国であった西ドイツの西進を何とか防いでいるのは頼りないフランスと、かつての敵国であった西ドイツである。そうでなかったら、ソビエトは二万機にも及ぶ爆撃機や戦闘機をフランスに配備することが可能になっていただろう。そうなったらイギリス国民がいかに勇敢であろうとも、なす術がなくなるのである。核兵器を使う必要もないのである。

イギリスが最後に頼れるのはアメリカの核兵器だけという状況になろう。もしアメリカの核が使えなければ、ヨーロッパ大陸もイギリスも熟した柿が落ちるようにソビエトの手に落ちるだろう。

さてド・ゴール将軍とFDRだが、二人の個性は真っ向から衝突した。二人の対立はカサブランカ会談（一九四三年一月）から始まり、FDRが死ぬまで続いた。FDRの将軍に対する難癖の数々は、今でも米仏関係に暗い影を落としている。一九六六年にド・ゴール（大統領）がNATO軍からフランス軍を撤収させ、NATO軍をフランスから追い出したが、その事件も、二人の対立が尾を引いたものだった（訳注：アメリカ主導のNATO軍に反発したフランスがNATOから脱退した事件）。わが国とフランスの関係は伝統的に良好であったにもかかわらず、FDRはその関係を気まずいものにしてしまった。

ヤルタでの度重なる協議の場で、スターリンは、チャーチルは密かに親ドイツ感情を持っているのではないかと示唆し、対独講和条件に甘い態度で臨んでいると非難した。スターリンの考えるドイツへの制裁は苛烈であった。ドイツ軍の士官や参謀クラスは少なくとも五万人、ことによったら十万人規模で粛清しなくてはならないと主張していた。スターリンは「政治の将軍」であった。彼は軍の士官や将軍といったものを全く信用していなかった。むしろ恐れていたと言ってもよいだろう。彼はすでに自国の軍幹部の粛清をこの五年前には計画していたらしい。

チャーチルは英国陸軍士官として従軍経験があった。第一次世界大戦も経験している。しかしＦＤＲは戦いの場から逃げている。海軍次官の公務が重要であるという理屈であった。（義理の叔父である）セオドア・ルーズベルトとはこの点が決定的に違っていた。セオドアは自らの命をかけて、米西戦争の前線に立っている。彼は戦争勃発時にはＦＤＲと同じ海軍次官であったが、自ら戦場に向かったのである。

チャーチルは軍人の処刑を嫌った。戦争犯罪人はその罪を贖（あがな）わなければならないが、軍人を政治的理由で処刑することには反対であった。スターリンへの抵抗は、彼の優れた政治家としての資質の証であり、彼の勇気を証明するものだった。

チャーチルとイーデンは、はっきりとド・ゴールと自由フランス亡命政権を支持していた。間近に迫ったドイツ敗戦後のドイツ占領軍にフランスが参加すべきだと主張したのである。ＦＤＲもスターリンも、ド・ゴールあるいはフランスに何の譲歩もすべきではないと考えていた。チャーチルは反対する二人を押し切ったのである。

スターリンは戦後のヨーロッパを可能な限りフリーハンドでコントロールできる立場でいたいと考えた。だからフランスがドイツ占領に関わることを嫌った。ＦＤＲはそういう姿勢のスターリンを容認した。ＦＤＲの考え方は、彼がニューヨーク大司教（カソリック教会）に宛てた手紙にはっきりと示されていた。ＦＤＲとスターリンはヤルタ会談にフランスを参加させなかった。

チャーチルは、大英帝国を清算するために自分が首相に選ばれたわけではないと言っていた。しかし、結果的には彼が最も嫌う方向に進んでしまった。チャーチルは戦時下においては傑出したリーダーであったが、共産主義の謀略に絡めとられてしまった。大英帝国は没落する宿命にあっただけなのかもしれない。そんな中でチャーチルがアメリカから三百五十億ドルもの巨額援助を引き出した。それだけは彼の功績であろう。

大英帝国の衰亡は第二次世界大戦がもたらしたものである。それでも、カナダ、オーストラリア、ニュージーランドが大英連邦（the British Common Wealth）に属しているかぎりイギリスの安全保障には問題はない。それを脅かす可能性は核戦争だけである。イギリスに代わって最大の植民地帝国主義の国に変貌したのがソビエトであった。それはヤルタで、ＦＤＲとチャーチルがスターリンに対して宥和的な態度に終始したことの当然の結果である。結局、東ヨーロッパも中国もスターリンの手中に収められてしまった。

ソビエトにコントロールされることになった国々が自由と自立を回復できる可能性はあるのだろうか。回復できるとすれば、ソビエトと共産中国が戦うことになるというケースが考えられる。それが五年以内に現実になる可能性も否定できない。中国の共産主義者が人口の少ないシベリア東部に目をつけている。共産中国が工業化を成し遂げ核武装に成功すれば、ソビエトにとっては喉元に匕首（あいくち）を突きつけられるようなものである。中国は一億人が死んでもなんともないが、ソビエトはそういうわけにはいかないからである。

大英帝国の維持を全てに優先しようとしていたチャーチルは、ＦＤＲとスターリンに似たところがあった。それは絶対的な権力への執着である。ＦＤＲは選挙戦を通じて、スターリンは銃を使って、政敵を排除した。そうすることで権力を握ったのである。ただチャーチルは権力を握っても狂気の独裁者にはならなかった。彼は首相就任にあたって、自らの「血と涙と汗（Blood, Tears and Sweat）」だけが国民に約束できることであると演説した（訳注：一九四〇年五月十三日の演説）。そしてイギリスにとってかけがえのない指導者としてドイツとの戦いを指導した。ヤルタでは、もうドイツとの戦いの勝利で十分だという気持ちがあったのかもしれない。本当は、彼が最も激しく戦わねばならなかったのはヤルタでの会談の場であった。米ソの二人の指導者を相手にした戦いであった。彼はそこで戦わなかった。大事な場面でＦＤＲとスターリンが自由と民主主義を破壊するのを許してしまった。ドイツとの苦しい五年間の戦いの末、チャーチルは二人の政治家によって磔刑（たっけい）に処せられたようなものであった。

イギリスはヨーロッパ外交の伝統、つまりパワーバランス外交の流れに沿って参戦した。スターリンと共産主義思想は、チャーチルが拠って立っていた旧来のバランス外交の枠組みを根底から破壊した。

注

1　Sarah Jennings（一六六〇―一七四四）アン女王時代の女官。軍人であったジョン・チャーチルと結婚。アン女王との親密な関係を利用し、チャーチルのマールボロ公爵家創設に貢献。

第7章 ルーズベルトの対仏軍事支援密約（一九三九年）

ルーズベルト外交がフランスにアメリカの支援を期待させ、そして強気にさせた。

一九四〇年五月、ドイツはフランスを侵攻した（訳注：パリ無血入城は六月十四日）。そのときド・ゴールは陸軍准将であった。彼は、FDRがフランス首脳に甘言を弄し、あるいは脅かし、対ドイツ宣戦布告させた経緯については何も知らされていなかっただろう。FDRはフランスの参戦にあたって秘密裏に軍事支援を約束していた。その密約を知っていたのは首相であったポール・レノー[1]とエドゥアール・ダラディエ[2]（訳注：レノーの任期は一九四〇年三月から六月、ダラディエの任期は一九三八年四月から四〇年三月）と外相のジョルジュ・ボネ[3]、そして前出の駐仏大使ウィリアム・ブリットである。彼らは皆亡くなっている。

一九三九年にもルーズベルトは療養地ウォームスプリング（ジョージア州）に行っているが、ワシントンに戻る際に思わせぶりな発言をしている。隣人に次のように語っていたのである。

「サンクスギビングデイ（訳注：感謝祭、アメリカでは十一月末）には戻ってきたいものだ。戦争が始まっていなければの話だが」

ワシントン・ポスト紙がこの発言を取り上げ、大統領は四月十三日の記者会見で、そうした発言があったことを認めている。この翌日に現れたニューヨーク・タイムズ紙の記事には「ルーズベルト、アメリカの参戦を想定」と見出しが付いていた。「ルーズベルト大統領は、ヨーロッパで戦争が始まることは避けられないだろうと語った。そうなればわが国は、イギリスとフランスの側に立つことになる。ナチス・ファシストの謀略に対抗しなくてはならない」

ＦＤＲはヨーロッパの戦いが始まる五ヵ月も前にこう発言していたのである。イギリスとフランスの対独強硬策を主張する勢力に、ＦＤＲが軍事支援の約束をしていたことは明白である。英仏両国内でも戦いを避けようとする勢力の力は大きかった。現実に血を流すことになる国民がそう思うのは当然である。それでも英仏政府が強気になったのは、対独そして対伊戦争が始まれば、アメリカはすぐにでも軍事支援を開始すると理解していたからにほかならない。一九三九年の時点で、ＦＤＲは参戦の意思があることを、側近や政権幹部にははっきりと口にしていた。陸軍長官であったハリー・ウッドリングと彼の妻が証言しているのである。

一九四〇年六月九日、フランス首相ポール・レノーはFDRに電信で軍事支援を要請している。六月十三日にはラジオを通じて次のようにフランス国民に訴えた。

「フランスは血を流している。わが国は他の民主主義国（訳注：アメリカを指す）に対して当然の権利として、支援を要請する。なぜナチスドイツに対しての戦争を躊躇するのか。私は今晩もう一度ルーズベルト大統領に要請の電報を入れる。これが最後のアピールになるかもしれない」

六月二十二日、私は共和党の幹部の一人として下院外交問題委員会で次のように発言した。これはNBCラジオを通じて全米に伝えられた。

「フランスはルーズベルト大統領の秘密外交を通じた密約を信じてのたうちまわっている。血を流している。フランスは、ルーズベルトの暗黙の軍事支援の約束を信じた。（それは）嘘にまみれた約束であった」

レノー首相やフランス軍の司令官は英国空軍機の派遣をチャーチルに要請したが、チャーチルは首を縦に振らなかった。

「英国空軍はアメリカが参戦するまで手付かずにしておかなければならない。それがアメリカ参戦の決断に大きく関係してくる」

レノーは、フランスがドイツに占領されたのは空軍機が足りなかったからであると分析している。ド・ゴール将軍は国防次官兼陸軍次官に抜擢されていた。彼はフランス防衛の拠点を（フランス北西部の）ブルターニュに構築したかった。この構想についてチャーチルは、「もし（そうすることで）ドイツ戦車の進攻を止め、大西洋岸に橋頭堡を築ければ、アメリカの介入（の決断）まで、一ヵ月は時間的余裕ができる」と語っていた。

レノーとチャーチルの言動に鑑みれば、ヨーロッパの戦端が開いた時期から、FDRによってアメリカ参戦が約束されていたことがわかる。二人の政治家はアメリカの介入を固く信じていた。このことはド・ゴール将軍が「イギリスが（ドイツの英本土攻撃に）耐えることができれば、アメリカは数ヵ月以内に軍事支援に踏み切る。遅れた場合でも一年以内には介入してくる。そうなれば何もかもうまくいく」とロンドンで語っていることからもわかるのである。[4]

フランスが軍事的な準備もままならないうちに対独宣戦布告に踏み切ったのはなぜか。数々の歴史的事実が、ルーズベルトがフランスに対独戦争を決断させたことを示している。FDRは対仏軍事支援を密かに約束していたことは間違いない。私は、早くから、フランスの政治家がFDRの密約の存在を口にする日が来るだろうと考えていた。一九三九年の時点で外相であったジョルジュ・ボネから私のもとに手紙（日付は一九七一年三月二十六日）が届いた。私は彼とは面識があり、かねてよりウィリアム・ブリット大使がフランスにどのような圧力をかけていたのかについて、ボネ元外相の考えを聞きたいと伝えていたのである。ブリット大使は、ヨーロッパの大戦が始まる前に、フランスがヒトラーに強硬姿勢で臨むよう工作していたことは間違いないと私は考えていた。ボネ氏は完成したばかりの彼の著書（*Dans la Tournament*）の一節に加えて次のようなメッセージを寄せてくれた。

「貴殿の質問について私が言えるのは次のことである。ブリット大使は、一九三八年のチェコスロバキア危機については、ダラディエ首相や外相の私に自制的に振る舞うよう指導してきた。ところが、一九三九年の危機（ポーランド危機）には、ヒトラーに対して強硬な姿勢をとるよう勧めて（urge）きた。ダラディエ首相は、フランスあるいはイギリスが危なくなったらアメリカが必ず介入（intervene）してくるという確信を持っていたと思う」

「ブリット大使は、他の多くの政治家と同じように、ヒトラーの脅かしはいわゆる虚仮威し（こけおどし）だと考えていたようだ。ドイツの陸軍も空軍部隊もヒトラーが言うほど強力ではない、だからこそヒトラーには厳しい態度で臨んでも構わない、そうすればヒトラーは譲歩するはずだと大使は読んでいたのである。この件について何か質問があれば喜んでお答えしたい。ブリット大使は、フランスに対独宣戦布告させるためにあらゆる手段を講じたと私は考えている」

（手紙をもらった時点で）、あのころを知る政治家はボネ氏だけになってしまっていた。私は彼の手紙を読んで、自分の推測は間違っていないと確信した。ブリット大使は、フランスに対し、対独強硬姿勢をとらせただけではなかった。対独参戦まで画策していた。しかしジョセフ・ケネディ駐英大使も、（非干渉主義勢力のリーダーの一人であった）チャールズ・リンドバーグも、ドイツは航空戦力でも陸軍力でもフランスを圧倒していると警告していたのである。

戦いが始まると、ドイツ空軍はフランス軍を文字どおり叩きのめした。フランスにはまともな航空機がなかった。レノーもフランス軍の敗北はひとえに空軍力の差にあったと明言している。だからこそ彼はチャーチルに何とかイギリス空軍機を融通してほしいと懇願したのである。ブリット大使が、対独戦の準備も整っていないフランスに、あれほど強硬に対独開戦を勧めることができたのはなぜか。それがＦＤＲの意思そのものだったと考えるほかはないのである。

注

1　Paul Reynaud（一八七八―一九六六）フランス首相（一九四〇年三月から六月）。
2　Édouard Daladier（一八八四―一九七〇）フランス首相（一九三八年四月から四〇年三月）。
3　Georges Bonnet（一八八九―一九七三）ダラディエ政権下の外相（一九三八年四月から三九年九月）。

4　この部分で語られるレノー、チャーチル、ド・ゴールの発言はStanley Clark, *The Man Who is France*, Dodd Mead & Co., 1960. に基づいている。原注

第8章　ルーズベルトのフランスへの裏切り

ルーズベルトはフランスの共産化を容認した。

スターリンと共産主義はテヘランとヤルタの会談で勝利した。それを手助けしたのはＦＤＲでありチャーチルであった。もっと正確に言うなら、ルーズベルトは会談そのもののお膳立てまでしていたのである。

ＦＤＲとチャーチルは一九四三年九月初めにワシントンで会談している。テヘラン会談の三ヵ月前のことである。ＦＤＲから言わせれば、テヘラン会談での協議事項についてはこのときにチャーチルはすでに黙諾していたらしい。ワシントンで、ＦＤＲがチャーチルに何を約束したのか。チャーチルは曖昧なままである。

この問題についてヒントになるのは、ＦＤＲが親しい友人であったフランシス・スペルマン[1]に語った言葉である。スペルマンはニューヨークの大司教で、また（ローマ法王から）枢機卿に任命された人物である。彼がホワイトハウスでＦＤＲの言葉を聞いたのは一九四三年九月三日のことであった。スペルマンはこのときの会話を詳細に書きとめていた。その内容はロバート・ギャノン神父が著した『スペルマン枢機卿物語』[2]で知ることができる。

私自身も枢機卿をよく知っている。誠実で信用できる人物である。彼が伝える内容にはぞっとする。枢機卿はFDRの言葉について、自身のコメントは載せていない。聞いたことをそのまま記録している。FDRはソビエトについて次のように語っていたのである。繰り返すがこの発言はテヘラン会談の三ヵ月前である。

「スターリンはフィンランド、バルト三国、ポーランドの東半分とベッサラビア[3]を取るであろう。東ポーランドの住民は概ねロシア人になることを望んでいる」

FDRはあのソビエトの侵攻に抵抗したフィンランドさえもソビエトに譲渡する意思を見せている。もちろんフィンランド国民の意思などはおかまいなしであった。FDRの「入念に検討した」計画では、世界は四大強国によってそれぞれの勢力下に分割されることが決まっていた。

「中国は極東地域を、アメリカが太平洋地域を取り、イギリスとロシアがヨーロッパとアフリカを分割する。英国が世界に植民地を確保していることに鑑みると、ロシアがヨーロッパのほとんどを勢力下におくことになろう」

つまり、FDRの頭の中では、戦争終結の一年半以上前から、あるいはその後のあらゆる和平会談開催の前から、ヨーロッパをソビエトの勢力下におき、ソビエトがそのような立場で振る舞うことを認めると決めていたのである。このことを知れば天使でさえも涙を流すだろう。ナチスドイツの侵略にあい、その支配下にあったフランス、ベルギー、オランダ、デンマークあるいはノルウェーの人々はＦＤＲの人形を作って縛り首にするに違いないのである。ＦＤＲのソビエトに対する見方は余りにナイーブであった。

「もちろん希望的観測と言われるかもしれないが、ロシアの勢力圏の下にあってもその支配のやり方は穏健になるだろう。共産主義の勢いは今後とも強まるであろう。フランスについて言えば、レオン・ブルム[4]が政権をとっていれば、共産主義者はそれで十分だと考える可能性がある」

フランスの将来についてＦＤＲはド・ゴールと何の協議もしていない。フランスの国民は、このＦＤＲ構想を聞いたなら顔を真っ赤にして怒り出すに違いない。ＦＤＲはさらに続けて次のようにも述べていた。

「ロシア経済が見せた驚くべき躍進を見逃すことはできない。ロシア財政は健全である。ロシアの勢力下に入るヨーロッパ諸国はロシア的システムに舵を切るのに激しい変革が必要になろう。ヨーロッパ諸国は、つまりそれはフランス、ベルギー、オランダ、デンマーク、ノルウェーに加え現在の敵国ドイツとイタリアも含むのであるが、ロシアの影響下で生きることに耐えなければならない。十年いや二十年たてばロシアとうまくやれることを期待しながら、頑張らねばならない」

このFDRの発言はまことに恥ずべきものである。ヨーロッパ諸国の自由というものを全く蔑ろ(ないがし)にしている。またFDRは「ソビエト」や「共産主義者」という用語を使っていないことにも注意すべきである。彼はロシアという言葉に置き換えている。彼がスペルマン枢機卿に語った言葉は、連合国の戦いをまるで無意味なものにしてしまっている。自ら発表した大西洋憲章も蔑ろにし、それ以上に、ヨーロッパ戦線で戦うわが国兵士の犠牲を台無しにしてしまうものであった。あの戦いに捧げた命が無価値になるのである。フランスがソビエトの影響下に入れば、イギリスの安全保障は風前の灯となる。クレムリンの操るダモクレスの剣がつねにイギリスの頭上にあって、イギリスは怯え続けなければならない。

それにしても戦後ヨーロッパの枠組みについて、FDRが自分で考えたとはとても思えない。つねに彼の外交政策と対立してきた私の経験からも、そのことは感覚的にわかる。彼の周辺にいた親ソビエト勢力が知恵をつけたのであろう。たとえばラクリン・カリー(FDR首席秘書)である。彼はFDRの外交顧問であり、後に親共産主義者として糾弾されるとコロンビアに逃亡した。ハリー・デクスター・ホワイトは財務省高官で、財務省の立場から外交をアドバイスしていた。彼も親共産主義者であった。アルジャー・ヒスは国務省高官で、共産主義者であった。彼の暗躍はかなり後になるまでわからなかった。ＦＤＲの右腕とまで言われたハリー・ホプキンスはスターリンと意気投合していた。ホプキンスはスターリンとＦＤＲ双方に影響力を持った最重要人物である。おそらくこれらのうちの誰かが（スペルマン枢機卿に語った）プランを描いたに違いないのである。

私は、歴史家がいつの日にか、ＦＤＲが一九四三年九月三日にスペルマン枢機卿に語った言葉の意味を精査してくれるものと期待している。歴史の真実を探るサーチライトがＦＤＲの設計図を誰が描いたのか、そしてその動機はどこにあったのかを照らし出してくれると信じている。私は枢機卿の書きとめたＦＤＲの言葉が歴史的にどれほど重大であるかをわかっている。枢機卿はＦＤＲの支持者であった。その人物が自分の書きとめたＦＤＲの言葉は間違いないと認めている。私が意見を述べなくても読者はこれが意味することを自ら判断できるはずである。

ＦＤＲの心に誰が、戦後ヨーロッパ世界のあり方についてアイデアを吹き込んだのか。（歴史家の研究に期待はしているが）確定的なことは誰にもわからないだろう。ただはっきりしていることがある。この考え方を提示したのは、チャーチルでもなければイーデンでもない。ハルでもなく、バーンズ[5]でもなく、サムナー・ウェルズ[6]でもない。彼らは共産主義を嫌っていた。

確かにハル国務長官はド・ゴール将軍を嫌っていた。その理由は、彼の率いる自由フランス軍がカナダ・ニューファンドランド島南西部にある二つの小島（サンピエール島とミクロン島）[7]を、アメリカに事前承諾なく占領したことにあった。しかしハルはそれを根に持つようなタイプの政治家ではなかった。FDRの考えを無理やり支持させることで、ド・ゴール将軍を懲らしめてやろうなどと思うはずもない。また、ハルがFDRのプランを知っていたとか、あるいは支持したとかいうことを示す証拠はない。

戦後になって（一九七一年二月十五日）、国務省がそれまで非公開だった文書を公開しているが、それによって、一九四三年の時点でFDRがどれほどド・ゴール将軍を嫌っていたかが明らかになった。二人がカサブランカで顔を合わせたころのことである。この文書で明かされた、FDRのド・ゴール将軍への汚い言葉は、その後のFDRのフランスに対する態度を理解する良い指標になった。FDRの罵言はあまりに酷かったから、この文書は公開されなかったほうが良かったかもしれない。

FDRのド・ゴール嫌いはある程度知られていた。それはFDRの息子のエリオット[8]が著した『FDRの見たままに（*As He Saw It*）』（一九四六年）にも詳しく語られている。歴史家は国務省の公開資料を使って、FDRのド・ゴール将軍への罵倒とそれによって傷つけられたド・ゴールの尊厳に触れざるを得ないだろう。もちろんそのことで、フランス国内のド・ゴールを敬愛するグループがわが国への反発を強めることも覚悟する必要がある。

歴史的観点からすれば、この公開資料はＦＤＲという大統領の性格の弱点をさらけ出すものだ。彼のド・ゴール将軍への罵倒は、マナーに欠け、かつ政治的にも極めて稚拙なものだった。ド・ゴールはフランス国民にとっては、フランスを救った自由フランスの英雄である。戦後の暫定政権を率いる政治家は彼以外に考えられなかった。ルーズベルトの反ド・ゴール感情はアメリカ国民の態度を代表するものでないことだけははっきりしている。アメリカ国民は、フランスの暗黒時代に、彼が見せた勇気を称賛しているのである。

ド・ゴール将軍へのＦＤＲの態度は彼の性格を典型的に示すものであった。執念深く、個人的な敵意を政治に持ち込んでいる。ＦＤＲのパーソナルな感情を、政敵でもない他国の政治家にぶつける必要はまるでなかった。ド・ゴールの目指すところは、フランス共和国のドイツからの解放であり、独立の回復だけであった。

ＦＤＲはチャーチルへ宛てた手紙（一九四三年五月八日付）で次のように述べてアルジェリア問題に対するド・ゴールの態度を責めている。

「私にはド・ゴールをどう扱ってよいかわからない。おそらく君（チャーチル）なら、彼をマダガスカルの総統にでも送り込んでしまうだろう」

またド・ゴールのフランス国民委員会（the French National Committee）の指導

方法についても「ド・ゴールは私をますます不快にする」と述べ、不満げであった。FDRはアンリ・ジロー将軍を買っていた。[9] ジロー将軍をフランス国民委員会の議長に据えたがっていた。

「フランスを取り戻したら、その後は米英軍による軍事占領とすべきである。おそらく六ヵ月から一年は英国軍またはわが軍の将軍による管理がなされるべきだ。九〇パーセント程度は(既存の)地方政治家や政府組織を利用した管理が可能だろう。こうした組織はフランス人に委ねることはできるが、フランス全体の指導はイギリスかわが国の最高指導者が担わなければならない。(ヒトラーによる占領前の)旧政権に戻してはならない」(傍点著者)

FDRは外国勢力によるフランスの軍事独裁が必要だと主張していた。アメリカの基本理念である自由と民族自決に反する考え方であった。

スペルマン枢機卿との会話の内容についてはその四ヵ月後に国務省から公表されたが、枢機卿のメモとは異なっている。FDRは、チャーチルもイギリス国民も、アメリカと共同でフランスの占領を担当することを嫌うだろうと気づいたに違いない。彼はイギリスに代わって、スターリンと共産主義者を使うことを画策したのだろう。

FDRは戦後のフランスの扱いについてのメモをハル国務長官に示している。ルーズベルトは、ド・ゴール将軍をどう扱うかについて、チャーチルに示しておきたいと考えた。その構想をハル国務長官に見せたのである。国務省が公開したそのメモの脚注にそう書いてある。ハルは、ドイツからの解放が実現すればド・ゴール将軍の下で暫定政府が組織されるべき、というのがフランス国民委員会の総意だろうとFDRに答えている。

私がここで明らかにしている文書は国務省が過去三十二年間にわたって、非公開にしてきたものである。最近になって入手可能になった文書から、FDRにはド・ゴール将軍への強烈な反感があったことがわかってきている。フランスをソビエトの勢力下におくという馬鹿げた、醜悪な計画が持ち出された動機の一端が、FDRの個人的な感情に基づいていることを示唆している。フランス国民もわが国民も、もう一度フランスに対するFDRの態度の本質を考える時期に来ているのではないかと思う。

さてここでもう一度スペルマン枢機卿の九月三日のメモに戻りたい。枢機卿のメモには、FDRは次のようにも述べたとある。

「ロシアの工業生産は目覚ましいものがある。トラックを除けばアメリカの援助などは無視できるほどに小さい」

私はこの言葉に呆れる。ソビエトの工場はドイツの攻撃で破壊されていた。アメリカの支援は百十億ドルにも及んでいる。武器貸与法に基づいてスターリンが受け取った航空機は二千機、トラックは四十万台にもなる。これは、彼らがドイツの侵攻を受けた時点で持っていた数の二倍にあたる。他にも、軍靴、軍服、有刺鉄線、電信用ワイヤー、機関車、乗用車、工作機械、そして食料品。膨大な支援がアメリカからなされた。

それにもかかわらず、ソビエトがアメリカから受けた支援は微々たるものだとFDRは述べたのである。私は、この情報源がスペルマン枢機卿でなければこんなことをFDRが口にするはずはない、でたらめであると一笑に付しただろう。しかし枢機卿はFDRの信頼の厚い人物であった。彼がFDRと面談したのは、FDRの名代として、一ヵ月にわたるヨーロッパ、アフリカ、南米諸国への旅を終えたばかりの時であった。彼はメモを残した前日、ホワイトハウスでFDRとチャーチルを交えて食事をしている。

FDRのとんでもないヨーロッパの戦後構想にチャーチルは同意したのであろうか。おそらくチャーチルはルーズベルトの考えに煮え切らない態度でうなずいたのではなかったか。そしてその同意には何らかの条件がついていたのではなかったか。ソビエトが西ヨーロッパまで勢力圏を伸ばすことを、けっして容認していなかったのではなかろうか。チャーチルの共産主義に対する警戒と嫌悪の態度は、北極星が天空で不動のように、一貫していたからである。

チャーチルは現実主義者であった。ヨーロッパやアフリカに関わるFDRの戦後構想が英国にとって、いや世界の自由にとっていかに破滅的なものであるかは理解していたはずである。おそらくあからさまなＦＤＲへの反抗の姿勢は隠したままで、ＦＤＲ構想を実現させない道を選んだのではなかろうか。イギリスは、ヒトラーのヨーロッパ支配が許せないのと同様に、スターリンの支配も許せないのである。

ＦＤＲのフランス統治プランはフランス側と協議されて出来たものではない。ロシアにその統治を二十年間にもわたって委ねるなどというアイデアは言語道断である。彼らがフランス統治を任されたら、たちまち絶対的な権力を掌握し、数年のうちにフランスの共産化を完了させていただろう。私はＦＤＲの反ド・ゴール、反フランスの感情はけっしてアメリカ国民の声ではないことをもう一度強調しておきたい。われわれはソビエトの暴虐的な共産主義独裁を嫌悪している。

わが国はフランスに対して伝統的に親愛の情を持っている。フランスが自由な国である限りその思いは変わることはない。フランスの人々がここに示されたＦＤＲの、スターリンをフランスの指導者にするなどというたわごとを耳にしたら、アメリカの偉人の名をとった通りや地名は変えられてしまっただろう。フランクリン、パーシング、アイゼンハワー。そうした名の付いた地名は消えてしまっていただろう。ＦＤＲの言葉を知れば、フランスの人々は間違いなくわが国への評価を変えるだろう。しかしこれはＦＤＲが犯した過去の間違いである。わが国とフランスは偉大な共和国である。相互に信頼し、自由と民主主義と平和のために協力しなくてはならない。

注

1 Francis Spellman（一八八九—一九六七）ニューヨーク・カソリック教会大司教（Archbishop）。任期は一九三九年から六七年。

2 Robert Gannon, *The Cardinal Spellman Story*, Doubleday, 1962.

3 Bessarabia 現在のルーマニア周辺。露土戦争（一八〇六年）以前はオスマントルコ帝国領土。現在のモルドバ共和国。

4 Leon Blum（一八七二—一九五〇）一九三六年成立のフランス人民戦線内閣首相。社会主義者。

5 James Francis Byrnes（一八八二—一九七二）上院議員。ステティニアス国務長官の後継長官（一九四五年から四七年）。ルーズベルト政権下では経済安定局（ＯＥＳ）長官。

6 Sumner Welles（一八九二—一九六一）国務次官（一九三七年から四三年）。

7 Saint Pierre et Miquelon カナダ・ニューファンドランド島の南に位置し、フランスの海外準県である。カナダとフランスの間での漁業権問題の火種となった。

8 Elliot Roosevelt（一九一〇—九〇）ＦＤＲの四番目の子供。第二次大戦中は陸軍航空部隊勤務。准将。

9 Henri Giraud（一八七九—一九四九）フランス陸軍軍人。

第9章 ジョセフ・ケネディ駐英大使[1]

ジョセフ・ケネディ駐英大使はルーズベルト外交を警戒した。

ジョセフ（ジョー）・ケネディ（訳注：ジョン・F・ケネディ元大統領の父）がハーバード大学を卒業したのは一九一二年のことであった。父はアイルランド系移民であったが酒場経営で財をなした。ジョーは身体中にエネルギーを張（みなぎ）らせ、人好きのする性格であった。彼は金融の世界でもたちまち頭角を現した。ニューイングランド地方の銀行では最も若い経営者（訳注：コロンビア・トラスト銀行頭取となる。二十五歳）となった。

彼のさらなる飛躍のきっかけはローズ・フィッツジェラルドとの結婚である。彼女はボストン市長ジョン・フィッツジェラルドの娘であった。市長は「ハニー・フィッツ」と愛称がつくほど人気のある政治家で、アイルランド系移民社会でも最も上位にいた人物であった。「ハニー・フィッツ」はこの結婚にはあまり乗り気ではなかった（訳注：二人の結婚は一九一四年十月。幼馴染みであった）。

二人は九人の子供に恵まれているが、そのうちの三人は上院議員となっている。その一人は大統領にまでなったジョンである。ジョー・ケネディは言ってみればケネディ王朝の創始者である。

ジョーのビジネスは失敗もあったが成功のほうが多かった。ビジネスで築いた資産を惜しげもなく子供たちの政治活動に注いだ。彼のビジネスは不動産、映画そして株の売買（訳注：現代ではインサイダー取引とみなされる行為があった）が中心である。第一次大戦後のブームにのってビジネスを拡大した。一九二九年から始まった恐慌も乗り切った。禁酒法が廃止（一九三三年）されることを嗅ぎつけると、イギリスのスコッチメーカーの独占販売権を取得して巨万の富を築いた。[2] 彼の富は最終的に二億ドルにもなったと推定されている。

彼の父も義父も民主党員であった。特に義父は有力な政治家であったから、ジョーも自然に政治に興味を示すようになった。ジョーがFDRと出会ったのはFDRが一九三二年に民主党大統領候補となった時期であった。二人はたちまち意気投合した。この年の選挙は民主党の優勢がはっきりしていただけに、リアリストでもあるジョーは民主党への資金援助を惜しまなかった。彼の知る有力者に二万五千ドル相当の贈り物をしたり、五万ドルのローンを融通することで、民主党支援を約束させた。彼の支援にFDRも民主党幹部も大喜びであった。

ＦＤＲは（論功行賞の意味もあり）ジョーを初代証券取引委員会委員長に任命している（一九三四年）。ジョーにとって株価操作はお手の物であった。そのような人物がそれを監視する立場についたのである。裏の手口を知っていたからこそ証券取引の規制改革をエネルギッシュに進めることができたとも言えよう。ジョーはこのポジションには不満であった。彼は財務長官の地位を狙っていた。

ＦＤＲは財務長官のモーゲンソーを代える気はなかった。モーゲンソーは、経済に対する知識はＦＤＲと同様大したものではなかったが、ＦＤＲの施策実現に当たっては右腕となる頼りになる人物であった。だからといって、ＦＤＲはジョーを邪険にすることはできなかった。民主党への莫大な資金援助、富裕層への強い影響力。それを考えたらジョーをＦＤＲ政権の重要ポストにつけなければならなかった。そんな中で駐英大使のポストが空いたのである。権威ある、そして外交への影響力のあるポジションである。ジョーの望みはもちろん財務長官ではあったが、駐英大使就任のチャンスを逃しはしなかった。

ロンドンに赴任したジョーは気性が荒く、使う言葉も乱暴であったが、親しみのもてるキャラクターでもあった。その上、細かい気遣いをみせるところがあったから、ロンドンでの受けは良かった。ネヴィル・チェンバレン首相の進める対独宥和政策も支持したのである。一九三九年十二月には新聞記者に対して、「私は平和維持を願うものである。私の仕事は和平のために祈り、その実現のための仕事に邁進することである」と述べたし、ハリファックス外相には、「チェンバレン首相の外交政策を正しいと信じている」とも語っていた。

チェンバレン首相がミュンヘン危機を乗り切った際に、ルーズベルトは祝福の電報をチェンバレンに送ってきたことがあった。ケネディ大使は、メッセージを受けたその日に首相官邸に向かい、それをチェンバレンに読んで聞かせた。ケネディはその電文の持つ意味をしっかりと認識していた。

「私は、その電報は将来のために、首相に手交せずに手元に置いていた。この電報がいつかFDRを悩ませるに違いないと考えたからである」

モーゲンソー財務長官は日記に次のように記していた。

「FDRは次第にケネディに対していらつきを見せるようになっていた。イギリスの対独宥和派（the Cliveden Set）が、赤毛のアイルランド大使とうまくやり始めたと警戒したのである」

「FDRは、チェンバレン首相に祝電を送っていながら、チェンバレンを信用していなかった。『チェンバレンはどんな代償を支払うことになっても和平を維持したいと考えている。そのために、自身の面子（メンツ）が立てば何でもやる男だ』とも語っていた」

FDRはケネディ大使を親愛の情のこもった言葉で評してはいたが、それはFDR

が得意とする自己保身のテクニックであった。

イギリスが対独宥和政策を破棄したのは一九三九年三月三十一日のことである。それまで五年間にもわたってドイツには宥和的に接してきたのだが、ポーランドの独立の保証を宣言することで、ドイツに対し強気な外交に転じたのである。ダンツィヒがポーランド領であると主張することも忘れなかった。これにはヒトラーは激怒している。それまでに築き上げてきた英独の関係が一夜にして憎しみの感情で一杯になった。

チェンバレンはポーランドに対してその独立の維持を約束してしまった。これは彼の意に反する決断であることは明らかである。なぜそのような決断に追い込まれたのか。その理由は、国内の対独強硬派勢力とアメリカからのプレッシャーであった。二つの勢力の攻勢にたじろいだチェンバレンはヒトラーに対して強い姿勢を見せざるを得なくなったのである。

イギリスにとって不幸なことに、この態度の切り替えのタイミングは最悪であった。結果的にこのことが第二次世界大戦につながることになる。チェンバレンも、彼との信頼関係を築いたケネディ大使も、反共産主義の立場であった。二人はドイツの矛先はソビエトに向かうはずだと読んでいた。だからこそイギリスはソビエトとの同盟関係は必要ないと考えていた。ロイド・ジョージ元首相は、ポーランドに独立の保証を与えてしまったことで、イギリスは対独戦争の道をまっしぐらに進んでしまうことになると分析した（その結果としてロシアとの同盟関係が必要になったのである）。「もしロシアとの同盟関係がないまま対独戦争となれば、イギリスは罠の仕掛けられた道を歩いていくのと同じである」。これがロイド・ジョージの考え方であった。

たしかにチェンバレン首相は、和平を強く希求していた。しかし対独外交の変更で戦争を不可避なものにしてしまった。ダンツィヒ問題に首を突っ込み、イギリスの外交判断の自由度を奪ってしまった。チェンバレン首相ほど和平を願う政治家はいなかったともいえるのに残念なことであった。

ケネディ大使は、チェンバレンの名代の立場であったホレス・ウィルソン卿[3]から秘密の提案書を受け取っている。その内容はすぐにワシントンに伝えられた。イギリスがアメリカに望むことは唯一点である。（ヒトラーの要求に妥協するよう）ポーランドに対して圧力をかけてほしい。これがチェンバレンのアメリカへの要望であった。（ヨーロッパ問題を担当する）国務省高官ジェイ・ピアポント・モファット[4]は、FDRもハル国務長官もこの要請に冷たかったと語っている。二人の冷淡な態度は当然であった。前述のようにブリット駐仏大使はポーランドに対して、ドイツの要求に屈してはならないと圧力をかけ続けていたのである。一年にもわたって、大戦の直接の原因になったダンツィヒ問題について強硬姿勢を貫かせようとしていたのである。（チェンバレン首相が願ったように、ポーランドがヒトラーの要求に妥協していれば）ヒトラーは東に向かうことは確実だった。ヒトラーは軍を西に進めはしなかったのである。

（訳注：この時期多くの政治家が、ヒトラーの狙いはバルカン半島やウクライナ方面にあるとみていた。たとえばフーバー元大統領は一九三八年、チェンバレン首相とのロンドンでの会談で次のように語っている。

「ドイツの顔は東を向いている。彼らは『陸の民族（land people）』である。国土の拡張と資源の確保。それにシンクロナイズするドイツ民族の膨張。それが狙いである。国土拡張に熱心なドイツに格好の土地がある。それがロシアであり、バルカン半島である」[5]）

この時期のFDRはポーランド問題で和平交渉の仲介役（peace maker）を買って出ることもできた。しかし彼は全く逆の立場を選択した。戦争を煽る側（war maker）に回ったのである。FDRは第二次大戦を回避させることができた。ヒトラーの軍隊を東に向かわせることができる立場にいた。そうなっていればヒトラーはスターリンや共産主義者と戦っていたはずであった。アメリカはポーランドにヒトラーと妥協するよう導くことができた。しかし実際にはそれを逆に使ってしまった。ポーランドに対独強硬姿勢をとる圧力をかけた。ドイツの軍事力に対して何の抵抗もできないポーランドを、脅したりおだてたりして、ドイツとの外交交渉による解決をさせなかった。このFDRの外交こそがあの大戦の直接の原因であった。そしてそれは同時にポーランド共和国の終焉を意味していた。

一九四五年十二月、ジョセフ・ケネディはジェイムス・フォレスタルに次のように語っている。以下はフォレスタルの日記からの引用である。[6]

「今日、ジョセフ・ケネディとゴルフをした。私は彼に、一九三八年以降どのような会話をルーズベルトやチェンバレンと交わしたかを尋ねた。彼は次のように語った。一九三八年には、イギリスは戦いの準備もできておらず、ヒトラーと戦うことなど危なくてとてもできない状況だった。ウィリアム・ブリットの工作さえなければ、ドイツはイギリスとの戦争を避けただろう。そうなっていればヒトラーはソビエトと戦っていたはずである。ブリットがＦＤＲを説得し（一九三九年夏）、ポーランドに、ドイツの要求には一切妥協するなと強要したのである」

「フランスもイギリスも、アメリカの工作がなければポーランドの問題を開戦理由にするようなことはなかった。ブリットはＦＤＲに、（ポーランドが強気でいさえすれば）ドイツが軍事行動に出ることはないと吹き込んでいた。ケネディは、そんなことはないと反論していた。ルーズベルトがイギリスを戦争に追い込んだのはアメリカである。ケネディはチェンバレンが『イギリスを無理やり戦争に駆り立てた』と語っていたことを教えてくれた」

ケネディは一九三九年夏のＦＤＲとの電話でのやりとりも明らかにしている。ＦＤ

Rはケネディ大使に対し、チェンバレンが非戦の方向には後戻りできないように工作せよと命じていた。それに対してケネディは、イギリスは防衛体制が全くできていない。そうした工作をすることは無意味であるとFDRに反駁していた。

一九三九年八月十六日に、オスロで列国議会同盟の会議が開かれた。[7]私はアメリカ議会代表の団長であった。ちょうど第二次大戦の二週間前ということになる。私たちが（同盟会議の帰途に）ロンドンを訪問したのは九月一日のことである。妻も子供もパリからロンドンにやって来て私と合流した。

私は英国議会を見学したかったので、大使館を通じて、妻と二人分の議会見学の招待券を手配した。私は過去に何度か貴賓席でイギリス議会の模様を眺めたことがあった。招待券の手配はそう面倒なことではなかった。私たちが、議会に向かったのは九月三日であった。この日、（九月一日にポーランドに侵攻したドイツに対して）対独宣戦布告がなされることになったのは全くの偶然であった。

妻と私が案内された席は私が以前招待されたときに座った貴賓席ではなかった。私は、一瞬、民主党員であるケネディ大使は共和党員の私を嫌っていて意地悪をしたのかと思った。そうではなかった。大使が用意してくれていたのは、妻にはケント公夫[8]妻と同席となるボックス席を、私には六席しかない特別席の一つを用意してくれていたのであった。ケネディ大使の党派にかかわらない配慮をうれしく感じたものである。

私はその席で、チェンバレン首相の苦渋の対独宣戦布告演説を聞くことになった。何とかヨーロッパの和平を維持しようと五年にもわたって外交努力を続けたチェンバレンは、次のように語り始めた。

「私が政治家としてそして公人として信じてきたものがある。その信念に従って努力してきたものがある。しかしそれらがことごとく壊れてしまった」

対独宣戦布告の直後、ケネディ大使は、イギリスは何のために戦っているのかをジョン・サイモン財務大臣に問い質している。仮にドイツに勝利したとしても、イギリスはどうやってポーランドを復興させようとしているのか。ドイツが敗北すればドイツは混乱し共産主義化する可能性が高い。この戦いでイギリスもフランスも苦しむことになる。英仏両国とも、過激思想の標的になる。ケネディ大使がどうしても確認したかったのは、この戦争の大義であった。サイモン卿はただ首を振るばかりで彼自身にもわからないと答えたのである。ただ、戦いが始まった以上それを止めるのは難しいと語ったらしい。

チェンバレンの後に政権を担当したのはチャーチルである。彼には、ナチスドイツを東に向かわせスターリンと戦わせる外交的チャンスは何度もあった。それができていればフランスもベルギーもオランダもノルウェーも戦禍から免れることができただろう。西ヨーロッパ諸国の人々の命がどれだけ救えたか知れないのである。

注

1　Joseph P. Kennedy（一八八八―一九六九）駐英大使（任期は一九三八年から四〇年）。

2　スコッチ輸入ビジネスのパートナーは、FDRの長男ジェイムス・ルーズベルトである。

3　Horace Wilson（一八八二―一九七二）英国政府高官。ミュンヘン会議（一九三八年）ではチェンバレン首相に同行。

4　Jay Pierrepont Moffat（一八九六―一九四三）国務省高官。この時期はヨーロッパ問題担当。

5　Herbert Hoover and George Nash, *Freedom Betrayed*, Hoover institution Press, 2011, p97.

6　James Forrestal（一八九二―一九四九）最後の海軍長官（任期は一九四四年から四七年）、初代の国防省長官（任期は一九四七年から四九年）。

7　Inter-parliamentary Union　一八八九年設立の各国議会代表による国際組織。

8　Duke Kent（一九〇二―四二）ケント公ジョージ。ジョージ五世の四男。

第10章 リッベントロップ[1]独外相との会談（一九三九年八月十四日）

ヒトラーはイギリスに裏切られたと感じていた。

私はこれまでドイツ外相ヨアヒム・フォン・リッベントロップと会談したことを口外してこなかった。しかし、本書の出版を機にこの会談について述べてみたい。リッベントロップ外相と会ったのは、大戦の勃発する二週間前のことである。場所はザルツブルク（オーストリア）郊外の山荘であった。私は当時の記録を保存している。この機会に歴史の真実を知りたい読者にザルツブルクの山荘での出来事を話しておきたいと思う。

この会談は今からもう三十六年も前のことである。その内容を明かしたとしても国家間のいがみ合いの原因をつくるようなことにはなるまい。また、当時、誤解を呼ぶ多くの噂が飛び交っていたから、その間違いを正しておきたいという気持ちもある。

誰もが知っていることだが、リッベントロップはニュルンベルク裁判で絞首刑になっている。私がリッベントロップと会うことになったのは、外務大臣だった彼から招待があったからである。私が列国議会同盟会議に参加するアメリカ議会代表団の団長であったことが招待の理由である。列国会議は一九三九年八月十五日から十九日までの日程で、オスロで開かれることになっていた。リッベントロップ外相とはオスロへの途次に会うことになった。

アメリカ議員団は二十四人の下院議員と四人の上院議員で構成されていた。上院議員の中にはセオドア・フランシス・グリーン議員[2]とアレキサンダー・ワイリー議員[3]がいた。ワイリー議員は後に上院外交問題委員会の委員長に就任した人物である。長年にわたって、民主党上院議員のアルベン・バークレイ[4]が列国議会同盟会議のアメリカ議会代表団の団長を務めていた。彼は後に（トルーマン政権で）副大統領になった人物である。一九三九年の前半は、アメリカがヨーロッパの戦争に巻き込まれるかもしれないとの不安が渦巻き、ルーズベルト大統領が直接的あるいは間接的に介入を実施するかもしれないと人々が疑心暗鬼になっていた時期である。議会の大勢は党派にかかわらず、わが国が攻撃されない限り非介入であるべきだとの意見であった。

私は下院外交問題委員会の共和党幹部の一人として非介入の立場を明確にしていたから、私の立場は誰にも知られていた。（それにもかかわらず）複数の私の友人議員から列国議会同盟会議の議員団長を引き受ける気持ちがあるかと尋ねられた。私は受ける意思があることを伝えたが、バークレイ議員にとても勝てるはずはないと思っていた。ところが、驚いたことに、私が推挙されたのである。全体票は二対一の割合で私を支持するものであった。

議員仲間はバークレイ議員が再選されると考えていた。バークレイ議員にとっても驚く結果だったに違いない。彼は列国議会同盟会議については長きにわたって仕切ってきたという自負があった。ただその進め方にはワンマン的なところがあった。

同盟会議出席に必要な予算は議会から一万ドルが認められていた。バークレイ議員はこの予算で、上院議員を七、八名、下院議員を二、三名選んでいた。そのほとんどは民主党の議員だった。私が団長に選任されたこと自体画期的なことであったので、私はアメリカ議会に割り当てられた最大の出席数の二十八を満たそうと考えた。下院から二十四名、上院から四名の代表を選出することにした。民主・共和両党の配分は均等にし、一人当たりにかける予算を五百ドルとした。予算配分できない分については個人負担とした。ところがバーナード・バルーク氏[5]が、三千ドルの資金提供を申し出てくれ、議員個人の負担はほとんどなくなった。アメリカが定員一杯の二十八名を同盟会議に出席させたのはこの年が初めてであった。党派を均等にしたのも最初であった。

ザルツブルクの山荘におけるリッベントロップ外相との会談では、私自身がアメリカの非介入を主張していたし、緊張するヨーロッパのパワーバランスを何とか維持させたいと考えていただけに、戦争の愚を彼に訴えた。一度戦争になれば、そこには勝者も敗者もない。国民の生命は失われ、国土は破滅的状況になると力説した。この程度のことは占い師に聞かなくてもわかることであった。

FDRは、私がこの議員団の団長に選ばれたことを苦々しく思っているらしいと人づてに聞いた。もちろん彼は私たち議員団に何の支援もしてくれなかった。オスロでの会議では、ダンツィヒ問題は平和的手段で解決されるべきだと主張した。このことにもFDRは不快感を示していたらしかった。

一九三九年七月、議会が閉会となったので、私はまずアイルランドに船で向かった。ダブリンではデ・ヴァレラ大統領[6]と会談することができた。彼は長身で知性的な人物であり、思ったことをはっきりと口にした。仮にイギリスが戦争という事態になれば、アイルランドは中立を守る。ただし、食料などの対英輸出は継続する。それが彼の率直な意見であった。

ダブリンからは飛行機を使ってロンドンに向かった。ハリファックス外相[7]との会談が予定されていた。彼は後に駐米大使となる人物である。彼も、背が高く魅力ある紳士で、かつ老練な政治家（statesman）であった。ちょっとアブラハム・リンカーン大統領に似ていた。彼は対独戦争に反対であった。そうはっきりと口にしていた。

彼は、ナチスドイツが兵力三十万を上限とすることを提案していたことまで明かしてくれた。フランスも同様の上限をつけることが条件であった。ハリファックス外相は、このナチスの提案をフランスが拒否したことを嘆いていた。私と同様、もう一度戦争が起これぱヨーロッパは破滅的な状況になってしまうと恐れていた。とにかく戦争にならないよう、あらゆる建設的なアイデアを出すべきだと考えていた。

ハリファックス外相との会見を済ませると、私はパリに向かった。私の妻と息子は直接フランスに船で向かい、パリで私を待っていたのである。パリではジョルジュ・ボネ外相と会見の約束ができていた。彼は才能も経験も豊かな政治家であったが敗北主義的な考えを持っていた。対独戦争は避けられず、数週間以内にそれが勃発するのではないかと危惧していた。彼はフランスがドイツと戦うことを望んではいなかった。私は、アメリカとイギリスがフランスに対して対独強硬姿勢をとるように圧力をかけていることを知っていた。ボネ外相は防衛力が不足していることを自覚していた。航空機も戦車も全く足りなかった。

私は空軍大臣ギ・ラ・シャンブル[8]とも会う機会があった。ブリット駐仏大使がささやかな歓迎の晩餐会を私のために開いてくれたのだが、そこにシャンブル空軍大臣が招待されていた。晩餐会が催されたのは、ブリット大使が使っているパリ郊外のシャンティイ[9]にあるシャトーであった。シャンブル大臣は当時まだ三十七歳の若さであったが、第一次世界大戦に従軍し、勲章を授与されていた。彼の立場はドイツのゲーリングと同じようなものであった。

シャンブルは、フランス空軍を再編成し、フランス防衛の要にしようとしていた。対独戦争の始まりがあと一年でも遅れていれば、彼の構想は成就していたかもしれなかった。私は晩餐会の後、一時間にわたって、彼と意見交換をした。シャンブルの言葉遣いは穏やかだったが、対独戦争は八月二十四日までには始まるとはっきりと予期していた。彼はその準備にできることはすべてやる覚悟であった。私は、近代戦争では勝者も苦しむことになる、対独交渉を続け、何とかドイツとの間で平和的妥協案を探るべきだと反論した。

私はシャンブル大臣に、ドイツ外相リッベントロップと数日後に面会の予定があることを伝え、大臣との会話の内容は内密なものであるか否かを確認した。彼はきっぱり（most emphatically）と「秘密でも何でもない」と答えたのである。この時点で、フランス側は、ドイツの空軍力を侮っているのではないかと私は心配になった。私の危惧はその後の歴史が示すように正しかった。

私がリッベントロップ外相に会うことが決まったのは、パリ滞在中のことであった。家族と共にパリ市内のロブランホテル（Roblin Hotel）に滞在しているときに、旧友のザレット君から電話が入った。リッベントロップ外相と会う気はないかというのである。私はノルウェーでの列国議会同盟会議への途次に喜んでお会いしたいと伝えた。

私には会ってはならない理由が見つからなかった。むしろアメリカ議会の代表として、ドイツ政府の考え方を積極的に聞くチャンスだと考えた。ヨーロッパの、いや世界の和平の問題に直結するドイツ政府の考え方を確かめる絶好の機会と考えたのである。

私はすでにロンドンではハリファックス英国外相と、パリではボネ仏外相、シャンブル空相と会見している。ドイツ外相との会見が問題になるはずもなかった。私は日程を考慮しながら、八月十四日にザルツブルクでの会見を提案した。オスロの会議は翌十五日に予定されていた。

ザルツブルクに向かう前に私はベルリンを訪問した。そこではドイツ外務省高官のリヒャルト・ザレット君が私を待っていてくれた。彼はハーバード大学の卒業生で私の知己であった。ドイツ外務省に案内され、リッベントロップ外相に次ぐ立場にいるワイツベッカー男爵と会うことができた。男爵は、私の記憶に間違いなければ海軍の経験があり、英語も流暢に話した。男爵はナチス党員ではなく、ポーランド侵攻についても懐疑的であった。彼の一人息子は数週間後に始まることになるそのポーランド侵攻作戦で戦死した。

八月十四日早朝に列車でベルリンを発ち、ザルツブルクまで列車の旅を続けた。ザレット君が案内についてくれた。ザルツブルク到着後に向かったのはチャーノ伯爵[10]（イタリア外相）が滞在しているホテルであった。そこで朝食をとっていると、リッベントロップ外相の秘書役であるハウエル大佐がやって来て、外相との面会時間の変更を打診してきた。チャーノ伯爵の突然の訪問で午後四時にずらしてほしいというものであった。

これには、私の身体に流れているオランダ人の血が騒いだのか、少しかっとして、正午発の列車でベルリンに戻らなければならないことを伝えた。私は翌早朝にオスロに向かわなければ列国議会同盟会議に間に合わないのである。私はアメリカ議員団団長として開会式にはどうしても出席しなくてはならなかった。私には九時の開会式に続いて、十時には幹部級代表との顔合わせ、十時半にはノルウェー国王との謁見が予定されていた。どうしてもオスロには予定どおりに入らなければならない事情があったのである。しばらくして大佐がリッベントロップ外相のメッセージを持って戻ってきた。オスロまで飛行機を用意するので、翌朝九時の開会式には必ず間に合うようにするというものであった。私は四時の会見に同意した。

この当時、わが国はドイツから大使を引き揚げていた（訳注：ナチスのユダヤ人迫害に抗議してFDRはヒュー・ウィルソン駐独大使を召還した〈一九三八年十一月十五日〉）。私はFDRが外交関係を絶ってしまったことは大きな失敗だと思っている。大使不在の状況をカバーしたのはアレキサンダー・カーク代理公使であった。彼は有能な外交官であったが、ヒトラーにもリッベントロップ外相にも会うことはできなかった。駐独大使はそのまま駐在させるべきであった。わが国の外交的影響力を行使する術を残しておくべきであった。

面会時間の変更で思いがけず四時間の自由時間ができた。ザルツブルクはヨーロッパでも最も美しい都市の一つである。街中(まちなか)からは丘に聳(そび)える古城を望むことができた。市民の服装は古めかしさを感じさせるものであった。女性は明るい赤と青が基調の農民風の衣装をまとい、男性は革のズボンで、頭にはグリーンか黒のアルパインハットをかぶっていた。

三時半にホテルに迎えの車がやって来た。リッベントロップ外相の待つ山荘までは田舎道を抜け、丘を越えるおよそ七マイル(十一キロメートル)の行程であった。外相の山荘はフッシェル湖を見渡せる丘の上に立っていた。この建物は、もともとはザルツブルクのカソリック枢機卿が(十五世紀に)作った狩猟用の山小屋であった。外相との会見は以下のようなものであった。当時のメモと記憶を頼りにして、できるだけ正確に書き出したつもりである。

外相は私を実に丁重に歓迎してくれた。私は彼の若さに驚いた。四十五歳の彼はハンサムな男だった。ほとんどの人はドイツ外相であるこの人物を悪魔のような男と想像しているに違いない。しかし実物のリッベントロップは、まったく違った。上品で礼儀正しく(gracious)、魅力ある(charming)紳士だった。英語も流暢であった。

彼はアメリカとカナダで六年間働いたことがあるらしい。中西部での鉄道建設請負の仕事だと言っていたように思う。

いずれにせよ彼の英語は申し分なく、選ばれる単語も適切で、表現法もしっかりとしたものだった。私は政治家として二十年以上のキャリアがあるが、彼ほどリラックスして率直に話す政治家には会ったことはなかった。私たちは、湖を見下ろすポーチに腰をかけ語り合った。湖を囲む山の峰の向こうに雲が流れていたことを思い出す。

私が各国の外務大臣との面会を望んだのは、ヨーロッパの最新情報を得たかったからである。ヨーロッパの生の事情を理解して、和平維持のためにはどうしたらよいか考えたかった。私のもう一つの目的は、ヨーロッパ各地で発生している難民の受け入れ先について各国外相と協議したかった。英国、フランスが北アフリカに持つ領土のどこかに彼らの行き先を見つけることができないかと考えていた。アメリカの篤志家から拠出される資金が利用できるからだ。

ロンドンではマクドナルド植民地相[11]と会い、大臣も前向きに検討すると約束してくれていた。パリではマンデル植民地相と会った。彼は知的でそして強烈な愛国者であった。彼は私の考えに大賛成だった。早速、北および西アフリカのトップクラスの総督三名をパリに呼び、私とのミーティングを九月一日にセットしてくれた。そこで適当な土地の選択に当たらせたいというのだ。わが国の大口の資金提供者は前述のバー

リッベントロップ外相の山荘、現在はホテル（Hotel Schloss Fuschl）となっている

ナード・バルーク氏だった。彼は設立資金募集の作業に当たることを私に約束してくれていた。もちろん読者も知るとおり、パリでの打ち合わせが約束された九月一日にドイツがポーランドに侵攻した。マンデル大臣は、その後のドイツとの戦いで戦死した。私の計画は日の目を見ることはなかった。

リッベントロップ外相との会談を通じて、私に何かできることはないかと懸命に考えていた。外相を説得しドイツに和平の道を探らせられないか、オスロの会議を通じて何か和平へのアピールができないか。そのことばかりを考えていた。しかしそれは不可能なことだと思われた。外相はヒトラー総統の考えを説明した。総統は、イギリスがドイツを囲い込んでいることに憤っていた。イギリスのやり方は挑発的という表現はもはや相応しくない。戦争行為そのものであるというのだ。囲い込みとは、イギリスが、ドイツ・ポーランド国境の現行の国境線（ダンツィヒ自由都市およびポーランド回廊）を変更することを認めず、ポーランド支持に回っていることを指していた。

リッベントロップ外相は、ポーランドのベック外相[12]との間で、ダンツィヒ自由都市のドイツへの返還およびポーランド回廊の扱いについては、実質的合意ができていたと説明した。この合意を破壊したのは（一九三九年四月から始まった）イギリスのドイツ囲い込み政策である。その政策を受けてポーランドはわが国との交渉を拒否したのである。この結果、ベック外相は力を失い、イギリスとフランスからの支援を確信している軍部が強硬姿勢に転じた。その態度にドイツはもはや我慢できなくなったのである。ダンツィヒの返還と、ポーランド国内のドイツ民族の保護。これは絶対に譲れない条件である。

このようにリッベントロップ外相は語ると、ポーランドとの戦争は二週間以内に始まると述べた。私は「フランスは八月二十四日以降、いつ戦争になってもおかしくないと考えている」と返した。これに対して外相は「ダンツィヒの返還について合意できなければ、もっと早い時期に戦いは始まる」と分析してみせた。ドイツはイギリスがどのような嫌がらせ（囲い込み政策）を仕掛けたとしても、絶対に引かない。それがドイツの固い意志であると私に断言した。

　私は三十日間程度のモラトリアムを実現し、その間に仲裁調停がどこかでできないかと提案したかった。しかし（彼の厳しい口調を前にして）そうしたことを口に出すこともできなかった。彼は、ポーランド国内のドイツ民族に対するポーランド政府による迫害の具体的な事例を説明した。もちろんそのほとんどがプロパガンダに違いないとは考えていたものの、彼が示した事例の一つはポーランドによる断種政策であった。ポーランド内のドイツ人の男の子六人が去勢手術を強制されたというのだ。

「このことを公にしていないのは、もしそうすると、たちまちドイツ国内に復讐心が燃え上がるからだ」

　外相はこれに続けて、ドイツ国民はポーランドとの戦いを喜ぶはずだと述べた。ポーランドに侵攻すれば、ポーランドからソビエトの恐怖を取り除くことができるし、われわれが取ろうとしている土地はベルサイユ条約でドイツから奪ったものであり、ポーランドにとってもたいしたことはないとドイツ国民は考えていると分析してみせたのである。

「ドイツ陸軍の準備は整っている。このままポーランドとのごたごたが続けば戦いは不可避である。わが機甲軍団はポーランドを二週間以内に席捲するだろう」

　私が「二ヵ月の間違いではないか」と返すと、彼は「二週間で間違いない。われわれはポーランド国内のすべての道を熟知している。先の大戦で、ポーランドの地形も彼らの性格も完全に把握している。ポーランドの道路は未舗装の悪路だが、そんなことでわが軍の進撃が遅れることはない」と自信を見せた。

リッベントロップ外相はヒトラーを総統と呼んでいた。総統は、イギリスに対しては人種的な同質性や大英帝国の安定した力を評価し敬意を払っているとのことだった。（その意を受けて）外相は、総統からの提案を持って、二十回以上もロンドンを訪問したらしい。その提案は相当に友好的なものだったらしい。彼には駐英大使の経験があった。外相はドイツがその陸軍力を三十万に制限し、海軍力も対英三分の一にするという提示を出したことを語った。総統はドイツと英国両国の協力が、世界平和のキーになると訴え、もし大英帝国が軍事力を必要とする場面があったら、それが世界のどこであっても、陸軍の十五師団と海軍のすべてを使ってでも、イギリスを支援するとまで約束したとのことであった。

もちろん、その時点では外相の言葉を信じることはできなかった。しかしだいぶ後になってだが、それは本当らしいことがわかったのである。ヒトラー総統は、イギリスがドイツ囲い込み戦略を明らかにし、ダンツィヒを現状のままにすると主張するに及んで、イギリスに対して初めて敵意を持ったらしいのである。「総統は、ドイツは最後の一兵になっても、必ずイギリスを倒すと決心した」とまで外相は語った。私は、リッベントロップ外相の説明を聞きながら、ヒトラーのイギリスへの敵愾心は「袖にされた女性の怨み」と同じ類いの感情ではないかと思えた。

私には外相にどうしても確認したいことがあった。一九三九年四月、（ヒトラー総統は）ルーズベルト大統領の中立国の安全保障に関する提案に回答しているが、あの演説草稿の起草者が誰なのか知りたかったのである。[13]私は、それを書いたのはリッベントロップ外相であると考えていた。「神の摂理」に従うものだと自負するＦＤＲの提案に対して、一晩中寝ずにその返事を考えたのはヒトラー総統自身であったと外相は説明してくれた。私はそれにはいささか驚いた。

リッベントロップ外相は、フランスのボネ外相に宛てた親書についても語ってくれた。ドイツは「ジークフリート線[14]」を完成させており、フランスからの攻撃には難攻不落であること、しかし現状ではフランスとの間には何のいさかいもないこと、万一フランスがドイツを攻撃するようなことがあればフランスの犠牲は百万にもなるだろうこと、そのような事態が万一起こるようなことがあればその責任はすべてフランスにあること。それが親書の内容であったらしい。本当にこのような親書がフランス外相に送付されていたかどうかは、今後の歴史家の研究に待たねばならないだろう。

私は外相のこの説明に反駁したいことはあったが止めておいた。この会見の目的は彼と議論することではなかった。ただ、先の大戦でドイツは負けてはいないと外相が主張したときには反論せざるを得なかった。私自身が兵士として、あの戦争を戦った当事者であることを明らかにした上で、戦争末期のドイツ軍兵士には十六歳の少年兵や四十五歳を越えるような老年兵が多くいたことを自分の経験として外相に説明した。ドイツは、資源もマンパワーも限界にきていたし、ドイツ国内に革命が起こらなかったとしても、あと半年持ちこたえるのが精一杯だったとの私の考えを伝えた。これを聞いた外相はその後、この話題に触れることはなかった。

外相との会談はおよそ一時間半続いた。お茶とクッキーが用意され、打ち解けた雰囲気の中での会話であった。外相は、その日の夜に予定されているオペラ鑑賞に私を誘った。ヒトラー総統もやって来るので同席しないかということであった。オスロへは、飛行機を用意するので、翌朝九時までには必ず送り届けるとも約束してくれた。しかし私はこの誘いを断った。もちろん、オスロへの到着を絶対に遅らせることはできないこともその理由であったが、政治的な理由もあった（訳注：議会のリーダーが総統と会うことで対独宥和派のレッテルを貼られることを恐れた）。しかし、いま振り返ってみると、権力の絶頂期にあった政治家ヒトラーに会っておけばよかったなとも思う。

外相との会話を通じて、彼はイギリスに対して良い感情を持っていないことが感じられた。親英感情を見せていたヒトラー総統の態度とはまったく逆であった。彼はたしかに駐英大使を経験していた。しかし彼はイギリスの貴族政治に嫌悪感を抱いていたらしい。列強の一国であるドイツの大使ではあったが、貴族制のイギリスには、かつてシャンパンのセールスマンであったリッベントロップを見下すような空気があったようなのだ。彼の息子は（有名校である）ハーロー校にもイートン校にも入学が認められなかった。

リッベントロップは、このことをひどく恨んでいた。単純に父親としての立場からでも我慢できなかったらしい。駐英大使の立場を使ってその鬱憤を晴らしたというのである。歴史には、国家間のいがみ合い、時に戦争にまでエスカレートする対立が、このような個人の感情に起因していることは多々ある。外相の話を聞いて、彼の感情が国家間外交にまで影響を与えていることを残念に思った。個人の持つ悪感情が第二次大戦の原因の一つにもなった可能性がある。しかし一人息子を持つ父親がこのような感情を持つこと自体は理解できないこともない。

こうして私とリッベントロップ外相の会談は終わった。迎えの車が山荘にやって来て、約束どおり飛行場に連れて行ってくれた。私はオスロの列国議会同盟会議で、ポーランド問題の解決に三十日間のモラトリアム決議を提議した。ダンツィヒ帰属問題を第三者による仲裁に任せたいと訴えた。外相と別れてから三日後のことであった。しかし私の提案は否決された。リッベントロップ外相がスターリンと独ソ不可侵条約に調印したのはこの一週間後のことであった。

（ニュルンベルク裁判で）リッベントロップには絞首刑が宣告された。私にはなぜそのような判決になったのか理解できない。もしかしたら、一九三九年八月に、彼がスターリンおよびモロトフとの間で独ソ同盟を結んだことがその理由ではなかったかとも思っている。実は、そのころイギリスもフランスもソビエトと同じような同盟を結びたがっていたのだった。

あの裁判については多くの法律家が疑問を投げかけている。事後遡及的な性格（ex post facto）を問題視したのである。いずれにしろリッベントロップはニュルンベルク裁判で罪を背負わされた。彼は、ソビエトの共産主義者が行なった虐殺、つまり一万二千のポーランド軍士官捕虜の虐殺（訳注：カチンの森事件を指す。陸軍士官のほかに殺された警官や僧侶などを含めると二万人超が犠牲になった）や、ソビエト軍自身の三万八千の士官の粛清、数百万もの自国民の虐殺の事実を明らかに知っていたのである。

たしかに強制収容所等における無辜（むこ）の民の虐殺に直接加担したことの責任は免れない。しかし私は、彼ら自身のあずかり知らないところで起きた虐殺事件について、敵国の外務大臣あるいは陸海軍の高官に責任をとらせることの法的根拠を疑っている。タフト上院議員も私と同様の疑念を抱いている。彼らには責任があるとは思えない。ドイツ市街地の爆撃で十五万の民間人が死に、ドレスデンの街は廃墟となった。マーシャル将軍やアイゼンハワー将軍あるいはコーデル・ハル国務長官にこの責任を問えるのだろうか。広島と長崎に落とされた原子爆弾で十二万人の民間人が犠牲になった。トルーマン大統領やその側近の顧問にその罪を問えるのだろうか。もちろん、個人で犯した戦争犯罪については罪を問われても仕方がない。

ソビエトはドイツのポーランド侵攻の二週間後に、同地に侵攻した。そのソビエトがニュルンベルク裁判でドイツを裁いている。あの裁判が、真の意味での侵略戦争や戦争犯罪や民間人虐殺の責任を裁こうとするものであるなら、まさに茶番劇であり裁判の戯画化であった。

注

1 Joachim von Ribbentrop（一八九三―一九四六）ドイツ外務大臣（任期は一九三八年から四五年）。

2 Theodore Francis Greene（一八六七―一九六六）民主党上院議員（ロードアイランド州）。ロードアイランド州知事（任期は一九三三年から三七年）。

3 Alexander Wiley（一八八四―一九六七）共和党上院議員（ウィスコンシン州）。

4 Alben Berkley（一八七七―一九五六）民主党上院議員（ケンタッキー州）。トルーマン政権の副大統領（任期は一九四九年から五三年）。

5 Bernard Baruch（一八七〇―一九六五）第一次大戦時、戦時産業局長官として連合国支援に当たった。ニューヨーク金融界の大物。ＦＤＲ政権ではニューディール政策を支持した。

6 Eamon de Valera（一八八二―一九七五）ニューヨーク生まれの政治家。アイルランド初代大統領（任期は一九三七年から四八年）

7 Edward Wood, 1st Earl of Halifax（一八八一―一九五九）英国外務大臣（任期は一九三八年から四〇年）、駐米大使（任期は一九四〇年から四六年）。

8 Guy La Chambre（一八九八―一九七五）フランスの空軍大臣（任期は一九三八年から四〇年）。

9 Chantilly パリの北方およそ四十キロメートルにある町。

10 Count Gian Galeazzo Ciano（一九〇三―四四）イタリア外相（任期は一九三六年から四三年）。

11 Malcolm MacDonald（一九〇一―八一）イギリス植民地相（任期は一九三八年から四〇年）。

12 Józef Beck（一八九四―一九四四）ポーランド外相（任期は一九三二年から三九年）。

13 ヒトラーがＦＤＲの提案に対してドイツ議会で回答したのは、一九三九年四月二十八日のことである。

14 Siegfried Line ドイツが対フランス防衛のために一九三〇年代後半に完成させた要塞線。総延長はスイス国境付近からベルギー国境までのおよそ六百三十キロメートルに及ぶ。

第11章　列国議会同盟会議（オスロ）

外交的妥協を促した最後の試みは失敗した。

リッベントロップ外相が私のために用意してくれたのは軍用機ではなく十六人乗りの民間機であった。パイロットは二人で、助士が一人いた。ミュンヘン会議に出席したチェンバレン首相を運んだあの有名な小型機でなかったのは残念だった。ドイツ外務省のザレット君がベルリンまでアテンドしてくれた。もちろん私たちのほかに乗客はいなかった。

ザルツブルク空港を離陸したのは七時少し前であった。ちょうど太陽が山の向こうに沈んでいくところであった。一時間ほどオーストリアアルプスやババリア（バイエルン）の山並みを見下ろしながら飛行したがそれは見事な光景であった。しかしチェコスロバキア上空までさしかかると日はすっかり落ち、暗闇の中の飛行となった。ベルリン到着は夜十時。そこでコペンハーゲン行きの飛行機に乗り換えた。ザレット君とはベルリンで別れた。コペンハーゲンの空港に着陸したのは午前零時であった。

オスロ行きの飛行機は早朝六時に離陸した。眼下には数々の小島が見えた。リッベントロップ外相の約束どおり、オスロには九時きっかりに到着した。会議場に入ったのはこの一時間後であったが、そこには記者たちが私を待ち構えていた。彼らはリッベントロップとの会談の内容を知りたがっていた。私は会談内容の詳細は語らなかったが、オスロには彼の用意した飛行機でやって来たことと、戦いは八月二十四日から九月一日の間に始まる可能性が高いことを述べておいた。情報源はフランスおよびドイツの上層部であるとも付言した。

私の発言は本国にたちまち伝わった。これを受けたメディアの論調はひどいものだった。私を人騒がせな人物であると決めつけて非難した。私は外交のことは何も知らない素人ということにされてしまった。私が二十年以上にわたって下院外交問題委員会のメンバーである事実などは忘れたかのような個人攻撃であった。戦争は私の言葉どおり、二週間後に勃発した。もちろん私に対する謝罪はメディアからは一切なかった。公人に対するメディアの態度はいつもそのようなものであった。

各国代表の公式レセプションを用意してくれたのはホーコン七世[1]であった。およそ三百人の代表と外交関係者を王宮で歓迎してくれた。そこには王子（訳注：後のオーラヴ五世）をはじめとしたノルウェー王室のメンバーの顔があった。王室関係者がナチスドイツの侵攻にあい、オスロの地を離れざるを得なくなるのはこの日からわずか七ヵ月後のことであった。

レセプション会場は王宮内の舞踏ホールであった。広々として壮麗な会場で、他国の代表らと話し込んでいると、侍従がやって来て、国王が私と話したいとおっしゃっていると伝えてくれた。国王が、会場の中央付近にあるマントルピースの前で一人たたずんでいるのが見えた。顔立ちの整った知性を感じさせる紳士であった。背も高かった。近づいた私を丁寧に迎えてくれた。国王の関心は私とリッベントロップ外相との会談内容であった。国王は完璧な英語で私にそれを尋ねたのである。

ドイツが、フランスやベルギーやノルウェーに侵攻するか。そのことについてリッベントロップ外相が何を語ったか。それは国王の、そしてここに集まった代表団の最大の関心事であった。私はリッベントロップ外相の語ったことを伝えた。ダンツィヒの奪還ができればドイツは満足であること。それがあの不正義極まりないベルサイユ条約体制からの原状回復の最終作業であること。ダンツィヒをドイツ領とできれば、西側に向けての領土的野心はないこと。それがドイツの意思であることを国王に伝えた。また外相は、ドイツが西側に設置した防衛線（ジークフリート線）は鉄壁であると話したことも伝えた。

私は、リッベントロップ外相がこの事実を強調したことは、ドイツは西部方面では（防衛に徹し）侵攻する意思はないことを暗示していると考えていた。私は、ドイツはフランスやベルギーへの侵攻は考えてはいなかったと思っている。実際ドイツがこの二国への攻撃を開始したのはポーランド侵攻後七、八ヵ月も経ってからのことであった。

国王は、イギリスやフランス外相の考えも私から聞きだそうとした。彼らが戦争の開始時期をいつごろに想定しているか知りたかったようだ。「三十日間のモラトリアムを実施し、その間にダンツィヒ問題を仲裁で解決すべき」とする私の提案にも興味を示した。熱心に私の話に国王は聞き入っていたが、周りの雰囲気が気まずい状況になっていることを教えなければならなかった。国王との会話を始めてから十五分も経ったころであろうか、代表団の他のメンバーも国王と話をしたくてうずうずしていることに気づいた。しかし国王はそんなことは気にも留めず私との会話を続けた。彼は、戦争と平和に関わる外交の本質を理解していたし、情報通でもあった。私が国王に伝えた内容はこの章に書いてあるとおりである。ようやく国王が私を解放してくれたころには、周囲の冷たい目が私に向けられ、いつまで国王を独占するのだとの非難が聞こえてくるようだった。

列国議会同盟会議が始まると同時に私はダンツィヒ問題の三十日間棚上げ（モラトリアム）決議案を提出した。英国、フランス、ドイツ、イタリアの四ヵ国に対して、仲裁、調停といった武力によらない方法によってこの問題の妥協案を見出すべきであると訴えた。それは列国議会同盟の設立趣旨に沿う提案でもあった。私の同盟会議でのスピーチは、私自身の長い政治家のキャリアを通じても、重要でかつドラマチックなものであったと思っている。ダンツィヒ問題で完全に暗礁に乗り上げたヨーロッパ外交を仲裁によって何とか解決させたい。和平を維持させたい。そうした思いで私は訴えた。そうしなければ二週間以内に、再び血みどろの破滅的な戦いがヨーロッパで始まってしまうのである。

私のスピーチの内容は以下のとおりである。これは『ワールドアフェアー』誌（一九三九年十二月号）に掲載されたものの転載である。

「われわれは議会制国家の代表としてここに集まっている。結社の自由が保障され、その中で和平を維持することの崇高さを知っている世界の代表である。民主政治、民族自治が今ほど重要であると感じさせる場面はなかった。台頭した独裁政治は右から始まったものもあれば左から始まったものもある。独裁政治に対してのわれわれの使命は民主政治、民族自治がどれほど大事であるかを訴え続けることである。われわれが代表する国々を民主主義国家として健全に機能させ、秩序を維持することがことのほか重要である。議会制国家こそが独裁国家の下で苦しむ人々の希望なのである。結社の自由、言論の自由、個人の尊厳、経済活動に

おける正義。自由な個人はけっしてその実現を諦めてはならない」

「ヨーロッパで新たな戦いが始まるかもしれないと認めざるを得ない状況にわれわれはある。実に残念なことである。このままダンツィヒ帰属紛争に代表されるポーランド問題を放置すれば、何らかの小さな事件をきっかけに世界大戦にまで発展してしまうだろう。この会議を通じて、関係国から、この問題に関わる有効なスピーチの数々を聞くことができたことは幸いであった」

「私自身、先の大戦で戦った経験がある。私の所属する部隊は、グーロー将軍[2]指揮下のフランス陸軍第四軍に属していた。戦いを経験した軍人として、戦争を忌避すると宣言すると同時に、和平希求の声を上げることに何のためらいもない。私は和平へのドアはすでに閉ざされているとか、もはや外交交渉は何の意味もないと諦めるような敗北主義には与(くみ)しない。戦争回避の強い意志さえあれば、必ずや平和的解決の道が開けると信じてやまない」

「われわれ代表団には、和平の道を探らせる強制力はない。それでも、代表それぞれが自国政府に対してそのような道を進むように圧力をかけることだけはできる。それこそが神がわれわれに課した聖なる義務である。われわれが持つ倫理的なそして政治的な影響力を駆使して、仲裁（arbitration）、調停（mediation）あるいは当事国の和解（conciliation）を実現させたい。平和的解決の道をなんとか探らせる努力を続けなければならない。私たちに課せられた責務を放棄してはならない」

「もう戦争は避けられないと諦めるような敗北主義者になってはならない。そのような振る舞いは、（ローマ帝国のユダヤ州長官であった）ポンティウス・ピラトゥスが[3]（キリストの無罪を知りながら）キリストの磔刑（たっけい）に加担した態度と同じく、許されるものではない。私はバチカンを含む世界の指導者に対して、三十日間のモラトリアムを要求する。ポーランドをめぐる争いは、放っておいたら必ずやヨーロッパを戦禍に巻き込んでしまう。平和的解決の糸口を求めて、あらゆる可能性を探らなければならない時である」

「われわれが今行動を起こさなければ、和平を探る戦いは『不戦敗』という情けないことになってしまう。関係国の交渉は完全に行き詰まっている。戦争しか打開策はないように見える。交渉の当事者は緊張の連続で疲れきっている。緊張の糸がいつ切れてもおかしくない状況である。この会議が、リーダーシップを発揮することができれば、ヨーロッパだけでなく世界中の平和を願う人々から感謝されるに違いないのである」

私はスピーチの最後をフランス語で締めくくった。

「A bas la guerre, Vivent le démocratie et la paix（戦争は最低、民主主義と平和に万歳！）」

演説が終わった後、拍手と歓声がいつまでも続いたのを覚えている。列国議会同盟には二十五ヵ国の代表が出席していた。そのほとんどが私の演説に賛同してくれた。フランス代表団のリーダーからも賛成であると聞かされたが、結局、彼らは最後の場面で反対に回った。イギリスとノルウェーも結局反対に回った。その理由は彼らにしかわからない。しかし、私は今でもなお、この三国の背中にひそかに短刀を押し付けるかのように、強硬な態度をとれと脅していたのはルーズベルト大統領であったと疑っている。私は後に信頼できる筋から、イタリアのムッソリーニが、私の三十日間モラトリアムの提案に賛意を示していたと聞かされた。

私はモラトリアム決議案を無理やりに可決させようとは思わなかった。スピーチの中で述べた関係国の一国でも反対すれば詮ないことだと思ったからである。演台に立って私の提案に明確に反論したのはノルウェーのハンブロ（Hambro）氏だけであった。彼のスピーチはイギリスの意向を反映したものだった。決議案反対の意見には仕方がないと諦めたが、彼が、アメリカはこれまでヨーロッパの問題に何の支援もしたことがないと発言したことについては、ひと言言っておかなければならないと感じた。

この発言の翌日、各国からメンバー二人を出しての幹部会議が開かれた。この会議で私は決議案を撤回すると発言した。その理由は、全会一致でなければ効果がないこと、そしてなによりもイギリスが賛成しないことにはどうにもならないことであった。その上で、幹部会議議長（元ベルギー外相）に、先の大戦でわが国がベルギーに積極的な食糧支援をしたことを忘れてはならないと念を押した。食糧援助は前大統領ハーバート・フーバーが中心となって実施したものであった。議長は、すっくと立ち上がって、当時あれほどの人道的支援を見せた国はアメリカのほかにない、とはっきりと述べたのであった。

私はポーランド代表に向かって、大戦後になされたわが国からの食糧支援について確認した。ポーランド代表も議長に続いてわが国からの援助に感謝した。幹部会議にはハンブロ氏も参加していた。このやりとりを見て、彼は会議場からそっと姿を消したのである。

最終的に決議案は（形式的に）採択されることになった。しかしそれは毒にも薬にもならない単なる紙切れに等しかった。ただ平和の重要性を訴えるだけで、戦争を始めようとする勢力の動きを牽制するには、あまりにも無力な決議案であった。そしてこの二週間後に老若男女数百万の命を奪う戦いが勃発してしまったのである。

「ｉｆ（もしも）」を語ることは空しいが、モラトリアムを実現できなかったことは返すがえすも残念である。そうなっていれば、ヒトラーやムッソリーニも、二十五の民主主義国家の意思に反する決断を迫られることになったはずだ。ダンツィヒ問題を平和的に解決せよと訴える国際世論を無視することは彼らにとっても簡単なことではなかったろうし、また不名誉なことになるはずであった。私がアメリカに帰国するころには、フィンランド、ハンガリー、リトアニア、エストニアそしてラトビアの外務大臣から嘆きの手紙が届いた。列国議会同盟が私の三十日モラトリアム決議を採択しなかったことを恨むものばかりであった。もちろん私の決議案が採択されていたとしても、戦争の始まりを一ヵ月かあるいは一年程度先延ばしにできただけかもしれない。しかし、あの戦争を全面的に回避できた可能性があったこともまた否定はできない。ヨーロッパが廃墟になることも、共産主義が東ヨーロッパあるいはヨーロッパ中央まで席捲することも避け得たかもしれないのである。

さらに言えば、一九四〇年から始まったホロコーストもなかった可能性もあるし、戦いはナチスと共産主義者の間で繰り広げられていたかもしれない。そうなっていればヨーロッパの人々もわれわれアメリカ人も、ラジオから流れる独裁者同士の戦いの模様を伝えるニュースを静かに聞いているだけでよかったかもしれないのだ。

一九三九年九月一日、ドイツ陸軍はポーランドに侵攻した。フランスが対独宣戦布告したのはその二日後であった。私がパリで語り合った難民移住計画も泡の如く消えた。九月二日、私はロンドンに戻り、前日にパリから移動していた家族と再会した。

チェンバレン首相の議会での対独宣戦布告演説を聞いたのはこの翌日である。こうして戦いの火蓋が切って落とされてしまった。和平交渉の灯は消えた。流した血と汗と死だけがこのいがみ合いの勝利者を決めるのである。

私は第二次大戦前に何があったかを読者に伝えたい。その上で、わが国は現在の世界の状況に無関心でいてはならないと訴えたい。今のアメリカには、強力な軍事力による影響力を背景とした積極外交が求められる。ただし、核戦争に巻き込まれるようなことになってはならない。自衛のためだけに核兵器は存在する。アメリカは絶対に第三次世界大戦を引き起こすような事態を生みだしてはならない。文明社会の破滅をもたらしてはならない。核戦争は戦う者の双方を確実に死に至らしめる。和平の維持。それをわが国の恒久的な外交方針にしなくてはならない。

リンカーン大統領は次のような言葉を残している。

「声を上げるべきときに沈黙することは卑怯である」

核の時代にあって、この言葉はますます重みを増している。わが国民は議会に対して物言う権利を有している。その権利は憲法で保障されている。憲法は、議会だけが（大統領府の）宣戦布告なき軍事介入、つまりわが国にとって不必要な戦いを止める権能を持っていると規定する。戦争を直視することは辛いことではある。しかしこれから十年のうちに、ソビエトロシアと共産中国は角突き合わせることになろう。そうなっても、その戦争はわが国にとって何の関係もないものである。（けっして介入してはならない。）

私は今でも確信している。一九三九年八月十七日に、三十日間のモラトリアムを要求する決議案が列国議会同盟会議で採択され、強い意志をもってイギリス、フランス、ドイツあるいはイタリアに突きつけることができていれば、ダンツィヒ問題は外交交渉で妥協できたはずだと。そうなっていたら、ドイツがソビエトと不可侵条約を結ぶこともなく、両国によるポーランド分割もなかったはずだと。ドイツが西方にその牙を向けることはなく、イギリス、フランスと戦うこともなかったのではないか。私はそう信じている。

私の提案にイギリス（代表団）は乗り気ではなかった。私はそういう態度をイギリスがとらざるを得なかったのはルーズベルトの工作があったゆえと疑っている。モラトリアムを実現すべきだとの決議案が否決された。その一週間後に独ソ不可侵条約が締結された（訳注：締結は八月二十三日）。不可侵条約は、ドイツがそれまでとってきた反共の外交姿勢を百八十度転換させるものであった。

スターリンとの手打ちをすませると、ヒトラーはたちまちドイツ陸軍に動員命令を下した。この動きにイギリスもフランスもベルギーも驚愕した。ヒトラーのポーランド侵攻をバチカン（ローマ法王）も、そしてムッソリーニさえも思いとどまらせようとしていた。ムッソリーニを筆頭とした抗議の姿勢に、ヒトラーはいったん動員命令を撤回した。その条件は、ダンツィヒ帰属問題についてはドイツとポーランドの二国間直接交渉を認めよということだった。（ヒトラーは他国の干渉を排除して妥協の道を探っていたのである。）

このときになってようやくイギリスは態度を変えた。チェンバレン首相、ハリファックス外相、あるいはネヴィル・ヘンダーソン駐ベルリン大使も、ダンツィヒ問題を外交交渉で解決するべきだと訴えたのである。この態度はわずか一週間前にオスロで見せたイギリス議員団の態度とまるで違うものだった。このイギリスの主張をフランスのダラディエ首相、ボネ外相、さらにはローマ法王、ベルギー国王が支持した。最後の最後になってルーズベルトまでが（アリバイづくりのように）これに同調した。

しかしポーランド政府にとって時すでに遅かった。彼らには、ポーランドの中立を守るというイギリスからの支援の約束があるだけだった。ポーランドはその約束を唯一の頼りにして、ドイツとの直接交渉を忌避した。各国の対独交渉の勧めを聞き入れなかった。私は、オスロでのモラトリアム決議案にイギリスが賛成しなかったことが残念でならない。そうしてくれていたら、ドイツとポーランドの間に何らかの妥協が成立していたと信じている。それによって、（ドイツの悲願であった）ベルサイユ体制の打破が完成していたはずである。ドイツがそれを実現させていれば、東に向かえたのである。イギリス、フランスと戦火を交えることにはならなかったのである。ヨーロッパはダンツィヒ帰属問題で大戦の惨禍に見舞われることになった。数百万のヨーロッパ人と、戦場に向かったアメリカ軍兵士の血が流されることになった。私はあの戦いは誰も望まなかった（unwanted）、無用な（unnecessary）戦争であったと信じて疑わない。

注

1　Haakon VII（一八七二―一九五七）一九〇五年に即位。大戦中はイギリスに亡命し、ナチスドイツに抵抗した。

2　Henri Gouraud（一八六七―一九四六）陸軍大将。

3　Pontius Pilatus（生没年不詳）ローマ帝国ユダヤ州第五代総督。任期は西暦二六年から三六年。

第12章 ダンツィヒ帰属問題

ダンツィヒ帰属問題の外交的妥協は可能だった。

この章ではダンツィヒ帰属問題に絞って検討したい。この問題こそが第二次世界大戦の直接の引き金になっただけに、入念な分析が必要である。かいつまんで説明するようなことはできないし、単純に説明してしまうことは許されない問題でもある。多くの政治家が、この問題で戦争が起きてはならないと行動してきた。「あの大戦は何だったのか」の研究には避けて通ることができない重要な問題なのである。

ウィリアム・L・シャイラーは一九六〇年に大著『第三帝国の興亡（*The Rise and Fall of the Third Reich*）』を上梓した。その中で、五〇ページ以上にわたってダンツィヒ帰属問題をめぐる外交駆け引きの模様を描写している。最悪の事態を避けようとしたドイツ、イギリス、フランスの大国だけでなく、ローマ法王、ムッソリーニ、ベルギー国王らの外交駆け引きが描かれている。最後の最後になってルーズベルトがその動きに参加したことも語られている。

この駆け引きの主要人物のほぼすべてが、ポーランドがドイツとの直接交渉を始めてほしいと望んでいたことがわかる。直接交渉の障害となったのはポーランドの外務大臣ユゼフ・ベックの態度であった。彼はドイツの考え方（主張）を理解していた。ところが、イギリスがポーランドに対する軍事支援を約束したことで、その態度を百八十度変えたのである。

（国際連盟の保護下にあった）自由都市ダンツィヒの人口の九〇パーセント（訳注：正確には九五パーセント）がドイツ民族であり、民族自決の原則に則って、ドイツ帝国への帰属を望んでいた。ドイツがチェコスロバキアに対して行なった強圧的な併合のやり方は非情なものであり、けっして弁護できるものではない。しかしダンツィヒは違った。ナチスドイツが、（飛び地となった）ダンツィヒと（そこにつながる）ポーランド回廊の原状回復を求めてポーランドとの交渉を求めた動機は十分に理解できた。少なくともイギリスとフランスは、この問題を第二次世界大戦のきっかけにさせるようなことがあってはならなかった。

それでは、ナチスドイツとポーランドとの直接交渉を妨げた要因は何であったか。（ダンツィヒをめぐる争いがヒートアップしてきた時期になると）イギリスもフランスも、ポーランドに対して全権を与えた代表団を組織して、ドイツとの間で平和的解決の道を探るよう勧めている。しかしその一方で、仮にドイツがポーランドに侵攻したら、対独宣戦布告も辞さないと広言していた。ただしチェンバレン首相は、本音のところでは、なんとしても武力衝突を回避したかった。ケネディ米駐英大使を通じて、FDRにその影響力を行使してほしいとも伝えていた。

ヒトラーもチェンバレン首相と同じ思いであった。英仏との戦いになることは避けたかったのである。そのヒトラーもポーランドの頑な姿勢に立ち往生していた。絶対にドイツの要求には屈しない。直接交渉のための全権代表団も用意しない。それがポーランドの態度であった。ヒトラーは、八月二十四日にはポーランド侵攻を命じた。しかし、多方面からの要請でその命令をいったんは撤回している。両国で何とか妥協点を見出してほしいという要請が、戦争勃発のぎりぎりになっても[1]相次いだのである。そうした要請が功を奏したのか、ポーランドはユゼフ・リプスキー駐ベルリン大使に交渉を指示した。

（一九三九年八月三十一日）リプスキー大使はリッベントロップ外相を訪問している。ここで大使は、ポーランドはドイツの要求を考慮したいと伝えた。（解決の糸口を見出したい）リッベントロップ外相は、大使が全権委任状を保持しているか尋ねた。大使の答えは「ノー」であった。つまり彼は交渉権限を持っていなかったのである。戦争を回避できる最後のチャンスはこうして潰えた。

（この翌日から始まった）ポーランド侵攻の責任はヒトラーにあることは間違いない。

関係国からの圧力でポーランドはドイツとの直接交渉を前向きに始めていたのである。わずか数日交渉が遅れる辛抱がヒトラーにはなかったのである。しかしポーランドも責任を免れない。（この時点までの）頑なな姿勢で、ドイツにソビエトと手を握らせてしまった。独ソ不可侵条約の締結は、ポーランドがドイツとの交渉を始めるほんの数日前の出来事であった（八月二十三日）。ポーランドの強硬姿勢がソビエトをドイツの側につけたのである。

ポーランド外交については首を傾げざるを得ない。ドイツ陸軍はヨーロッパ最強であった。その上、ポーランドの東部国境にはソビエト軍が控えていた。言葉での説明が難しいくらいポーランドの置かれていた状況は厳しいものだった。それでもポーランドが強気の態度を崩さなかったのはなぜか。現実を見えなくする何か特別な力が働いていたのではないかと疑いたくなるのは当然である。

イギリス陸軍が当時、動員できる兵力はわずか二、三個師団であった。ドイツ軍やソビエト軍を前にしては、せいぜい空気銃かパーティー用のクラッカー程度の力に過ぎなかった。イギリスやフランスはポーランドに対してドイツとの直接交渉を強く促していた。また、ドイツの要求に屈してダンツィヒを手放すことになっても、ポーランドの国家的威信あるいは面子がつぶされるという事態にはならないのである。もともとこの町はドイツ人の町であった。要求が認められれば、ドイツはその見返りとして、ポーランドの主権と独立の尊重を約束していた。軍事的視点から見れば、ポーランドの取った態度はほとんど理解不能である(almost beyond comprehension)。その上、ポーランド国民は、明らかにモスクワの共産主義勢力を恐れていた。それはナチスドイツへの恐れの比ではなかったのである。

ユゼフ・ピウスツキ元帥[2]はポーランドの歴史上でも傑出した政治家であり国民的英雄であった。ポーランドが危機にある時にはすでに亡くなっていた(訳注:一九三五年、肝臓がんで死去)。もし彼が存命であれば、ダンツィヒを交換条件にしたポーランド独立の保証をドイツから取り付けていたに違いない。もちろんピウスツキがナチスドイツに肩入れしていたなどと言うつもりはない。彼はソビエトロシアの本質をよくわかっていた。共産主義を嫌っていた。その彼が世を去っていたことはポーランド国民にとっては不幸なことだった。ピウスツキは優れた軍人であり、ヒトラーでさえ一目置いただろうと思える人物であった。

私はポーランドから逃れてきた多くの人々の話を聞いた。みな口をそろえて私と同じことを言っていた。ピウスツキが生きていたらダンツィヒ問題は平和的に解決されていたはずだと嘆いていた。そうなっていれば、ポーランド侵攻もなく、大戦もなく、共産主義者によって一万二千ものポーランド士官らが虐殺されることもなかった。戦後、ポーランドが共産化することもなかったのである。

一九三九年八月、ダンツィヒ問題はドイツ外交の喫緊の課題であった。ヒトラーにとってダンツィヒを回復することは内政上の絶対条件であった。ドイツ国家の威信に関わる案件であった。ポーランド外相でさえ、ドイツの主張に理があることがわかっていた。だからこそベック外相は最後の最後までドイツとの交渉のテーブルにつくことを嫌ったのである。

ドイツのポーランド侵攻に続いて、ソビエトロシアはバルト諸国に侵攻した。フィンランドを除く国々がたちまち共産化されてしまった。こうなることを私は数年前から警告していた。共産主義者はハゲタカである。戦争が始まれば、東ヨーロッパをたちまち飲み込むだろう。そう訴えていた。

第二次大戦が終了して久しい。それでもダンツィヒ問題についてもう一度検討することには意義がある。ポーランドが、ダンツィヒとポーランド回廊に対するドイツの要求を呑んでいたらどうなっていたか。ドイツはダンツィヒを取り戻しさえすれば、ポーランド侵攻の口実がなくなる。そうなっていればスターリンとヒトラーが不可侵条約を結ぶこともなかった。ポーランドが共産化するはずもなかったのである。もっと言えば、ポーランド領内にいたユダヤ人に対するヒトラーの虐待もなかったかもしれない。

チェンバレン首相はなんとか和平を維持したいと考えていた。しかし、そのやり方は稚拙だった。ポーランドに独立を保証してしまった。ロイド・ジョージらの主戦派はポーランドの独立保証が何を意味するかすぐに理解し、喜んだ。彼らは独立の保証がイギリスの参戦を不可避にすることを知っていた。この約束のために、イギリスの真の国益とはもはや関係なく戦わざるを得なくなった。参戦が大英帝国全体の利益にどのような影響を及ぼすかさえ考えることもできなくなったのである。

繰り返しになるが、なぜ第二次世界大戦を避けることができなかったかを問う作業は重要である。ダンツィヒ問題などは外交交渉で解決できたはずである。ヨーロッパの数百万の若者が命を失う必要性などありはしなかった。オスロでの私の主張が聞き入れられなかったのは返すがえすも残念である。

ヒトラーとスターリンは放っておけば、遅かれ早かれ戦うことになる。それはわかりきっていたことだ。両国の戦いは、破滅的に激しいものになっただろう。そうなっていれば西ヨーロッパ諸国は、戦争の恐怖から解放されていた。二人の独裁者が血みどろの戦いを続けるのを傍観することができた。イギリスもフランスもドイツと戦う必要などまったくなかった。ダンツィヒ問題が外交交渉で解決していさえすれば、ポーランドはおそらく中立を保てたか、あるいはドイツの側に立って、スターリンと戦っていたに違いない。あの獣の所為であるユダヤ人六百万人の虐殺も回避されていた可能性が高いのである。

このシナリオが現実のものになっていれば、アメリカが参戦する必要もなかった。戦後の東ヨーロッパの共産化もなかった。共産主義が今のように勢いを示し、世界の安寧と自由を脅かすこともなかった。ヒトラーが仮にスターリンとの戦いに勝利したとしても、そうなればそうなったで、ロシアと東ヨーロッパの戦後処理で手一杯になっていただろう。それに、あの頑迷で冷酷な独裁者ヒトラーが長生きしていたとは考えられない。

イギリスがポーランドに独立を保証した。それはポーランドに対して白紙の小切手を与えたようなものだった。ポーランドの対ドイツ外交を強気一辺倒にさせてしまったのである。イギリスが余計な口出しをしなければ、ヒトラーはダンツィヒ問題を平和的に解決する構想をポーランドに提示できたに違いない。

リッベントロップ外相がリプスキー駐ベルリン大使に、ダンツィヒの返還と、ダンツィヒへのアクセスに欠かせないポーランド回廊に対する領土要求をしたのは、一九三九年三月二十一日のことだった。イギリスがポーランド支援を確約したことで、ポーランドは強気になった。五月五日、リッベントロップ外相の要求をにべもなくはねつけたのである。ポーランドの態度が、くすぶり続けていた、ドイツの（ベルサイユ体制の不正義に対する）憎悪の火に油を注いでしまった。ヒトラーは、一九三四年に締結されていたドイツ・ポーランド不可侵条約を破棄するのである。英独海軍協定[3]

（訳注：一九三五年締結）はすでに破棄されていた。この協定はドイツ海軍の能力に上限を設けていた。

今では多くの人が、ダンツィヒ返還要求はドイツの側に理があったと考えている。ポーランドは時間稼ぎを狙って対独交渉を渋っていた。それが第二次世界大戦の導火線になったのである。この時期にルーズベルトは偉大なる平和の使者としての役割を果たすことができる立場にいた。チェンバレン首相はＦＤＲにその役割を果たすよう繰り返し要請した。しかしＦＤＲはその願いを断り続けたのである。ＦＤＲは最後の最後の場面で行動を起こしたのだが手遅れであった。（民族自決を唱えた）ウッドロー・ウィルソンが作り上げた国がポーランド共和国であった。彼らがせっかく手中にした自由はもろくも崩れ去った。そして東ヨーロッパの国々は次々に共産化した。これほどの悲劇があるだろうか。

ＦＤＲの対ポーランド外交は具体的にはどのようなものであったか。それは一九三〇年代にポーランド駐米大使であったイェジ・ユゼフ・ポトツキの報告書に詳しい。[4]この文書はワルシャワ占領後にドイツが押収したものである。公開された文書の真贋については、当時、南米にいたポトツキが本物であると証言している（訳注：ＦＤＲ政権はドイツによって公開されたこうした文書をドイツのプロパガンダ文書だとして内容を否定している）。以下は、ポトツキ大使が、米駐仏大使ウィリアム・ブリットと交わした会談内容を報告したものである。既述のとおり、ブリット大使はFDR政権のヨーロッパ全体を管轄する全権大使のような存在であった。当時、ブリット大使は本国に帰国していた。パリに戻る前にポトツキ大使と会ったのである。ポトツキ大使の報告書は一九三九年一月十六日付となっている。

「フランスとイギリスは全体主義国家とはいかなる妥協もしてはならない。それが大統領（ルーズベルト）の断乎たる考えである。両国は、どのような形であれ現行の領土の変更を狙う（ドイツとの）交渉に入ってはならない。その要求の代償として、両国に対してアメリカは倫理的な約束（the moral assurance）をしている。それはアメリカは孤立主義を止め、戦争が起きた場合には積極的に（actively）英仏の側に立って干渉（intervene）する、というコミットメントである」（傍点著者）

この文書は、FDRの一九三九年九月以前における英仏への干渉の実態を示している。FDRは両国への支援を約束した上で、ダンツィヒ問題をめぐるいかなる和平交渉にも反対であると表明していたのだ。この問題はきわめて重要であるので、第十三章であらためて論じたい。

アメリカ国内の孤立主義者は、ブリット大使が干渉主義的な外交を繰り広げているのではないかと懸念していた。上記の文書はこの疑いが杞憂ではなかったことを示している。従ってポトツキ大使報告書は、「FDRが英仏両国の外交にちょっかいを出し、無用な圧力をかけていなければ、第二次世界大戦は起こらなかったはずだ」という意見が正しいと言える根拠になるのである。ダンツィヒ問題は平和的な外交交渉で解決できたはずだった。チェンバレン首相もボネ外相も、FDRの圧力によってドイツとの戦いを始めてしまったことを公に認めている。わが国の大統領がヨーロッパ外交に干渉する。それも、戦うことを促すような干渉のやり方であった。これまでに、そんな外交をした大統領はわが国の歴史上一人としていなかったのである。

私は大学では歴史学を学んだ。学部での成績は優秀で二十歳の時には表彰された(cum laude)。ハーバード大学卒業時には大学に残り、歴史学を教える側にならないかと誘われた。この誘いを私は断ったのだが、一年くらいは教壇に立てばよかったかなとも思っている。議員になってからは、下院外交問題委員会に所属した。二十五年にわたる活動を通じて、わが国の外交史も詳しく学んだ。歴代大統領が、ヨーロッパ外交に首を突っ込んで戦争を惹起させるような外交を展開したことなどない。FDR以前の大統領は誰もが、和平の実現がその外交目的であった。

(訳注:著者は、「一国のリーダーたる者は同時に歴史家でなくてはならない」とするセオドア・ルーズベルトの考えを信奉していた。しかしFDRは歴史に全く興味を示さなかった。彼は歴史書をほとんど読んでいない。フィッシュはFDRには国のリーダーとしての資質が欠けていると暗に指摘している)

FDRがブリット大使を通じて、枢軸国との戦争を英仏両国にけしかけたと言ってよい。そのことはブリット大使の行動を観察すればわかるし、先述のボネ仏外相が私に送ってきた手紙でもはっきりしている。チェンバレン首相が、ジョー・ケネディ駐英大使、あるいはフォレスタル海軍長官へ宛てた書簡にも同じことが書かれている。そのことはすでに述べたフォレスタル長官の日記でも明確に語られている。第五章で紹介したピアソンとアレンによる記事でもわかるように、FDRがチェンバレン首相に強い圧力をかけたことは疑いようがない。FDRがイギリスとフランスに対する外交攻勢で、両国をドイツとの戦いに追いやった年、それが一九三九年であった。

（FDRの外交攻勢を受けて）ポーランドのベック外相はロンドンに飛んだ。大使はチェンバレン首相に、ポーランドがドイツに攻撃された場合のイギリスの介入保証を要求し、チェンバレンはそれに応えた。これこそがポーランドとイギリスの犯した無謀な外交であった。イギリスはポーランド防衛を可能にする軍事力など有してはいなかったのである。

ベック外相はイギリスの軍事力が当てにならないことはわかっていたはずである。イギリスによる保証がヒトラーとドイツ国民を憤らせたことも知っていた。ドイツだけでなく、ソビエトも、イギリスが東ヨーロッパの政治に口出しすることを嫌がっていることをイギリスはわかっていたはずだった。独ソ両国が接近し、独ソ不可侵条約

（一九三九年八月二十三日）を結ぶ羽目になったのは、両国のイギリス外交への反発がもたらした結果であった。

独ソ不可侵条約の締結を見たベック外相ができることはただ一つしかなかった。国内強硬派の軍幹部に何を言われようが、ダンツィヒ問題は外交交渉で決着をつけること。ただそれだけであった。繰り返しになるが、ダンツィヒはドイツ人の町である。それがベルサイユ条約で失われた。ドイツの要求には正当性がある。そのことをポーランドが理解できないはずがない。ポーランドがそのダンツィヒ問題で国の存亡をかけてよいはずがない。それは三千万のポーランド国民に対してフェアではない。ダンツィヒ問題で、ナチスと共産主義者に国の独立そのものを侵されるようなことがあってはならなかったのである。

ダンツィヒとポーランド回廊の帰属問題は、ドイツの恨んでいるベルサイユ体制の不正義解消の最後に残った懸案事項であった。この問題が片付けば、ヒトラーの願いは叶えられたのである。ヒトラーは、ポーランドとの平和的な外交交渉でダンツィヒ問題を解決し、東方にその目を向けるはずであった。ドイツは（資源の自給自足を狙い）穀倉地帯と油田を持つソビエトロシアに侵攻するはずであった。その侵攻のスケジュールはポーランドの了解のもとになされたはずである。ポーランド国民は共産主義を嫌悪していた。ポーランドがドイツの側に与（くみ）していれば、領土拡大が見込まれた可能性すらあった。

今から振り返ってみても詮ないことであるが、ポーランドおよび他の東ヨーロッパの国々の運命が、あの小さな町ダンツィヒの帰属をめぐる問題でずたずたになってしまったのである。これほどの悲劇はなかろう。アメリカ国民はダンツィヒという地名を聞いたことなどなかった。そんな町が原因で、史上最大の破滅的な戦争に発展してしまったのである。共産主義者のために一億人のヨーロッパ人の自由が奪われた。あの戦争は、起こる必要もなかったし、（わが国には）戦争を望む者はいなかった。

（ベルサイユ条約の不正義を理解している政治家は多かった。）駐米英国大使となったロシアン卿（任期は一九三九—四〇年）はチャタムハウス[5]（王立国際問題研究所）で次のように演説している。この演説はダンツィヒ問題が顕在化する二年も前の一九三七年六月二十九日に行なわれたものである。

「民族自決の原則がドイツに適用されるのであれば、オーストリア、ズデーテン、ダンツィヒそしておそらくメーメル地方もドイツに編入されなければならない。さらにポーランド領のシレジア地方やポーランド回廊についても国境の再調整が必要である」

ロシアン卿は知性もあり情報通でもあった。また母国イギリスを愛していた。そのような人物でさえ、こうした観察をしていたことは注目に値する。

戦争の始まりは誰にでも理解できるような事件や行為が原因となる場合だけではない。不作為（何もしないこと）が原因になることもあれば、時間稼ぎののろのろとした外交が原因になることもある。第二次世界大戦の原因の一つは、ベック外相の時間稼ぎ外交であった。イギリスのハリファックス外相、ネヴィル・ヘンダーソン駐ベルリン大使、フランスの外相も駐ベルリン大使も、ベック外相にドイツとの直接交渉でダンツィヒ問題を解決するよう助言していた。ヘンダーソン大使は、はっきりと「この問題についてのドイツの要求はフェアであり、理解できるものだ」とさえ述べていたのである。

ベック外相は、ダンツィヒ問題がこれほど重要な案件だと考えなかった節もある。だからこそいつまでも時間稼ぎを続け、手遅れになった時期になってようやく重い腰を上げたのかもしれない。ニューヨーク・デイリーニュース紙は一九四〇年六月に次のような論説記事を掲載している（訳注：ドイツ軍のパリ無血入城は六月十四日）。「フランスの破滅的な状況は、まさに歴史の皮肉以外の何物でもない。ヒトラーはその著書『我が闘争（マイン・カンプ）』の中で、ドイツはロシアに向かうと述べていた。ウクライナはドイツの植民地として理想的な土地であった。ウクライナはドイツの穀倉地帯にもなり、工業化のベースとして最適な土地であった。『我が闘争』の中でヒトラーは、イギリスに対する温かい言葉を長々と綴っていた。イギリス人はドイツ人と同じである。そう考えていた。危機に際して見せるイギリス人の勇気を讃えた。だからこそイギリスとドイツは協調すべきである。それが最良の選択であると主張した」

「その一方で、ヒトラーが『我が闘争』の中で見せているフランス観はかなり辛辣であった。しかし、ドイツは対仏防衛については、西部防衛ラインの構築をするので十分であって、戦争までは必ずしも望んでいないことがわかる。ヒトラーが、一九三九年八月の時点で狙っていたのは、東に向かって進撃することであった。せっかくヒトラーの目が東に向いているにもかかわらず西にわざわざ向けさせてしまったのは連合国であった。その結果、ヒトラーは西に向かわざるを得なくなったのである。それは（わからずやの英仏に対する）仕返しのようなものであった」

私はこの論評は正鵠（せいこく）を射ていると確信している。国内がヒステリー状態となり冷静な分析が難しいときにあって、このような論評が出せたのは素晴らしいことである。ヒトラーが東進を諦め西進に心変わりをしたのはなぜなのか。誰がヒトラーの東進を止めさせてしまったのか。私にはその責任の一端を負わなければならない人物を簡単に挙げることができる。これまでに名前を挙げなかった人物も含めてここに列挙したい。

言わずもがなであるが、ルーズベルト、ブリット、チャーチルはその筆頭である。

ほかにもイーデン、ロバート・ヴァンシッタート[6]（訳注：英外務省次官）、レオ・アメリー[7]（訳注：英保守党政治家、元植民地省大臣）、ダフ・クーパー[8]（訳注：英保守党政治家、元陸軍大臣）、ダラディエ仏首相、ベック・ポーランド外相、シミグウィ・ポーランド軍元帥[9]なども責任を免れない。（対独宥和政策を進めていた）チェンバレン首相にも責任はある。彼の責任はＦＤＲやイギリス国内の対独強硬派の圧力に屈したことにある。ポーランドに対して独立の保証を与えてしまったからである。この保証が第二次大戦の導火線になったことはすでに述べた。

私は、ドイツのポーランド侵攻のあった前日にダンツィヒにいた。オスロからの帰路にこの町を訪問したのである。私は、ダンツィヒでは、長年の親友である駐ポーランド米国大使アンソニー・ビドル[10]君に電話を入れた。彼は私にワルシャワに来るよう誘ってくれた。一週間ほどワルシャワでゆっくりしないかとの話だった。ビドル君は好感の持てる陽気な性格の男であった。私には急ぎの所用はなかったから、彼の誘いに応じたいのはやまやまであった。

しかし私は、戦争は四十八時間以内に始まるだろうと予想していた。そうなれば、パリで待つ家族に会うためには、トルコ（イスタンブール）に出て、そこから船を使ってフランスに戻るという羽目になる。そう心配する私に、ビドル大使は語気強く、戦争になどなるはずがないと反論した。ビドル君は評判のよい外交官であった。彼がポーランドをけしかけドイツに強硬な態度をとれと教唆するようなことはない。彼はブリット駐仏大使が裏でやっていた外交について何も知らされていなかったのである。

結局戦争の火蓋が切られてしまった。ポーランドは西からはナチスドイツに、東からは共産主義者に侵略されることになった。その結果ポーランドは荒廃を極めることになった。

私の手元にはハーバート・フーバー元大統領から私宛の親書がある。講演先のシカゴのドレイクホテル（the Drake Hotel）の便箋にしたためられた親書である。ナチスやスターリンに占領されたポーランドの飢えた人々への食糧支援活動を進めていたのが彼であった。

一九四〇年二月十一日
フィッシュ下院議員殿
下記は私の昨晩の講演内容を文章にしたものです。貴殿が強い関心を持っておられるテーマだと思っております。
――今晩の皆様へのお願いは急を要するものです。ポーランドの人々の苦しみを少しでも和らげるプロジェクトについてお話しします。彼らの苦しみは筆舌に尽くしがたいものがあります。彼らには食料品、衣料品、テントがすぐにでも必要です。私たちができることは何でもしてあげなければならない。そういう状況になっています。特に食料品については、次の収穫期前に大量の支援を必要としています。それにはおそらく二千万ドル程度の費用がかかるでしょう。私たちの個人献金が必要です。そして同時に関係諸国政府の協力も欠かせません。

私は外国政府の協力を得るために、ポーランド救援委員会の活動に昨秋より参加しています。この組織の主たる目的はドイツに占領されたポーランドの飢えた人々への食糧援助であります。マコーミック会長[11]やモーリス・ペイト君[12]の強いリーダーシップの下で活動しています。この二人は第一次世界大戦時（一九一九年）にも同じような支援事業の経験があります。

この救援事業を成功させるためにはいくつかの条件があります。

第一に、ドイツ占領下にあるポーランドに食糧を届けるためにはイギリスの海上封鎖を解かせなければなりません。イギリスは封鎖解除の条件として、救援の食糧がドイツ軍にではなくポーランド国民に届けられることの保証を要求しています。第二にポーランドへの搬送にはドイツ領を通らなければなりません。そのためにはドイツの協力が必要になってきます。——

ハーバート・フーバー

この手紙からもわかるように、占領されたポーランド国民の苦しみは想像するに余りある。たしかにポーランドの指導者はドイツを信用できなかったのかもしれない。しかし、ポーランドがイギリスやフランスの圧力に屈し、ダンツィヒ問題の外交交渉を頑なに拒んだ結果、ポーランド国民を苦しめてしまったのである。この苦しみはひとりポーランド国民だけのものではなかった。自由世界全体の苦しみとなった。ポーランドの失敗で漁夫の利を得たのはモスクワの共産主義者だけであった。

注

1　Józef Lipski（一八九四―一九五八）ポーランドの外務大臣。駐独大使。
2　Józef Klemens Piłsudski（一八六七―一九三五）第二次ポーランド共和国建国の父。
3　The Anglo-German Naval Agreement　一九三五年六月調印。ドイツ海軍の対英戦力比を三五パーセントに設定する協定。ヒトラーによる協定の破棄は一九三九年四月二十八日。
4　Jerzy Józef Potocki（一八八九―一九六一）外交官。伯爵。駐米大使の任期は一九三六年から四〇年まで。
5　Chatham House　外交問題を研究する機関。一九二〇年創設。
6　Robert Vansittart（一八八一―一九五七）外交官。ヒトラーを嫌悪し対独宥和政策を批判。

7 Leo Amery（一八七三―一九五五）英保守党政治家、ジャーナリスト。チェンバレンの対独宥和政策を激しく批判。

8 Duff Cooper（一八九〇―一九五四）英保守党政治家。チェンバレンの対独宥和政策を激しく批判。

9 Edward Rydz-Śmigły（一八八六―一九四一）ドイツのポーランド侵攻時の軍最高指揮官。

10 Anthony Biddle（一八七四―一九四八）駐ポーランド大使。任期は一九三七年から四三年。

11 Chauncey McCormick（一八八四―一九五四）シカゴを中心として事業（農機具、新聞、不動産等）を展開したマコーミック家出身の事業家。

12 Maurice Pate（一八九四―一九六五）人道主義活動家。戦後はユニセフ創立に関わった。

第13章　引き裂かれたポーランド

ポーランドの強気外交が国を滅ぼした。

ポーランドは第一次大戦後にウッドロー・ウィルソンの尽力で建設された国家である。そのポーランドが、アメリカ大統領のヤルタにおけるスターリンとの会談で、全体主義共産主義思想の生贄（いけにえ）にされてしまった。その顚末を語るのは私には辛いことである。それでもここに書きとめておかなくてはならないだろう。

ポーランドがヒトラーに抵抗したのは、すでに述べたようにルーズベルトとイギリス（の干渉主義者の）の強い教唆があったからである。このことを、自由を望むポーランド国民そして全世界の自由を尊ぶ人々は知っておかなければならない。イギリスはポーランドに軍事支援を約束していた。その約束がポーランドを対独戦争に追いやったのである。戦後、ポーランドは連合国の嘘と裏切りによってキリストの受難に匹敵する苦しみを味わうことになる。三千万ポーランド人の自由は、連合国の背信(stabbing in the back)によって奪われたのである。

私の曽祖母スーザン・リビングストン[1]は、ポーランド貴族で、政治家でもありまた詩人でもあったジュリアン・ニェムツェーヴィッチ伯爵[2]に嫁している。伯爵はスーザンの子であったピーター・キーン（Peter Kean）を養子にしている。私はこのピーター・キーンと血がつながっている。したがって書類の上では私にはポーランド人の血が流れていると言えないこともない。また私の妻の先祖はロシアのグルジア地方の出身であり、曽祖母はポーランドのポトツキ伯爵夫人である（私の家系に鑑みると、ポーランド問題に無関心ではいられないのである）。

先述のように、FDRが英仏、ポーランドにどのような外交工作をしかけていたかは、イエジ・ユゼフ・ポトツキ駐米ポーランド大使の証言からはっきりしている。ドイツがポーランド占領後に押収したポーランド政府文書からもそれは明らかだ。その文書が本物であることは、その当時南米にいたポトツキが明言している。ポトツキ大使が、ブリット駐仏大使から何を言われたかを本国に詳細に報告していたのである。米国帰国中のブリット大使とポトツキ大使が会談したのは一九三九年一月十六日のことであった。それはブリット大使がフランスに戻る少し前のことであった。ポトツキ大使は会談の内容を次のように本国に伝えている。

「ルーズベルト大統領は、英仏両国は全体主義国家とはいかなる妥協もすべきでない、と考えている。現行の領土関係が変更になるような、いかなる協議も始めてはならない。（それを支持するために）アメリカは、孤立主義を捨てることを約束する。仮に戦争という事態になればアメリカは英仏の側に立って参入する」（傍点著者）

この部分は、しつこいくらい繰り返してでも読者に理解してもらわなければならない。あの戦争の根本原因であったダンツィヒをめぐる交渉そのものに反対し、外交圧力をかけ、（それが原因で）戦争になればアメリカは英仏の側に立って参戦する。そうＦＤＲは約束していた。

ポーランドの駐仏大使であったウカシェヴィッチ（Lukasievicz）の報告書もドイツが押収している。その中でウカシェヴィッチ大使は、イギリスがポーランドに外交圧力をかけ対独戦争の危険を冒させているとブリット駐仏大使に訴えていた。ウカシェヴィッチ大使は母国ポーランドの対独防衛が不十分なことを知っていた。ブリット大使が、ロンドンのジョセフ・ケネディ米駐英大使に対して、イギリス政府を通じて対ポーランド外交に圧力をかけるよう要請したことも書面には記されていた。

ＦＤＲ政権はドイツが公表したポーランド外交文書は偽書だと主張した。しかし私は本物であると信じている。文書に関係したポーランド大使は存命である。偽の文書を発表してもすぐにばれるのである（本物であるからこそドイツは発表したのだろう）。この件について歴史家ハリー・エルマー・バーンズ[3]はその著書『隠された歴史への挑戦（*The Struggle against the Historical Blackout*）』の中で次のように述べている。

「FDRが対独戦争に参入することを早い段階で決めていたことを示す多くの証拠がある。それは（ドイツが公表した）ポーランド外交文書であり、一九三八年十二月にワシントンを訪問したイーデン卿へのFDRの約束であり、タイラー・ケント事件もそのことを示唆している」

（訳注：タイラー・ケントは一九三九年十月から四〇年五月まで米国駐英大使館で暗号解読担当外交官を務めていた。ケントは、ルーズベルトと海軍大臣であったチャーチルの交信文書を持ち出していた。当該文書には、英国がアメリカ領海内であってもドイツ船を拿捕あるいは攻撃することの黙諾を求めるチャーチルがFDRに宛てた文書などがあった。ケントはイギリス国内の親ドイツ組織のスパイとして逮捕された。アメリカ政府はなぜか外交官の不逮捕特権を行使していない。ケントは七年の刑に処されたが一九四五年に釈放された。この事件について訳者〈渡辺〉は『アメリカの対日政策を読み解く』（草思社）第3章ルーズベルト神話「知られざる国家機密漏洩事件ルーズベルトとチャーチルの密約」で詳述した）

繰り返すが、FDRが英仏とポーランドに圧力をかけなければ一九三九年の戦争はなかった。その後に戦争があったとすれば、それはドイツの対ソビエト戦争である。二つの全体主義国家はどちらも体力を消耗していくはずだった。ヨーロッパの民主主義国家はそれを静かに見ていればよかったのである。

ルーズベルトやチャーチルが本当にこの世界を全体主義国家の脅威から守りたかったのなら、一九四一年六月二十二日がまさにそのチャンスであった。（フランスが降伏したこの日は）イギリスもドイツと講和する絶好の機会であった。ここで講和できていれば、イギリスはかなりの好条件をヒトラーから引き出すことができたはずである。ヒトラーはわが国を攻めようなどという気はさらさらなかったから、英独の間に講和がなってもアメリカの安全保障にはなんの悪影響もなかった。ヒトラーの次の狙いはスターリンであって、独ソの戦いは死闘に近いものになったはずである。

スタンリー・ボールドウィン内閣（一九三五―三七年）もそれに続くネヴィル・チェンバレン内閣（一九三七―四〇年）も、当初の狙いは独ソを戦わせることにあった。アメリカ国内でも同じことを考える政治家が多かった。たとえば当時は一介の上院議員であったトルーマンもそうだったし、アーサー・ヴァンデンバーグ上院議員[4]も同様の考えを持っていた。独ソの戦いになっていれば、わが国もイギリスも強国として君臨し続け、自由世界の維持に大きな貢献ができたはずであった。

チャーチルは戦争となると異常に興奮する男であり、彼自身がそれに関与しているときはなおさらであることはよく知られていた。著名な時事評論家であったF・S・オリヴァー[5]は「チャーチルが心底愛しているものが三つある。戦争、政治そして自分自身である」と述べていた。

「チャーチルは、戦争は危険であるからこそ大好きであった。政治も同じ理由で好きであった。そんな危ない考えを持っている自分自身が好きであった。敵に対しても味方に対しても、いや友人に対してさえも危ない人物でいる自分が好きだった。彼は唐突に落胆の表情を見せることがあった。彼は事態が十分に好転しているときでさえ、そういう態度を見せた。私はこんな男をほかに見たことがない」

チャーチルのこうした性格は、ルーズベルトに好意的な伝記を書いている複数の歴史家も認めている。チャーチルは晩年病気で苦しんだが、大戦中は実に陽気であった。カサブランカ会談の後、ルーズベルトはジョージ六世[6]に次のような親書を送っている。

「実に素晴らしい会談でした。チャーチル君と私の関係についていえば、実に良好です。いつもどおり愉快な時を過ごしました。私たち二人は最良のパートナーです（a perfectly matched partner）」

このお楽しみの会談の後に続いた人類の悲劇とも言うべき事件の数々を思うと、あの焼け落ちるローマを見ながら冷ややかな笑みを浮かべていた皇帝ネロを思い出す。この手紙が示しているように、ルーズベルトという男は歴代の大統領、たとえばリンカーンのような人物とはまったく違っていることがわかる。リンカーン大統領は悲惨な内戦（南北戦争）を前にして悲しみに打ちひしがれていたのである。

一九六一年、テヘラン会談（訳注：一九四三年十一月二十八日から十二月一日にかけてイランのテヘランで開かれた、米英ソ首脳が一堂に会した初の会談）の詳細が国務省からようやく公開された。このとき記録をしていたのはチャールズ・ボーレン[7]である。彼は当時駐モスクワ大使館の一等書記官であり、ルーズベルトの通訳を務めた。彼は後に駐仏大使に任命されている。彼の記録では、ＦＤＲは一九四四年の選挙について語っていた。彼は自らが再び候補者になるだろうと述べた上で次のように語っていた。

「わが国にはおよそ六百万から七百万のポーランド系国民がいる。この票は失いたくない。したがって当会談では（スターリンの対ポーランド政策を）理解しているものの、私の国内の政治的立場を理解していただきたい。私はこの会談では、ポーランド問題にコミットできないということである」

これに対してスターリンは了解したと記録されている。要するにルーズベルトは政治的欺瞞を働いたのである。七百万にもなるポーランド系国民を欺いた。テヘランでポーランドをスターリンに与えたことを隠した。それが公（おおやけ）になるのは十八年後のことであった。ルーズベルトの四選をほとんどのポーランド系国民は支持した。それにもかかわらず、ヤルタ会談ではポーランドの解体に加担した。これがポーランドの共産化の始まりであった。

ＦＤＲはポーランド系議員に次のような親書を送りつけている。テヘラン会談で、ポーランド問題に関わるいかなるコミットメントもしていないとする内容であった。

政治的野望の実現のためであれば真実はどうでもよい。ＦＤＲの性格をよく表している。

一九四四年三月六日
ジョセフ・ムラク下院議員殿[8]
私は残念ながら貴殿にこれまでにお伝えしたこと以上に（ポーランド問題に関してのコミットメントはできません。しかし、テヘランでは一切の秘密協定はなかったことを言明します。他の出席メンバーもそのような秘密の約束はしていません。私たちの協議は軍事に関わるものであり、ポーランド問題とは一切関係のないものであります。
フランクリン・ルーズベルト

テヘランでポーランドの自由と独立が脅かされた、という表現は生ぬるい。完全に破壊されたのである。上記のムラク議員宛の書簡は隠蔽工作そのものである。ポーランドに対する裏切りを隠そうとしたのである。読者には私の観察があまりに党派性の強いものだと感じられるかもしれない。そのように疑われる読者のために、『勝利の中の敗北[9]（*Defeat in Victory*）』という著作からこの件について引用しておきたい。この書はポトツキ駐米大使の後任であるヤン・チェチャノフスキー駐米大使によって著されたものである。[10]

「私はいわゆるニューディール政策を推進する陣営の選挙担当者から、幾度となくポーランド系アメリカ人の票（ポーランド票）を取るにはどうしたらよいかと尋ねられた。ＦＤＲが四選を目指した一九四四年の選挙のときのことである」

「ＦＤＲの親衛隊のようなニューディーラーは、『ビドルに代えてアーサー・レーン[11]をポーランド亡命政府の米国大使に任命した事実こそが、ＦＤＲがどれほどポーランドのことを考えているかを示している』と言っていた。もちろんこれがポーランド系の票を狙った政治的駆け引きであることは承知していた」

チェチャノフスキー氏によれば、ポーランド系アメリカ人は、警戒しながらも最後はＦＤＲを支持したのである。彼らの組織するポーランド系アメリカ人議会（the Polish American Congress）はＦＤＲを最後まで疑っていたものの、彼が同議会のリーダーであるチャールズ・ロズマレク[12]と一九四四年十月十八日に会談したことでＦＤＲ支持に傾いた。このときＦＤＲは、ポーランドの独立と自由のために積極的な役割を果たすと約束したのである。

それがあったからこそ、ポーランド系メディアもポーランド系アメリカ人議会もＦＤＲの四選を支持することにしたのだった。これによってＦＤＲが獲得したのはポーランド系の票だけではなかった。ソビエトに蹂躙された他の東ヨーロッパ諸国からの移民票も惹きつけたのであった。

ワシントンの独立系メディアであったワシントン・ヘラルド紙はその論説「FDRはいかにしてポーランド人を欺いたか」で次のようにルーズベルトを批判している。「FDRは右手でポーランド人と握手しながら、その左手はスターリンとも握手していた。ポーランド系アメリカ人への約束は選挙運動のための芝居に過ぎなかった」

FDRのポーランドに対する仕打ちはひどいものであった。このことは同時にアメリカ国民にとっても重要である。FDRは大統領として全く信用ができないことを示しているからだ。彼の人格は完全に歪んでいた。ポーランドに対するFDRとホプキンスの態度は次のようなものだったのである。チェチャノフスキー氏は以下のように続ける。

「ホプキンスはスターリンとの会見を前にして気分がよかったようだ。スターリンとの交渉は難しいものになると思うがベストを尽くすなどと言っていた。彼とはいろいろ打ち合わせることがあるらしかった。私はホプキンスに、わが国の基本理念に従った戦後の国際連合構想とポーランドの独立問題以外に何を話すのかと尋ねた。すると彼はいつもの彼独特の冗談めかした、嫌味を感じさせる調子で、一九四八年の大統領選挙に備えなくてはならないのさ、と答えたのである。ホプキンスはおそらく真剣にそのことを考えていたはずである。もちろんポーランドの将来についてだけはジョークのようなものだった。結局、ポーランドはスターリンのお情けにすがって生きる国に成り下がってしまったのである」

ミコワイチクはポーランド小作農のリーダー格であった（訳注：戦前は農民党左派の最高評議会メンバー。ドイツのポーランド侵攻後はロンドンで亡命政府内相、首相を務める。一九四五年八月、農民党を再建、共産党勢力拡大に抗した）。彼は一九四五年にモスクワのスターリンを訪問し、ポーランドとソ連の国境策定問題について確認している。この会談にはハリマン駐米ソ大使とチャーチル首相も参加している。このときの会話の内容もチェチャノフスキー氏の著作から引用しよう。

「この会談にはモロトフも加わっていた。[13]モロトフは、テヘランでのルーズベルト大統領の言葉を思い出してほしいと言ったのである。つまり、FDRはカーゾン線を承[14]認したのである。カーゾン線はソビエト・ポーランド両国が満足できる線引きである。ただしこのことは公表したくないとFDRはわれわれに要請した、そうモロトフは述べたのである」

「モロトフはその顔をチャーチルとハリマンに向け、それに相違ないことの確認を求めた。（モロトフは）ミコワイチク氏はどうもこのことをご存じないらしい、アメリカがどう考えているかがわかっていないようだと言った。モロトフは、ゆっくりとドラマチックな動作で、もし私の言っていることが間違っているならそう言っていただきたいと言い放った。誰一人としてモロトフに反論しなかった。ここで時系列を確認しておきたい。FDRがカーゾン線を承認したのは一九四三年十二月一日である。しかし一九四四年末になってもポーランド人に対してそのことは隠し続け、逆のことを口にしていたのである」

　FDRがポーランド人を裏切ったことに疑いの余地はない。ポーランドの民はルーズベルトの個人的な野望とスターリンへの友情の生贄になった。ポーランド系アメリカ人はFDRの恥知らずのプロパガンダに踊らされた。ルーズベルトはポーランドの友人であると信じてしまった。ルーズベルトがスターリンや共産主義の脅威からポーランドを守ってくれるはずだと信じた。ルーズベルトの裏切りはひとりポーランド系アメリカ人だけの問題ではない。自由の大切さを知るすべての人々への裏切りである。この事実はより多くの人々に知られなければならない。

　FDRがヤルタ会談でみせたスターリンへの譲歩は噴飯ものであった。歴史家のチエンバレン[15]はウォールストリート・ジャーナル紙（一九六〇年十一月十八日付）で次のように述べている。

「FDRはスターリンをひたすらおだてあげることに終始した。このやり方の必然の帰結があの恥ずべきヤルタ会談であった。三巨頭（FDR、スターリン、チャーチル）は一九四五年二月に開かれたこの会議で、東ヨーロッパと東アジアをスターリンに進呈したのだ。ロンドンにあったポーランド亡命政権は見捨てられ、スターリンに完全に操られた傀儡政権がポーランドを支配することになった」

「日本の領土であった南樺太、千島列島、そして満洲もソビエト連邦に差し上げたようなものだった。ヤルタの妥協で、ソビエトの中国共産党への援助を加速させた。それによって最終的に国民党政府を放逐することができたのである。この現実を受け入れることはそう簡単ではない。FDR政権は一九三九年以前、ヒトラーに対してはいかなる宥和的な外交政策も取らなかったし、他国にもそうさせなかった。そのFDR政権が、スターリンには宥和的な態度で臨んだ。それがどれほど不道徳的であり、国民への裏切りになるとは思わなかったのだろうか」

「共産主義がヨーロッパや東アジアで勢力を拡張させ、その支配をしっかりと固定化させた歴史的事実はいったい何を意味するのか。それはルーズベルト大統領とその側近のハリー・ホプキンスも共産主義の本質をいささかも理解していなかったことを示しているのである」

FDRやホプキンスの共産主義についての理解は未熟であったが、アルジャー・ヒスはそうではなかった（筋金入りのソビエトのスパイであった）。ホプキンスはスターリンの友人のような人物であり、同時にルーズベルトの右腕であった。そのホプキンスとヒスがヤルタ会談ではＦＤＲの外交顧問であった。私がチェンバレン氏の評論を引用したのは彼がソビエト問題の専門家であるからだ。

自由を愛したポーランドは勇敢にもヒトラーと対峙した。しかしそれはイギリスとＦＤＲの教唆によるものだった。そしてイギリスもＦＤＲもポーランドを裏切ったのである。ポーランド国内には国を裏切るような人物（quislings）はいなかった。生まれたばかりのポーランドだけではなく東ヨーロッパの国々の自由と尊厳もルーズベルトによって犠牲にされてしまったのである。

テヘランとヤルタの会談で、フランケンシュタインのような異形の共産主義者（スターリン）が、つながれていた首輪から解き放たれたのである。両会談は共産主義に宥和的に臨む外交に弾みをつけた。それが共産主義の拡散につながった。その結果は悲惨なものである。一九四四年一月十一日、私は下院外交問題委員会の理事の立場で、ルーズベルトの年頭教書演説に聞き入っていた。その日はまさにソビエトがカーゾン線を越え、さらに西に進んでポーランド領深く攻め入った日であった。ＦＤＲはそれを伝えるソビエトからのラジオ報道を無視した。テヘラン会談についても、そこで何を話したかひと言も語らず口を閉ざした。会談ではただ勝利に向けての軍事問題が打ち合わされたと述べただけであった。「ソビエトとの間にはいかなる密約もない」。それがＦＤＲの議会や国民に向けての説明だった。そしてその言葉を議会も国民も信じたのである。

その後の歴史を見れば、ＦＤＲがわれわれを欺いたことは明らかである。ポーランドを裏切った責任はＦＤＲにある。それは同時に、自由と民主主義のために命をかけたアメリカ兵士への裏切りでもあった。もっと言えば、人類全体への犯罪行為だった。

政治的にはリベラルの立場をとっていた最高裁判所長官アール・ウォーレン[16]は「自由を求める運動は世界にじわじわと伝播するものだ。共産主義にはそのような伝播の力はない。人々は奴隷にはなりたくない。必ず自由を求める声が大勢を占めるようになる」と語っていた。現在のポーランドにおいても自由を求める声は根強い。ポーランド系アメリカ人は祖国が共産化したことを嘆いている。しかし必ずやポーランドに再び自由の戻る日が来ると信じている。その日まで、ポーランドに対する裏切りの事実は、われわれアメリカ人の良心を咎めつづけるに違いない。

一九三九年九月、ポーランド陸軍は西からはドイツ機甲化軍団に侵略された。無数の戦車や戦闘機がポーランドを襲った。東からはスターリンの軍隊が侵入した。ポーランドは勇敢に戦った。しかし圧倒的な敵の力の前にはいかんともし難かった。イギリス外務省は戦後三十年経ってようやくソビエト軍によるポーランド陸軍士官虐殺に関わる資料を公開した。カチンの森では士官四千人が、ソビエトの他の場所でも八千人以上が殺されていた。あるイギリス外交官は、内閣とジョージ六世だけに宛てられている。

た機密文書の中で、ソビエトの大量虐殺事件の隠蔽にイギリスが加担したことを嘆いている。

イギリスが、ソビエト軍による殺戮行為を意図的に隠したことは間違いない。彼らの虐殺は、ユダヤ人をガス室に送ったドイツ軍の事件を例外にして、どんなドイツの行為よりもひどいものだった。当時、駐ポーランド英国大使だったオーウェン・オマリー[17]はカチンの森の殺戮の模様を次のように記している。

「抵抗する者にはコートを頭にフードのように被せ、紐できつく結んだ。そうしておいて、死刑執行人たちはポーランド軍人を予め掘ってあった穴の前まで引き立てた。後に発見された死体の頭部をコートが覆っていたのはそういう理由である。そのコートの生地には銃弾の突き抜けた穴がはっきりと残っていた。ロシア軍は殺戮を終えると、死体の転がった穴に土を埋め戻し、さらにマツの苗木を植えて隠蔽した」

スターリンはポーランド士官一万二千人と自国民三千万人を殺している。ヒトラーは六百万人のユダヤ人と百万人のポーランド人などの他民族を殺戮した。スターリンの虐殺の数はヒトラーのそれを大きく上回っている。それにもかかわらずニュルンベルク裁判でソビエト高官は、裁く側としてその裁判に参加した。開戦責任があるソビエトがドイツの犯罪だけを裁いたのである。

私は、共産主義は結局は衰退し消え去る思想だと信じている。ソビエトがそれを回避するには核戦争を起こすしかない。共産主義退潮の兆しはそこかしこに現れている。一九七二年六月、二人のリトアニア青年が共産主義の抑圧に抗議して焼身自殺を遂げた。共産主義を疑う者はソビエト国内でも増えている。自由と人権の回復を求める動きがチェコスロバキア、ハンガリー、ポーランド、ユーゴスラビア、ルーマニア、リトアニア、ラトビアでも始まっている。

共産主義の独裁者はこの動きに怯えている。だからこそ人権などに考慮はしない。共産主義国家の国民は檻の中の動物である。鉄格子が開かれたら、自由を求めて一斉に自由のある国々へ逃亡していくだろう。自由諸国の中で活動する共産主義者は、自由と民主主義を脅かす存在である。アメリカ国民は共産主義者の主張はでたらめであり、ペテンであることをわかっている。共産主義者の活動は夏に降る粉雪のようなもので、たちまち消えてなくなるだろう。

ルーズベルトを熱烈に支持する者たちは、ヤルタでの会談が自由と民族自決の理想を実現するステップになっていれば、ルーズベルトが国民を騙して戦争に巻き込んだことに正当性を見出し、言い訳が可能かもしれない。しかしFDRは戦いに勝利しても平和を実現することができなかった。わが国は戦死者三十万、戦傷者七十万という大きな犠牲を出した。その見返りは何もなかった。チェコスロバキアやポーランドがスターリンの支配下に入ってしまった。ヤルタ会談こそが、その後の中国や北朝鮮、ベトナムに共産政権を成立させ、他の東南アジア諸国にも共産主義勢力を拡散させたきっかけとなった。朝鮮戦争もベトナム戦争もその原因は、ヤルタ会談にあるのだ。

注

1　リビングストン家は十七世紀にスコットランドから来た移民で、アメリカ建国期から政治に関わる名門である。独立宣言（一七七六年）や合衆国憲法起草（一七八七年）にも一族が関与している。

2　Julian Ursyn Niemcewicz（一七五八―一八四一）ポーランド貴族。歴史家、政治家、作家。ポーランド・リトアニア共和国憲法（一七九一年）起草に関わる。

3　Harry Elmer Barnes（一八八九―一九六八）歴史学者、社会学者。

4　Arthur Hendrick Vandenberg（一八八四―一九五一）ミシガン州共和党。非干渉主義を主張。戦後は上院外交委員長（一九四七―四九）を務めた。

5　F. S. Oliver（一八六四―一九三四）イギリスの政治評論家。

6　Albert Frederick Arthur George Windsor（一八九五―一九五二）ジョージ五世と王妃メアリーの次男。長兄エドワード八世が離婚歴のあるアメリカ人女性ウォリス・シンプソンとの結婚を望み退位したため王位についた。

7　Charles Bohlen（一九〇四―七四）対ソビエト外交の専門家。駐フィリピン大使（一九五七―五九）、駐仏大使（一九六二―六八）を歴任。

8　Joseph Mruk（一九〇三―九五）共和党下院議員（ニューヨーク州）。任期は一九四三年から四五年。

9 Jan Ciechanowski, *Defeat in Victory*, Doubleday & Co., 1947.

10 Jan Ciechanowski（一八八七―一九七三）ポーランド亡命政府駐米大使。任期は一九四一年から四五年。

11 Arthur Bliss Lane（一八九四―一九五六）キャリア外交官。一九四八年、『ポーランドへの裏切り（*I saw Poland betrayed*）』を著し、アメリカ外交のポーランドへの背信を非難した。

12 Charles Rozmarek（一八九七―一九七三）ハーバード大学で法律学を学びイリノイで法律事務所を開業。民主党支持者。

13 Vyacheslav Mikhailovich Molotov（一八九〇―一九八六）スターリンの片腕としてソビエト外交を担った。

14 Curzon Line 英外務大臣ジョージ・カーゾン（任期一九一九―二四）によって提唱されたソビエト・ポーランドの国境線。ポーランドはこれより東の国境線を主張していた。

15 William H. Chamberlin（一八九七―一九六九）歴史家。ジャーナリスト。外交評論家。

16 Earl Warren（一八九一―一九七四）任期は一九五三年から六九年まで。

17 Owen O'Malley（一八八七―一九七四）駐ハンガリー大使（任期は一九三九年から四一年）。ポーランドがロンドンに亡命政権を設立後、ポーランド大使。

第14章 大西洋憲章の欺瞞

「崇高な理念」は壮大なる虚妄であった。

大西洋憲章はプロパガンダであると主張しなくてはならないのは悲しいことである。私はこの憲章が発表されたときには素直に喜んだ。私は議会内の発言でも支持を表明しているから議会の議事録にもそれが記録されている。私は、この憲章をわが国と英国が民主主義のプロセスの重要性を訴え、民族自決を求めたものだと理解していた。わが国民の多くが大西洋憲章に感激したのである。しかし今では、この憲章を支持したことを恥じている。

ルーズベルト大統領が四つの自由を主張する演説を行なったのは一九四一年一月のことである。年頭教書演説で「言論の自由、信仰の自由、欠乏からの自由そして恐怖からの自由」の重要性をアメリカ国民に、そして世界に訴えた。このスピーチは「ルーズベルトの四つの自由」演説として世に知られ、世界各地で抑圧されている人々に希望を与えた。アメリカ国民はＦＤＲの主張に感動した。私もＦＤＲの「背信の言葉」を「神の福音」の如く聞き入ったのである。

大西洋憲章の発表はこの演説の七ヵ月後のことであった。世界の人々はこの憲章が、「ルーズベルトの四つの自由」をあらためて強調するものだと理解した。しかし実は大西洋憲章では、言論の自由と信仰の自由について、一切の言及がなされていなかったのである。この削除はFDR自身が要請したことがわかっている。ソビエトロシアがこの憲章を支持できるように工夫していたのであった。

私は大西洋憲章がどのような経緯で作成されたのか、じっくり調べた。そこでわかったことは、言論の自由と信仰の自由の削除は意図的なものであったということだ。FDRのスピーチライター、ロバート・シャーウッドはその著書『ルーズベルトとホプキンス』[1]の中で、イギリス高官は、大西洋憲章は世論対策以外の何物でもないと語っていたと述べている。ルーズベルトと国務次官のサムナー・ウェルズは、大西洋憲章を発表することで戦争目的に崇高な意義を持たせようとした。アメリカ国民の前で戦争を美化することが狙いであったのだ。

大西洋憲章はたしかにわが国では好感をもって迎えられた。FDRによって計算し尽くされた政治工作であった。ドラマチックで国民のすべての層に強く訴える仕掛けがなされていた。わが国が参戦する可能性には全く触れていなかった。国民の強い関心があった事項に触れない工夫がなされていた。FDRは、「この憲章の成立でわが国が参戦する可能性が高まったか」という新聞記者からの質問に、「チャーチル君はそうは考えないだろう」と答えている。

チャーチルは大西洋憲章を発表することで彼の狙いの四分の三を実現した。彼が実現できなかったのは、イギリスの側に立って参戦するとＦＤＲに決断させることだけだった。ＦＤＲはそうしたかった。しかし国民の八五パーセントと議会の七五パーセントが反対する中で、軍事介入宣言などできるはずもなかった。しかしチャーチルは極東方面については、ＦＤＲにより厳しい対日政策をとらせることに成功している。ＦＤＲはすでに日本に対して十分過ぎるほど強硬であったにもかかわらず、それ以上の態度をとらせることに成功した。

ＦＤＲは日本には禁輸政策をとっていた。その結果、工業立国である日本の首は確実に絞められた。しかし日本政府はどのような犠牲を払ってでも対米戦争は回避したいと決めていた。日本はわが国の潜在的な軍事力をしっかりと把握していたのである。チャーチルは、大西洋憲章はほとんど意味のないものだと考えていた。しかしアメリカ世論が歓迎することはわかっていた。そしてまた、法的には中立国であるはずのアメリカが、現実にドイツと戦っている交戦国の首脳とこのような声明を出すのは驚くべきことだとまで思っていたのである。

チャーチルは歴史上に見ても類いまれな演説の名手であった。そのテクニックを駆使し、ラジオを通じてアメリカ世論にイギリスの正義を訴えた。正義の軍隊（イギリス）と悪の軍隊（ドイツ）の戦いであると強調した。その饒舌な演説を聞いたアメリカ国民は、イギリスの血にまみれた植民地支配の歴史を忘れてしまうほどであった。アメリカの独立そのものがイギリスに対する叛乱であったことさえも忘れてしまいそうだった。チャーチルは注意深く話していた。彼はソビエトが国際連盟から追放されたことには全く触れようとしなかった。ソビエトはフィンランドを侵攻したことで国際連盟を除名されていたのである（訳注：ソビエトのフィンランドへの宣戦布告は一九三九年十一月三十日であり、国際連盟は十二月十四日にソビエトを連盟から除名した）。彼自身が演説で述べていた「共産主義は国家の精神を腐らせる」という共産主義に対する強い警戒感にも一切触れていない（訳注：一九四〇年一月二十日のスピーチで、チャーチルはソビエトのフィンランド侵攻と共産主義を糾弾した）。

チャーチルの共産主義に対する評価は正しかった。しかしヤルタ会談の後に発表した彼のコメントには問題があった（一九四五年二月二十九日）。彼は「ソビエト政府ほど約束を守る国はないと思っている」と語ったのである[2]。イギリス海軍の歴史を専門としている歴史家ラッセル・グレンフェルは、チャーチルのこの認識は、歴史的に重大な意味を持つ判断ミスだと述べている。スターリンが大西洋憲章の約束を蔑ろ（ないがし）にするのは、チャーチルのこのコメントのすぐ後のことであった。憲章（の第一項）では米英「両国は領土的その他の増大を求めず」とうたっていた。スターリンはその精神をあっさりと無視したのであった。

バルト諸国を軍事力と暴力で奪取した。ポーランド、チェコスロバキア、ハンガリーそしてバルカン半島の国々を次々と共産化していったのである。ソビエトを信用すると述べた演説からわずか一年後の一九四六年三月五日、チャーチルはソビエトを糾弾した。世に知られる「鉄のカーテン」演説である。彼はミズーリ州フルトン市のウエストミンスター大学で次のように演説した。[3]

「バルト海の港シュテッティン[4]から、アドリア海の港トリエステ[5]まで大陸を縦断する鉄のカーテンが降ろされた。警察国家が出現したのである。共産党と第五列[6]（Fifth Colum）がますますその勢力を伸張させ、キリスト教文明を危機に晒(さら)している」

第二次世界大戦中に起きた事件の中でも、ソビエトのモロトフ外相の大西洋憲章調印ほど欺瞞に満ちた行為はない。モロトフはロンドンのセントジェイムス宮殿で憲章に調印した（一九四一年九月二十四日）。彼はソビエト独裁政府が憲章の八つの精神を遵守すると約束した。他の二十六ヵ国も憲章に調印した。

ここで憲章の条文について検証してみたい。

第一項　米英両国は領土拡張を求めない。

第二項　両国は関係国民の自由な意思と一致しない領土的変更は行なわない。

第三項　両国はすべての国民が生活を営む国家の政体を選択する権利を尊重する。また両国は主権及び自治を強奪された者にはそれが返還されることを希望する。

第四項から第八項までは民族自決の原則とは直接の関係はない。たとえば第六項は、人々は恐怖や欠乏からの自由があることを述べたものであった。ここで注意しなければならないのは憲章の八項目の中に、言論の自由と信仰の自由が見出せない（傍点著者）ことである。

アメリカ国民のほとんどが、そして大多数のワシントンの議員も騙された。ホワイトハウスのプロパガンダ工作が巧妙であったせいか、大西洋憲章はＦＤＲが年頭に訴えた四つの自由をより具体化したものだと勘違いしてしまったのである。四つの自由を実現すること。それが戦争目的である。共和党議員も民主党議員もそう思い込んだ。しかしそれはＦＤＲが仕組んだ罠であり、壮大なる悪巧み（a gigantic fraud）であった。

大西洋憲章はＦＤＲのペット（愛玩動物）のような代物であった。この構想はＦＤＲ自身と側近の一人サムナー・ウェルズ国務次官によって練られたものであった。チャーチルはこれに若干の入れ知恵をしたに過ぎない。大西洋憲章はＦＤＲの政治的思惑に満ちたプロジェクトであり、発表当初の評判は上々であった。ＦＤＲの思惑に満ちた宣言ではあるものの、倫理的にはＦＤＲにはこの宣言を遵守する責任があった。

しかし、大西洋憲章を蔑ろにする大敵ソビエトロシアのヤルタ会談後の動きは素早かった。憲章の精神などどこ吹く風の行動を起こした。もともと憲章にそれほどの価値を認めていなかった英国がソビエトを牽制するはずもなかった。わが国はしばらくしてソビエトを警戒し牽制するのだが、時すでに遅しであった。

ソビエトの大西洋憲章を無視した行動に対し、憲章の生みの親であるＦＤＲがとった行動は情けないものであった。軍事力の行使などは考えもせず、ソビエトに蹂躙（じゅうりん）された国々を助けることもしなかった。数発の空砲のような言葉による牽制だけで、白旗を揚げたのである。ＦＤＲの当たり障りのない抗議は、スターリンにとっては蚊に刺された程度のもので、何の抑止力にもならなかった。こうして東ヨーロッパは次々と共産化されたのである。

ヤルタ会談後に、ニューヨーク・タイムズ紙は次のような当然過ぎる疑問を呈した。

「米英国民が知りたいのは、大西洋憲章はいまだに生きているのか、それとももう死んだも同然なのかということである。もし死んでしまっているのであれば、戦後世界の枠組みと勝者の行動規範の基準をどこに求めたらいいのだろうか」

外交問題に詳しい評論家ウォルター・リップマンはロシアのポーランド侵攻を問題視している。もちろんカチンの森の虐殺についても触れられてはいない。チャーチルは、FDRがテヘランでスターリンに与えた言質について沈黙を守っていた。チャーチルは、結局はポーランドに味方しなかった。逆に、ポーランドが自発的にカーゾン線以東の領土を放棄しないのであれば、イギリスはソビエトを支持すると述べ、脅したのである。

アメリカの参戦以前からFDRは裏工作を続けていた。その工作はヤルタ会談まで続いた。ソビエトが満洲、大連（だいれん）、旅順（りょじゅん）にまで侵攻し、（日本の領土である）千島列島や南樺太まで領有することが秘密裏に承認されていた。戦後に設立が構想されていた国際連合ではソビエトは三つの票を持つこと、ドイツの戦争捕虜を戦争終了後も使役することも了解されていた。FDRは、ヤルタ会談は自由な国家が（全体主義国家に対して進めた）戦いの勝利の証（あかし）だと宣言していた。しかし実態は、ポーランドを筆頭にした東ヨーロッパの共産化を容認したものである。結局その態度が中国までも共産化させてしまうことになった。

FDRはスターリンとの密約を隠し続けた。それはFDRの死後も明かされることがなかった。その内容を明らかにしたのはソビエトであった。一九四六年一月、極東に関する密約の存在をソビエトが公開した。また、ルーズベルトが否定していたドイツ人捕虜の強制労働容認の事実が明かされたのはドイツが降伏してから数年後のことであった。

注

1 Robert E. Sherwood, *Roosevelt and Hopkins: An Intimate History*, Harper & Bros., 1948.

2 Russell Grenfell（一八九二—一九五四）英国海軍士官。歴史家。戦後はデイリー・テレグラフ紙に寄稿。

3 首相に再選されなかったチャーチルはアメリカを旅した。ハリー・トルーマン大統領とチャーチルはミズーリ州フルトンの大学ウェストミンスターカレッジの招待で四万の聴衆を前に講演した。

4 現ポーランドの港シュチェチン（Szczecin）。ドイツ語ではStettin（シュテッティン）。ポーランド第二の港湾都市。

5 Trieste イタリア北東部の港湾都市。大戦後はこの都市の帰属がユーゴスラビアとイタリアで争われた。

6 本来味方であるはずの集団に存在する敵（スパイなど）。

第15章 アメリカ参戦までの道のり：隠された対日最後通牒

国民も議会も、日本に「最後通牒」（ハル・ノート）が発せられていることを知らなかった。

ルーズベルト大統領が日本に最後通牒を発したのは一九四一年十一月二十六日であった。この通牒は日本に対して、インドシナから、そして満洲を含む中国からの撤退を要求していた。これによって日本を戦争せざるを得ない状況に追い込んだのである。この事実をルーズベルト政権は隠していた。しかしこれは紛れもない歴史的事実である。

元来イギリスは、日本に対する外交政策は宥和的であった。それが変わったのは一九四一年六月二十二日のヒトラーによるソビエト侵攻以降のことである。チャーチルは極東における大英帝国の利権を守るとＦＤＲから約束されたのだ。日本との戦争を起こすための役者に不足はなかった。チャーチル、スターリン、オーウェン・ラチモア、スチムソン、ラクリン・カリー等。これがわが国を裏口からあの大戦に導いた役者の顔ぶれである。

最後通牒であるハル・ノートは真珠湾攻撃以降も意図的に隠された。最後通牒を発した責任者はもちろんＦＤＲである。日本の対米戦争開始で喜んだのはスチムソンでありノックスであった。彼らは根っからの干渉主義者であり、日本と戦うことになるのを喜んだ。もちろん戦いの始まりはもう少し遅くしたかったに違いない。フィリピンでも真珠湾でも、もう少し軍備増強したいと考えていたからだ。ルーズベルトもスチムソンもハル・ノートを「最後通牒」だと考えていたことは明らかである。スチムソン自身の日記にそう書き留めてある。関係者の誰もが日本に残された道は対米戦争しかないと理解していた。わが国はこうして憲法に違反する、議会の承認のない戦争を始めたのである。アメリカは戦う必要もなかったし、その戦いを（アメリカ国民も日本も）欲していなかった。

最後通牒を発する前日の十一月二十五日の閣議に参加していたのはハル、スチムソン、ノックス、マーシャル、スタークである。ＦＤＲが指名し登用した者ばかりであった。「どうやったら議会の承認なく、また国民に知られることなく戦争を始められるか」。彼らの頭の中にはそれだけしかなかった。私はＦＤＲと同政権幹部の行なった隠蔽工作を白日の下に晒さなければ気がすまない。アメリカ国民は真実を知らなければならない。

ここまで読み進まれた読者は、日本に対する最後通牒を、国民にも議会に知らせることなく発した者の責任を容赦なく追及すべきだとの私の考えに同意してくれると信じている。そして同時に罪を着せられたキンメル提督とショート将軍の潔白も証明されなくてはならない。ハルゼー提督がいみじくも述べているように、この二人はスケープゴートにされたのである。三千人にもなろうとする真珠湾攻撃での犠牲者に対する責任を本当に取るべき人間はほかにいた。この二人の軍人が身代わりにされたのであった。

キンメル提督は後年、FDRを歯に衣着せぬ厳しい調子で糾弾している。

「ルーズベルト大統領と政権幹部の連中が悪意をもって真珠湾を守る陸海軍を裏切った」（原注：一九六六年十二月十二日ニューズウィーク誌）

「FDRがその企みの中心人物である。彼が日本艦隊の動向をハワイに知らせるなと命じたのである。日本の動きをマーシャルには知らせていた。しかしFDRはマーシャルにも緘口令をひいた」（原注：一九六六年十二月七日ニューヨーク・タイムズ紙）

日本に対する最後通牒（ハル・ノート）が通告されたのは真珠湾攻撃の十日前であった（訳注：正確には十一日前）。この最後通牒が日本軍の攻撃を誘引したのは当然の成り行きであった。真珠湾に船体を横たえる戦艦アリゾナは命を落とした千人の水兵の墓標である。同時にあの最後通牒の存在を、今を生きる者たちに伝える遺産でもある。真珠湾で戦死した海軍や陸軍の兵士が戦争を始めたわけではない。始めたのはルーズベルトらのワシントン高官である。

ＦＤＲは大統領であると同時に軍の最高司令官でもあった。州兵も彼の管轄である。彼の真珠湾攻撃にいたるまでの二年間の行動は、わが国をドイツとの戦いに巻き込もうとするためのものであった。アーサー・クロックはニューヨーク・タイムズ紙（ワシントン支局）の記者であったが、ＦＤＲに次のように述べている。

「あなたは一九三七年の『隔離演説』以来、日本にはとにかく冷たく、そして辛くあたった。その結果、日本を枢軸国側に押しやってしまったのである」

日本が枢軸国側に走ったことは大変な脅威となった。ナイ上院議員は次のように嘆いた。

「日本が枢軸側についてしまったのは、わが国外交の拙策の結果である。日本には向こう側についてもらっては困るのである。日本はアメリカ国務省の強引な対日外交の結果、そうせざるを得なかったと主張した」

日本はわが国との戦いを避けるためには、ほとんど何でもするというような外交姿勢をとっていた。ベトナムからは米、天然ゴム、錫などが必要だった。日本のベトナムへの進駐はフランスのペタン政権の了解を得た上でのことであった。言わずもがなのことであるが、もしオランダが日本に対して石油の供給を拒めば、日本は蘭印（インドネシア）に進駐するであろう。日本が生存するためには致し方がない。日本は元来フィリピンなどを含む南方地域には関心がなかった。しかし石油だけは違った。石油なしでは日本は生きていけない。商船も軍船も機能不全に陥ってしまう。

近衛（文麿）首相は和平を希求していた。ワシントンへでもホノルルへでも出かけて行ってFDRと直接交渉することを望んでいた。わが国の要求に妥協し、戦いを避けるための暫定協定を結びたいと考えていた。しかしルーズベルトは近衛との会見を拒否し続けた。日本に戦争を仕掛けさせたかったのである。そうすることで対独戦争を可能にしたかった。

駐日大使のジョセフ・グルーは日本がどれほど和平を望んでいたかを知っていた。だからこそ直接交渉すべきだとワシントンに献言した。FDRは、そして彼をとりまく干渉主義者たちは（会見を拒否し）、姦計を弄し、わが国を戦争に巻き込んだのであった。わが国はあの戦争を戦うべきではなかった。不要な戦争であった。先述のアーサー・クロック記者はFDRの対日禁輸政策を責めている。あの政策が両国間の緊張を高め、日本を対米戦争に追い込んだ。そう主張しているのである。

イギリスが日本に対して禁輸などすれば、東アジアの植民地の防衛などできるはずはなかった。香港も、シンガポールも、マラヤも、北ボルネオもイギリスは守ることなどできない。それにもかかわらず、米、石油、錫など日本の必要とする商品の供給を止めたのである。そうした原料の輸入が止まってしまえば、日本は一等国としての地位を保全できなくなる。

たしかに日本は中国との間で宣戦布告なき戦いを四年にもわたって続けていた。しかしソビエトも、日本と同じようにフィンランド、ポーランドそしてバルト三国に侵攻しているではないか。わが国はそのソビエトには何も言わず同盟関係を結んだ。これに比べ日本は満洲を除く中国そしてベトナムからの撤退も検討していた。南下政策は採らないという妥協の準備もあった。あれほど強力な国である日本にこれ以上の条件をわが国は要求できただろうか。天皇裕仁も近衛首相も和平維持のために信じられないほどの譲歩をしようとしていたのである。

日本は小さな国である。人口は八千万ほどで、その国土はカリフォルニア州にも満たない大きさである。日本は天然資源が乏しく、その上、つねにソビエトの脅威に晒されていた。天皇は道義心にあふれていた (a man of honor)。そして平和を希求していた。彼を取り囲む軍国主義者を牽制していた。日本との戦いは不要であった。両国とも戦いを望んではいなかった。わが国は日本と戦って得るものは何もなかった。中国はアメリカの友好国であったが、その中国でさえも結局は共産主義者の手に渡ってしまったのである。

イギリスの失ったものはわが国の比ではない。中国に持っていた利権はもとより、マラヤも、シンガポールも、ビルマも失った。インドもセイロンも失った。蔣介石はオーウェン・ラチモアから不適切なアドバイスを受けた。日本の中国からの撤兵を条件にした暫定協定の締結に反対した。日本の撤兵が実現していれば、蔣介石の中国支配が可能になっていた。それができていれば、蔣介石の中国はアメリカの友国として十分な武器の供給を受け、中国共産党の勢力と対抗することができたはずである。

民主主義国家では自由な言論が世論を形成する。繰り返しになるが、一九四〇年から四一年にかけての世論はアメリカが戦争に巻き込まれるのを嫌っていた。九七パーセントが参戦に反対であった。ヒトラーのポーランド侵攻でその割合は若干減ったものの、日本の真珠湾攻撃までは八五パーセント程度で推移したのである。

ここで歴史の「ｉｆ」を考えてみたい。もしも日本の真珠湾攻撃がなかったら、歴史はどうなっていただろうか。私は日本との間で、相互に納得できる妥協が成立したと確信している。日本の交易の権利を容認することで、中国およびインドシナから日本軍を撤退させることができたと考えている。そうなれば日本はフィリピンとも蘭印とも貿易が可能になったはずである。

コーデル・ハル国務長官のメモワールは史実を探る絶好の資料である。もちろんこのメモワールは長官自らの、そしてＦＤＲの開戦責任を隠そうとしているところがあるので注意が必要である。日本の真珠湾攻撃を話題にする場合、必ず「破廉恥な（infamous)」という形容詞がつけられる。FDRの「恥辱の日」演説があるため、そうせざるを得ないのだ。戦いが始まったころ、真珠湾攻撃を語るときには誰もがこの形容詞を使った。私もそうであった。しかし現実はそう簡単なものではない。私は、日本が真珠湾を攻撃したのは最後通牒(ハル・ノート)を突き付けられたがゆえであることを明らかにした上で、なぜわが国は真珠湾攻撃を日本の「破廉恥な」行為として語り続けなければならないかを明らかにしたい。そこには秘められた悪意が存在している。

日本に対する最後通牒が日本の野村(吉三郎)駐米大使に手交されたのは一九四一年十一月二十六日のことであった。その通牒は日本のすべての軍隊の中国およびインドシナからの撤退を要求していた。軍隊だけでなく警察の撤退までもが条件であった。中国という表現には満洲も含んでいた。この通牒を前にした日本は壁際に追い詰められたネズミであった。戦う以外の道が残されていなかった。そうしなければ、日本の指導者は自殺を迫られたか、暗殺されたに違いない。

ハル長官のメモワールでは十一月二十五日の閣議の模様は語られていない。しかしスチムソン陸軍長官はメモを残していた。この日の議題はいかに日本を挑発して彼らに砲撃の最初の一発を撃たせるか、ということだけであった。この翌日にハル長官は、日本との暫定協定を結ぶことや、九十日間頭を冷やす期間を持つという考えさえも捨て去った。その結果、あの破廉恥な最後通牒を野村大使に手交したのであった。

この通牒の存在は真珠湾攻撃の後になって明らかにされた。そしてそれにはほとんど注意が向けられなかった。そのためにこの事実を知るアメリカ国民はほとんどいない。ＦＤＲ政権幹部は日本が警告なくわが国を攻撃することを知っていたのである。わが国の軍の高官は十一月二十六日の段階においても日本との戦いに反対していた。このことは記しておかないと彼らにフェアではないだろう。この日の午前中に開かれた陸海軍合同会議で、インガソル提督[1]は拙速に日本との戦いを始めることに反対していた。しかし合同会議の見解がＦＤＲやハル長官に考慮されることはなく、この日の午後に最後通牒が野村大使に手交された。

ハル・ノート手交の際に野村大使は来栖（くるす）三郎（特派）大使を同伴していた。来栖はニューヨーク総領事や駐ベルリン大使を歴任していた。野村大使はかつて海軍提督であり、わが国の女性と結婚していた。それだけに、彼がわが国との友好の維持を望むことひとしおであった。ハル・ノートに目を通した来栖大使は「本当にこれがわが国の暫定協定締結の望みに対する回答なのか」と念を押している。ハルはそれに対して、口を濁したような言い方であったが否定はしなかった。来栖は、これは交渉終了を意味するものにほかならないと返している。来栖にとっても野村にとってもハル・ノートは最後通牒であった。これによって戦争は避けられないものになった。

日本の軍国主義者はわが国を嫌悪していた。そういう人々でさえ、わが国の潜在的な軍事力をしっかりと認識していた。彼らの名誉が維持できる条件さえ見つかれば、わが国との戦争を避けようとしていた。彼らはそれを実現するために、（実質的に）どんな条件でも呑む姿勢であった。何とか九十日間の交渉猶予期間だけは実現したいと考えていた。

ハル国務長官は野村大使との交渉を八ヵ月にわたって続けていた。陸海軍がフィリピンなどの極東地域で軍備増強するための時間稼ぎであった。ハルはメモワールの中で、この時間稼ぎは陸海軍からの要請に基づいたものであると記している。この時間稼ぎ戦術は日本側に感づかれている。だからこそ日本政府は交渉期限を十一月二十九日と決めざるを得なかった。ハルは、日本が戦争か平和かの決断を迫られる土壇場に追い詰められていたことを、解読していた外交暗号文書を通じて知っていた。

ハルは日本との暫定協定締結交渉に関わり続けてきた。その協定が成立すれば、ただ単に日本との戦争の日を遅らせるのみならず、対日戦争そのものを避けることができた。無用な戦い、莫大なコストを要し、多くの人命を奪う日本との戦争。それを避けることができたかもしれない。しかし日本との協定締結にチャーチルも蔣介石も反対した。その意思はＦＤＲに伝えられた。

このころ、共産主義に理解を示すラクリン・カリー補佐官は、蔣介石の顧問で共産主義が大好きなオーウェン・ラチモアから至急電を受け取っている。どのような条件であっても日本との和平協定には反対であり、米日戦争を願っているという内容であった。チャーチルも、もし日本とアメリカが戦争になれば、アメリカは自動的に対独戦争に参入するだろうと考えていた。二人の思惑は、アメリカに日本とはどのような暫定協定をも結ばせない方向に作用した。

ルーズベルトは、自身の持つ大統領権限を最大限に使い、わが国民を欺いたのである。対日最後通牒の存在を国民にも、そして議会にも隠し通した。その存在が漏れたのは真珠湾攻撃以後のことである。なぜFDRは黙っていたのか。意図的に黙っていたのである（a conspiracy silence）。キンメル提督とショート将軍の責任を追及する軍法会議は党派性のないやり方で進めるべきであるとの議会の要求を拒否したのはFDRであった。その理由ははっきりしていた。公正な調査が行なわれれば、対日最後通牒の存在が明かされる。FDR自身が密かに日本を挑発していたことが露見してしまう。そうなることを恐れたのである。

対日最後通牒の存在は議会には知らされていなかった。FDR政権の高官の中でもそれを知らされていたものは少数であった。ところがイギリスのチャーチルや英軍高官は何もかも知らされていたのである。FDRはわが国を戦争に追いやった。真珠湾の三千人にのぼる海軍の犠牲者、アメリカ海軍史上稀にみる惨事。この責任はFDR

にある。それは日本を挑発した最後通牒をわが国民の目から隠したのがＦＤＲだからである。それはわが国最悪の隠蔽工作だった。テヘラン会談でポーランドへの約束を踏みにじったやり方と同じであった。

ＦＤＲが巧妙に隠してきた秘密はまだある。それが赤裸々に明かされるまでには、まだまだ時間がかかるだろう。たとえばＦＤＲが一九三九年から続けてきたチャーチルとの千七百回にも及ぶ交信記録はまだ公開されていない（訳注：先述のタイラー・ケント事件についての解説を参照されたい。一九三九年時点での首相はチェンバレンであり、チャーチルは海軍大臣である。一介の大臣と大統領の直接交信がなされたことには疑惑の目が向けられている）。

また日本の暗号「東の風」の意味するところをすでに解読していた事実も隠し通した（訳注：日本の暗号「東の風、雨」の意味するところは「対米交渉決裂」であった）。ＦＤＲは最後通牒による挑発で日本が軍事行動に出ることを知っていた。彼の狙いはそれであった。ハル、スチムソン、ノックス、マーシャル、スターク。この誰もが日本が警告なしの軍事行動を始めることを知っていた。彼らこそが米日戦争を仕掛けた張本人である。もちろんこの策謀の首謀者はＦＤＲである。

わが国にはイギリスが好きでたまらないという勢力がある。大英帝国のためであればアメリカは火中の栗を拾うべきである。そう信じている者がいる。大英帝国は極東にも数々の植民地を保持していた。一方でわが国は日本を牽制した。彼らが必要とする米、石油、天然ゴム、錫といった資源を近隣諸国から購入することさえも妨害した。わが国のこのような外交姿勢を理解することはいまだに不可能である。

日本人は感受性が強く、誇り高い民族である。国家に対する忠誠心が高く、名誉を重んじ、国を愛する民族である。（真珠湾攻撃の）三十五年ほど前にはロシア艦隊を（対馬沖海戦で）屠っている（destroyed）。日本陸軍はロシア軍を満洲から駆逐した。中国との四年にわたる戦いで、中国の沿岸部、主要都市、そして全満洲は日本の占領下にあった。当時の日本は極東における大国であった。

今日（訳注：一九七六年）、日本は東洋におけるわが国にとって最良の友邦であり信頼に足る国である。かつての同盟国ソビエトは敵国に成り下がった。世界全体にとっても自由を脅かす敵国に変貌した。逆に米日両国の関係は友情を鎹として結ばれた。その友好関係は自由と民主主義を理念とした強固なものである。日本人はあの戦いを最後まで勇敢に戦った。二度と米日両国の間に戦いがあってはならない。

米日両国は二つの偉大な国家、つまり自由と互いの独立と主権を尊重する国家として手を携えていかなければならない。日本が攻撃されたらわが国は日本を防衛する。それがわが国のコミットメントであり、世界はそのことを知らなければならない。

私は一九七一年四月十四日付のニューヨーク・タイムズ紙の報道に深く感ずるとこ

ろがあった。同紙はカリフォルニア州サンノゼ市長選に日系のノーマン・ミネタ氏が勝利し、日本人の夫人とともに喜んでいる様子を伝えていた。彼には子供のころに二年間、日本人強制収容所で暮らした経験があった。ミネタ氏がアメリカの大都市の市長として選出された初めての日系人となったのである。

陸軍長官のヘンリー・スチムソンは狂信的なところがある愛国者であった。だからこそ、ＦＤＲ（政権）には、参戦する権利があると信じていた。参戦には議会の同意はいらないと考え、どんな姑息な手段を使ってでも参戦することが正義であると考えていた。彼がどのように考えていようが、もし大統領が姦計を弄したり密約をもって議会の同意なしの戦争を始めたりしたら弾劾されなければならないのである。

スチムソン長官がＦＤＲと、その後の対日政策を協議したのは、ハル・ノート手交の二日後のことである（十一月二十八日）。この時点でＦＤＲは、最後通牒を受けた日本が直ちに軍事行動を起こすかどうかはわかっていなかった。そのため、ＦＤＲは、さらに最後通牒の性格を持たせる文書が必要であるかを確認したかった。(He wanted to know if anything was to be done to make something in the nature of an ultimatum again.)（傍点及び下線著者）つまり、アメリカが対日戦争を仕掛けることになる条件をより明確にすること、あるいは、そんな面倒なことをせずとも対日戦争がアメリカ側から一方的に仕掛けられないかを検討していたのであった。ここで注意しなくてはならないのは、「最後通牒の性格」という言葉が使われていることである。（このことはハル・ノートそのものが最後通牒の性格を持っていたことをFDRが認識していたことを示すものである。）

スチムソン長官は、後者の案、つまりアメリカ側から攻撃を仕掛けることも考えていた。スチムソンもFDRも、アメリカ世論などどうでもよいと考えていたのである。議会の考えも憲法の規定も彼らにとってはどうでもよかったのである。スチムソンは日本嫌いの男であった。一九三一年に満洲事変が発生したが、そのとき彼はフーバー政権の国務長官であった。対日戦争を始めてしまえという考えを持っていたが、フーバー大統領に戒められている。

FDRもチャーチルも日本と戦争を始めることで、わが国を対独戦争に参入させたかった。繰り返しになるが、FDRは日本に対して再度「最後通牒の性格を持った文書」を発することまで考えていた。FDRとスチムソンは十一月二十六日の「最後通牒」に日本がすぐに反応しなかったことから、（この時点で）第二の「最後通牒」でさらに日本を追い詰める（挑発）ことを検討していたのである。

しかし第二の「最後通牒」は不要であった。ハル・ノートだけで十分であった。ハル・ノートを発する決定をした六人のメンバーが想定していたとおりのことが現実になった。日本に対米戦争を決断させ、その数日後にはドイツ、イタリアも対米戦争を決めたのである。その結果わが国は四千億ドルにものぼる戦費を無駄にした。そして百万人の戦死傷者を出してしまったのである。

ハル・ノートが天皇の下に届けられたのは十一月二十七日朝のことであった。当然ながらこの文書は最後通牒だと理解された。日本にすべての陸海軍兵力と警察を「中国」から引き揚げるよう要求していた。さらに蔣介石政権以外を支援することを禁じていた。また三国同盟の破棄をも要求するものであった。日本は「中国」の定義に満洲が含まれていると理解した。満洲については、日本は絶対にこれを手放さないと決めていた。もし「中国」に満洲は含まれないというのであれば、ハル国務長官はそのように明確に記しておくべきであった。

あの「最後通牒」が何を引き起こすのか。それを理解することは容易である。日本の歴史、制度あるいは日本人の心理に詳しくなくてもすぐにわかることである。彼らは三つの結論を出した。一つは、どのような政権であれ、ハル・ノートを受け入れれば政権は崩壊するということである。二つ目は、ハル・ノートに示された過激な要求で、太平洋地域の和平の維持を目指す米日の会談はもはや望めないということである。そして三つ目は、ハル・ノートを受けた日本は、もはや宣戦布告なくして対米戦争をいつ始めてもおかしくないということであった。

注

1　Stuart Ingersoll（一八九八―一九八三）最終階級は海軍中将。

第16章　真珠湾の悲劇

ルーズベルト政権の責任回避のために二人の司令官は生贄にされた。

ルーズベルト大統領が米国議会と国民に対日宣戦布告を求めた「恥辱の日」演説は、日本の真珠湾攻撃を糾弾するものであった。それを受けて、私を含むすべての国民がFDRを支持した。アメリカ国民は、何の挑発もされていないにもかかわらず日本が卑劣な攻撃をわが国に仕掛けてきたことに驚いたのであった。宣戦布告のない、こずるい攻撃が真珠湾攻撃であった。それに対する苦々しい思い。それが怒りとなり狂信的とも思えるほどの敵愾心へと変貌した。だからこそ全国民が政治信条、党派を超えて大統領を支持したのである。しかし、われわれは大統領が仕掛けた罠を知らなかった。彼はわれわれを騙して戦争を始めたのである。八五パーセントの国民が反対していた戦争を始めさせたのである。

私たちは、日本が和平交渉の真っ最中にわが国を攻撃したものだと思い込んでいた。一九四一年十一月二十六日の午後、国務省で日本の野村大使に最後通牒が手交された。

それはハル国務長官が手渡したものである。ワシントンの議員の誰一人としてそのことを知らなかった。民主党の議員も共和党の議員もそれを知らされていない。これは戦争を始めたくてしかたがないFDR政権の巧妙な陰謀にほかならない。

彼らは十一月二十五日にホワイトハウスに集まった。高官の顔ぶれは、ハル国務長官、スチムソン陸軍長官、ノックス海軍長官、マーシャル将軍、スターク提督である。その日の議題はたった一つ。いかにして最初の一撃を日本に放たせることができるかであった。日本を挑発して、彼らに攻撃の火蓋を切らせるにはどうしたらよいか。それを協議するために集まった。この会議の結果があの日本に対する最後通牒であった。それは議会と国民の意思を無視するものであり、そしてまた合衆国憲法に違反するものであった。

十二月八日月曜日、私は下院議会運営委員会の共和党理事として対日宣戦布告議案を検討した。私は大統領の対日宣戦布告を容認するスピーチのために演台に立った。私の演説は、ラジオを通じて国民に伝えられた。ラジオが下院の演説を伝えるのは史上初のことであった。私は、今、その演説を強く恥じている。FDRの日本に対する悪辣な最後通牒こそが日本を戦争に追い込んだことを知ったからである。日本がもしあの最後通牒にもかかわらず、わが国と戦わないことを選択していれば、日本の指導者は国民に射殺（暗殺）されていたに違いない。

ＦＤＲの対日宣戦布告を容認する私の演説は明確なものであった。言葉を濁すような表現は使っていない。この演説は議場の喝采を浴びた。そしてそれを二千五百万人の国民が聞き入った。私の演説は下記のようなものであった。

私は（日本に対する）宣戦布告を支持するためにこの演台に立たねばならないことを悲しく思う。そして日本に対して腹立たしい気持ちで一杯である。私はこの三年間にわたって、わが国の参戦にはつねに反対の立場をとってきた。戦場がヨーロッパであろうが、アジアであろうが、参戦には反対であった。

しかし、日本海軍と航空部隊は、不当で、悪辣で、恥知らずで、卑劣な攻撃を仕掛けてきた。日本との外交交渉は継続中であった。大統領は、日本の天皇に対してメッセージを発し、ぎりぎりの交渉が続いていた。日本の攻撃はその最中に行なわれたのである。このことによって対日宣戦布告は不可避となった、いや必要になったのである。

参戦の是非をめぐる議論の時は終わった。行動する時が来てしまった。干渉主義者もそうでない者も、互いを非難することをやめるときが来た。今こそ一致団結して、大統領と、そして合衆国政府を支えなければならない。一丸となって戦争遂行に邁進しなければならない。日本の（信義を裏切る）不誠実なわが国への攻撃に対する回答はただ一つ。完全なる勝利だけである。われわれは血も涙も流さねばならないだろうし、戦費も莫大になろう。しかし、日本による一方的なわが国領土への攻撃に対しては戦争によって対処するしかなくなった。

私は再三再四、外国での戦争にわが国が参戦することに反対を表明してきた。しかし、わが国が攻撃された場合、あるいは合衆国議会がアメリカの伝統である憲法に則ったやり方で宣戦を布告するなら、大統領および合衆国政府を最後の最後まで支援しなければならない。

日本民族は、神が破壊せしもの（民族）に成り果てた。日本人は気が違ってしまったのである。一方的な軍事攻撃を仕掛けてきたが、これはまさに国家的自殺行為である。私は先の大戦で志願して戦った。このたびの戦いにも時機を見て志願するつもりである。そして今度も黒人部隊に入って戦いたいと考えている。

国を守るためにはどんな犠牲を伴っても致し方ない。気の触れた悪魔のような日本を完膚なきまでに叩き潰すためには、どのような犠牲であれ大きすぎることはない。

戦いの時は来た。手を携え、堂々とアメリカ人らしく戦いを始めよう。そしてこの戦争は、単にわが国に向けられた侵略に対する防衛の戦いというだけではない。世界に、自由と民主主義を確立するための戦いであることを知らしめよう。

勝利するまで、わが国はこの戦いをやめることはない。
国民に、そしてとくにわが共和党員や非干渉主義を信条とする者たちに訴える。今は信条や党派を超えて大統領を支えるときである。最高指揮官の大統領を支え、わが軍の勝利に向けて団結するときである。
わが国の外交はつねに正しくあれ。万一間違っていることがあろうとも、アメリカは祖国なのである。

ＦＤＲの「恥辱の日演説（Day of Infamy Speech）」は（真珠湾攻撃の翌日の）十二月八日になされた。議会に対日宣戦布告の承認を求めるものであった。しかしこの演説では真珠湾攻撃の十日前になされた対日最後通牒については一切言及していないのである。ＦＤＲの演説はアメリカ議会を意図的に欺いた。共和党の議員も、民主党の議員も騙したのである。

ＦＤＲは日本政府との和平交渉は継続中であると述べた。日本の天皇に対しても、太平洋地域での和平維持のためにメッセージを伝えていると語った。しかし、ワシントン議会の議員の誰一人として、対日最後通牒の存在を知らなかった。この最後通牒に対する日本側の回答を、ＦＤＲ政権は十二月六日夜に暗号解読を済ませ、その内容を予め承知していたことも知らなかった。日本の回答内容を確認したＦＤＲがハリー・ホプキンスに向かって「これは戦争ということだな」と言ったことも知らなかった。

日本が戦争を覚悟したことこそ、FDRが狙っていたことそのものであった。FDRは全軍の最高指揮官である。日本の覚悟を知ったにもかかわらず、この最高指揮官はほとんど何もしなかった。陸軍長官にも海軍長官にもすぐに電話を入れるべきであった。マーシャル将軍にも、スターク提督にも知らせるべきであった。われわれはFDRがスターク提督に連絡しようとしたことは聞いている。しかしスタークは観劇中であった。そのためFDRは連絡できていない。FDRが海軍あるいは陸軍の幹部に接触を試みたという記録は残されていない。

FDRは真珠湾攻撃の十四時間前に日本の攻撃があることを知っていた。それにもかかわらず彼は何の行動も起こさなかった。彼のしたことは「恥辱の日演説」の内容を考え、自らの陰謀をいかに隠し続けるかに知恵を絞っただけである。彼は、日本がわれわれのメッセージに対する公式回答を持ってきたのは真珠湾攻撃開始の一時間後であると演説の中で説明した。しかし、すでに述べたように日本の回答の内容は十四時間前にわかっていたのである。

内容を知っていたのはFDRだけではない。ハル、スチムソン、ノックス、マーシャル、スタークも知っていたことは間違いない。もしこうした政府高官が知らされていなければＦＤＲの責任である。ＦＤＲの隠蔽工作は「恥辱の日演説」で実に幸先のよいスタートを切った。議員の誰にも対日最後通牒の存在は察知されなかった。私の演説内容を見れば、ＦＤＲの隠蔽がいかに効果的であったか一目瞭然であろう。

今では、ルーズベルトの「恥辱の日演説」は、偽善と嘘にまみれていたことが明らかになっている。あの戦争の原因、戦争中起こった数々の出来事と戦争の結果に、真実とは何だったのかを探ろうとするサーチライトの光が当てられた。その照射熱に当たって、ルーズベルトの言葉はペラペラと燃えあがった。そして彼の言葉は灰になってしまった（彼の言葉に真実はなかったのである）。あの戦争がもたらしたものは何だったのか。言わずもがなである。わが国の損害はこれまでに経験したどの戦争よりも甚大であった。わが兵士は勇敢に戦った。自由と民主主義のための戦いに勝利する。それが戦いの目的であった。しかし、それはあのヤルタ会談で意味のないものになった。世界の半分がスターリンと共産主義の支配下に入ったのである。

ルーズベルトのスターリンへの譲歩の結果、東ヨーロッパそして中国が共産主義の支配下に組み込まれた。六億人もの人々が共産主義の支配下に入ったのである。これが、アメリカ国民が騙されて始めてしまった戦争の代償なのである。アメリカ国民は戦争など望んでいなかった。私はあの戦争は必要のない戦いであったと思っている。駐日大使であり、知性も高く、誠実なキャリア外交官であったジョセフ・グルーの報告でも明らかになってきているが、日本政府も日本の国民も戦争を望んでいなかった。もちろんわが国も日本との戦争など望んでいなかった。

わが国内の干渉主義勢力は気が違ったかのように、わが国は、世界を啓蒙する義務（明白なる宿命）を神に委ねられているのだと声高に訴えた。わが国は世界の警察官の義務があると主張した。わが国が被ることになる人的犠牲にも財政的負担にも全く頓着しない物言いであった。彼らの主張は、圧倒的多数の国民の意思や議会の考えに反するものであった。

真珠湾の悲劇については、調査委員会によって何千ページにもわたる調査結果が報告されている。研究者にも学生にもそれが公開されている。しかし、議会に設置されたロバーツ委員会の報告には問題がある。この委員会は、真珠湾攻撃の直後に大統領によって指名された議員によって構成されていた。彼らは、一九四一年十一月二十六日のハル・ノートに関与していた。

ロバーツ委員会で聴取された証言のほとんどが陸軍、海軍関係者そして調査委員会のメンバーによって否定された。このことはＦＤＲ、スチムソン、ノックスが、ロバーツ委員会のメンバーに都合の良い人物だけを選んで、わが国民を騙そうとしていたことを示唆していた。ハワイの司令官に、対日最後通牒のことも解読された日本の外交暗号についても知らせていなかったことも委員会は隠すつもりであった。海軍そして陸軍もそれぞれ独自の調査を実施している。その調査では、キンメル提督とショート将軍には責任がなかったとしている。むしろ彼らに対して十二月六日時点で危険を知らせなかったハル国務長官、マーシャル将軍そしてスターク提督を責めていた。

この陸海軍の調査報告書をしばらくの間公開しなかったのはスチムソンとノックスであった。世論の強い要求でしぶしぶ公開した。政権の圧力にもかかわらずワシントン高官の責任をしっかりと追及した陸海両委員会の勇気は称賛に値する。FDRもスチムソンもノックスも責任を免れたのはただ単にそのポジションの最高司令官であったからに過ぎない。

報告書の内容を知ったスチムソンは怒りを隠せなかった。彼は報告書の内容を捻じ曲げて、ワシントン議会に責任を転嫁しようとした。全くの嘘をつかせようとしたのである。しかしそんなことはできなかった。ワシントン議会もアメリカ国民も、FDR政権の対日最後通牒手交や、ハワイの司令官に警戒を発しなかった工作にもまったく関与していないからだ。

調査報告書が公開になった時点で、FDRとノックスはすでに世を去っていた。しかし、ハル、スチムソン、マーシャルそしてスタークは生きていた。中でも責任が重いのはスチムソンである。FDRとハルと同じレベルの責任がある。彼は、もし日本が挑発にのらなかったら、すぐにでもこちらから戦争を仕掛けるべきだとFDRに建言していたのである。

当然に予想されることであったが、報告書が公になるとスチムソンはやっきになって責任を逃れようとした。彼は、何とかして最後通牒であるハル・ノートの存在を隠しておきたかった。もちろんこの隠蔽工作の首謀者はＦＤＲである。彼が企みの主人公であり、戦争の火蓋を切らせる導火線に火をつけた張本人である。

彼らは日本が戦いに打ってでることを知っていた。それが宣戦布告のない戦略的に計算された攻撃になることもわかっていた。ただその攻撃の火蓋がいつどこで切られるかはわからなかった。シンガポール、タイ、香港、フィリピン、ミッドウェイ島、グアム、真珠湾、あるいは石油を求めての蘭印（インドネシア）。これらが攻撃対象となる可能性のある地域であった。

ルーズベルトは選挙戦を通じて国民へ戦争不介入を約束していた。その前の民主党大会でもそれを誓っていた。彼は戦争には巻き込まれないという選挙公約で身動きがとれないでいた。そのジレンマから解放される唯一の方法は、ドイツあるいは日本を挑発し、どちらかの国に先制攻撃させることであった。ＦＤＲはドイツを徹底的に挑発した。しかしドイツはその挑発にのらなかった。（英国向けの武器を積んだ）輸送船をアメリカ海軍が守るために艦隊編成をしたことにも、Ｕボートを見つけ次第攻撃せよとしたＦＤＲの命令にもヒトラーは自制した。アメリカに攻撃を仕掛けなかった。

マーシャル将軍とスターク提督は日本への最後通牒（ハル・ノート）通知後になぜハワイに日本による攻撃の可能性を知らせなかったのであろうか。彼らは日本がハル・ノートに記されたわが国の要求に従うことを拒否することが明らかになった十二月六日の夜あるいは十二月七日の早朝にはハワイに警告を発することはできたのである。FDRはこの件について六日の夜にマーシャルと連絡をとったのであろうか。もしとっていないのであれば、それはなぜだろうか。

ハワイになぜ危険を知らせなかったかについては、まったく理解できないことである。彼らの沈黙は本当の理由を秘匿するために巧妙に計算されたものとしか思えない。私はワシントン議会の公聴会に基づく多くの報告書を精読した。しかしどの報告書もハル・ノートが持っている（最後通牒の）性格を無視している。しかし、FDRが最後通牒（ハル・ノート）を発したのは間違いないことである。だからこそ彼は、その結果責任を負わなければならない。真珠湾の惨禍の責任を取らなければならないのである。

アメリカ国民がFDRに騙されたことを知ったら、FDR政権が全国規模へと拡大する政治的な爆弾（political bomb）を抱え込んだことは間違いない。おそらくその爆弾はFDRの辞任を求めるものになっただろうし、弾劾までも要求する厳しいものになっただろう。

ＦＤＲ、そしておそらくハル、スチムソン、ノックス、マーシャル、スタークも十二月七日の真珠湾攻撃の前に、日本政府からワシントンの大使館に送られた外交暗号の内容を知っていた。また日本政府はワシントン以外の大使館にも（真珠湾攻撃を匂わせる）暗号を送っていた。彼らは、そうした暗号からも、戦争がすぐにでも始まることを知っていた。十二月六日の夜十時にはＦＤＲの手元にはその詳細が届いていることがわかっている。彼にその内容が報告されたとき、ＦＤＲはハリー・ホプキンスと話し込んでいた。解読された最初の十三項目を読んだＦＤＲはそのレポートをホプキンスに見せながら「これは戦争だな」と述べた。そしてその報告書は直ちにハル国務長官にも届けられることになっていた。

ＦＤＲは劇場にいたスターク提督にすぐに知らせようとする動きを止めている。観劇の邪魔をしたくないという理由であった。本当に知らせなかったのか、それとも密かに知らせていたのかは歴史の闇に隠れたままである。しかし全軍の最高指揮官である大統領にはスタークに知らせる義務があった。ＦＤＲは真っ先にマーシャルとスタークに暗号の内容を知らせ、真珠湾の二人の司令官（キンメル提督、ショート将軍）や東アジア各地の指揮官にそれを伝えるように命令すべきであった。

真珠湾の悲劇の責任はすべてＦＤＲにある。（議会に諮（はか）らず）最後通牒を日本に発しただけでなく、その最後通牒に対する日本の回答をハワイの司令官に知らせなかった。彼は二重の責任を負わなければならない。ハワイの二人の司令官の名誉は毀損され、彼らは解任された。これがＦＤＲとその政権幹部の責任を回避するための措置であったことは間違いない。

ロバート・Ａ・セオボールド海軍准将（退役）はその著書『真珠湾最後の秘密（*The Final Secret of Pearl Harbor*）』[1]の中で真珠湾攻撃について詳述しているが、彼は戦争を始めたのはＦＤＲであると明言している。真珠湾を無防備のままにしたこと。彼ら二人の真珠湾の司令官に解読された日本の暗号に基づいた真珠湾攻撃の可能性を知らせなかったこと。ＦＤＲは日本の暗号文書の中に真珠湾におけるアメリカ艦隊の配置情報があると知っていたこと。日本を挑発した最後通牒（ハル・ノート）に対する日本の回答内容を知っていたこと。そうしたことを総合的に判断すればＦＤＲの責任は明白である。

スチムソンもノックスも戦争をしたくて仕方がなかった。だから彼らも真珠湾の司令官にその危険性を知らせることをしなかった。マーシャルもスタークも日本に対する最後通牒の存在には沈黙を守っていた。ＦＤＲ以下すべての政権幹部が真珠湾への警告を怠った。特にハル国務長官は解読された日本の暗号の内容を十二月六日には知っていた。おそらく彼が日本の暗号情報を受けた最初の高官であり、それをＦＤＲに伝えた人物である。ハルはＦＤＲの次に責めを負うべきであるが、真珠湾の司令官に警告しなかったことについては直接の責任はない。その責めを負うべきなのはスチムソンとノックスである。しかしハルが共謀者である責任は免れない。残された資料から、FDRとその政権幹部が真珠湾に危機が迫っている可能性が高いにもかかわらず何もせず沈黙していたことは明白である。彼らはFDRと同罪である。

セオボールド准将が著した上述の『真珠湾最後の秘密』は詳細な記録に基づいた書である。彼は日本との戦争はルーズベルトが始めたと言い切っている。真珠湾の防衛を、日本の奇襲攻撃の囮（おとり）にするように意図的に手薄にしたのも、スタークやマーシャルに真珠湾の司令官二人（キンメル、ショート）への警告を止めさせたのもFDRであると主張している。

スチムソンもノックスも開戦したくて仕方がなかったから、彼らも何の行動も起こしていない。彼らのスポークスマンの役割を果たしていたのはスタークとマーシャルであるが、この二人も最後通牒（ハル・ノート）が日本に発せられていることに口を噤（つぐ）んでいた。ワシントンの高官は大統領以下誰一人として真珠湾の司令官に情報を与えなかった。

ハル国務長官が十二月六日には解読されていた日本の外交文書の内容を知らされていることは間違いない。この文書は最初に彼に届けられ、それをFDRに知らせたのもハルであろう。（彼らは日本のハル・ノートに対する回答を予め知っていたのである。）従ってハルにはハワイの司令官にその内容を伝える義務があった。ハルはその責任を免れ得ないが、直接の責任はＦＤＲにある。そうはいうもののハルは共謀者であった。他の高官と同じように沈黙を守ったからである。残された記録から彼らのすべてがだんまりを決め込んだことがわかっている。そういう意味では同政権の幹部はみな大統領と同罪である。

マーシャル将軍は十二月七日の朝、乗馬に出かけたことになっている。しかしセオボールド准将は、それは嘘だとはっきり述べている。この日の朝、マーシャルはスタ一ク提督の執務室にいて、解読された日本の暗号文書について検討を行なっていたと主張する。ハワイに（危険を）知らせるとしたスターク提督に対して、自分がそれをやると言ったのがマーシャル将軍であった。マーシャルはたしかにそれをしたが、手遅れになってからのことである。マーシャルの行動は、彼が全くの無能な将軍であったか、あるいはルーズベルト本人からの命令に従ったかのどちらかであるかを示している。セオボールド准将は後者であると言い切っている。

ハルゼー提督も、キンメルとショートはスケープゴートにされたと見ている。二人は政治家の犠牲になったのである。ＦＤＲはロバーツ委員会を設置して、二人を査問している。しかし自らが秘密に発した日本への最後通牒の問題を調べさせなかった。ＦＤＲはそのことが発覚しないようにオーウェン・ロバーツ（最高裁判所判事）を指名したのである。ロバーツは民主党ではなく共和党を支持する人物であったが、同じように共和党員であったスチムソンやノックスと同様に戦争に介入したくて仕方のない人物であり、真珠湾攻撃を受けて、「今こそアメリカは一つになるべきだ（Union Now）」と訴えていた。ロバーツを調査委員会委員長に推薦したのはスチムソンであった。

また、スチムソンとノックスは委員会（事務局）のスタッフに（彼らの意向を汲める）軍関係者を押し込んだ。その結果あの悲劇的な結果をもたらした最後通牒（ハル・ノート）の件はうやむやにされたのである（hushed up）。そして真珠湾の惨禍の責任はすべてキンメル提督とショート将軍の責に帰せられてしまった。

ハルゼー提督は有能な海軍の指揮官であり、真珠湾攻撃当時はキンメル提督配下で太平洋艦隊の指揮をとる三人の高官の一人であった。ハルゼーは先の『真珠湾最後の秘密』にまえがきを寄せている。

「解読された日本の『マジックメッセージ（magic messages）』の内容はキンメル提督には知らされていなかった。そこには日本が真珠湾におけるわが艦隊の配置状況や行動の様子に強い関心を寄せていることが示されていた。その関心は継続的であり、また詳細な情報を求めるものであった。もしわれわれがその事実を知らされていたら、真珠湾が攻撃される高い可能性を見越した準備行動を起こしていたことは確かである。

われわれの人的資源と与えられていた装備には限りがあったが、その限界一杯まで全方位を警戒する行動をとっただろう」

「私はキンメル提督もショート将軍も優れた指揮官であったと確信している。与えられた装備と情報の中で任務を遂行しなくてはならなかったのである。二人は殉教者にされてしまったのである」

ハルゼーがこの一文を寄せたのは一九五三年九月のことであった。

『真珠湾最後の秘密』の中で、キンメル提督は次のように述べている。

「真珠湾を無防備のままにしておくこと。それがルーズベルト大統領の計画であった。その計画に沿ってハワイの太平洋艦隊には何の警告も発せられなかった」

キンメル提督は「ワシントンの中枢にいる者たちがある策略を持って、真珠湾への警告を止めた」と確信していた。だからこそ「その責任者の罪はけっして許されない」と訴えた。FDRは日本の真珠湾攻撃を止めさせたくはなかった。もし真珠湾の防衛ができていれば、日本は計画を中止してしまう可能性があったからである。

キンメルとショートは軍法会議で弁明の機会を与えられてもよかった。しかし彼らの要求は叶えられなかった。ルーズベルト政権は軍法会議が開かれることを恐れた。そうなれば二人の被告は証人喚問を要求する。そして（二人を糾弾する証人に対しては）反対尋問を行なうことになる。そうなれば（政権が隠していた）日本に対する最後通牒（ハル・ノート）の一件が露見してしまう。

一九四四年六月五日、私はワシントン下院で、「ルーズベルト政権は真実を明るみに出さないためにシャドーボクシングを続け、実体のない相手ばかりを責めている。アメリカ国民に真実を教えたくないからである。特に問題なのは真珠湾の惨禍に責任を負うべき者に説明責任を果たさせていないことである」と述べた上で次のように発言した。


「議長、私にワールド・テレグラム紙の記事を読み上げることをお許し願いたい。ワールド・テレグラム紙はニューヨークのスクリップス・ハワード社（Scripps-Howard）が発行しており、ニューヨークでは高い発行部数を誇る新聞の一つです。この社の記事は広く全国の新聞に配信されています。私がこの記事を紹介するのは、もし私自身がこの記事と同じことを発言すれば、『戦争の最中にあるにもかかわらず戦争を政治利用している』と非難されることを恐れるからです。私が紹介する記事には『キンメル、ショート、ルーズベルトそしてハル』という見出しがつけられています」

「議長、ルーズベルト政権は真珠湾問題について早い時期に軍法会議を開くべきだったのです。ここに紹介する記事には『現政権は真珠湾についての裁判を（一九四四年の）大統領選挙以降まで遅らせることを決めている』とあります。日本は相当に早い段階に真珠湾を攻撃することを決めていました。そしてわが軍の歴史上最悪の屈辱的な惨禍をもたらすことに成功しました。この時点において軍法会議を開くことに何の問題もありません。そこで明らかになる事実で日本が新たな情報を得るなどということはないのです（戦争継続中だが、日本を利する情報など出てこない）」

「むしろ軍法会議が開かれれば、ワシントン高官の責任を示す証拠が明らかになってくるだろうと世間では信じられています。つまり彼らがなぜ真珠湾のキンメルとショートに対し警告番号No.1（訳注：一九四一年十一月五日付の警戒手続き命令書（Standing Operating Procedure）では警戒レベルごとにハワイの陸海軍が取るべき行動が明記されていた。番号が上がるごとに警戒レベルは高くなる）を発してNo.3を発しなかったのかが追及されることになるのです。No.1は米国内部からの破壊工作に対する警戒命令であり、No.3はすべての可能性に備えた警戒命令でした。もしNo.3が発令されていれば、真珠湾に対する防衛がうまくいっていた可能性がありますす。そうなっていれば太平洋戦争はこれほど長引かなかったかもしれません。No.3でなくNo.1を誰が出させたか。ハル国務長官あるいはルーズベルト大統領自身が発令させた可能性があるのです」

「軍法会議を遅らせているのは選挙を考えているからです。誰がNo.1を発令させたのかが暴かれることを恐れているのです。選挙を控えた思惑です」
「議長、ここに私が述べた事柄は私自身の言葉ではないことを繰り返します。大きな発行部数を誇り、党派性の少ない新聞の論説記事なのです。私はこの記事はアメリカ世論の感情を反映していると考えております」

私はこのようにワシントン下院で述べた。しかし、もっと重要な事柄がある。この時点においても日本に対して最後通牒（ハル・ノート）が突きつけられていた事実は明かされていなかったのである。ロバーツ委員会の調査報告は（政権に有利なように）偏向していた（slanted）ことは間違いない。世論は真相究明を要求し、ワシントン議会は次のメンバーで構成される上下院合同の調査委員会を設置した。

〈上院民主党〉
アルベン・バークレイ議員
ウォルター・ジョージ議員
スコット・ルーカス議員[2]
〈上院共和党〉

ホーマー・ファーガソン議員[3]
ラルフ・ブリュースター議員[4]
〈下院民主党〉
ジーレ・クーパー議員[5]
ジェローム・クラーク議員[6]
ジョン・マーフィー議員[7]
〈下院共和党〉
バートランド・ゲルハルト議員[8]
フランク・キーフ議員[9]

民主党の委員会メンバーであるバークレイ議員とルーカス議員は同党の副大統領候補でもある有力議員であった。ＦＤＲはもちろん民主党の代表であり、同時に民主党組織を牛耳っていた。民主党の副大統領候補の人選を左右できる。従って調査委員会の民主党メンバーは難しい立場に立たされることとなった。

お母さん、泳ぎにいってもいいですか。
もちろんよ、脱いだ服は胡桃（くるみ）の小枝に懸けときなさい。

でも、危ないから水辺に近づいてはだめよ。

この小唄が意味するような立場に調査委員会の民主党メンバーは立たされたのである。ここでいう「水辺」が意味するものはFDRが隠していた日本への最後通牒（ハル・ノート）なのである（民主党のメンバーはハル・ノートの存在を云々してはいけないという空気の中にいた）。調査委員会に過半数以上の民主党議員を押し込んだのは、何が何でもハル・ノートの存在を隠したいFDRの隠蔽工作の一環であった。

民主党議員であっても、ロバート・レイノルズ議員[10]（民主党：上院軍事委員会委員長）やデイヴィッド・ウォルシュ議員[11]（民主党：上院海軍委員会委員長）はメンバーに選ばれていない。二人とも非干渉主義者であったからである。この二人であれば偏りのない調査ができたはずである。しかしそうなると、FDRが隠したい事実が明るみに出てしまっただろう。

こうした足枷はあったものの、上下両院合同調査委員会はフェアな作業をしている。キンメルとショートの二人の司令官を職務怠慢と決め付けたロバーツ委員会の判断を覆し、二人の上司に判断ミスがあったとしたのである。これによって両司令官がロバーツ委員会によって着せられた汚名が雪がれた。しかしこのことによって犠牲者も出た。委員会メンバーであった二人の共和党議員が次の選挙で敗れてしまったのである。

調査委員会の民主党メンバーは干渉主義者であり、彼らはＦＤＲとその政権幹部を何とか守ろうと考えた。だからこそ真珠湾の惨禍を引き起こした真の原因である最後通牒（ハル・ノート）の存在を隠し通したのである。

ブリュースター議員（共和党、メイン州）とファーガソン議員（共和党、ミシガン州）の二人は少数意見書を提出し、真珠湾の責任はＦＤＲ、ハル、スチムソン、ノックス、マーシャルそしてスタークにあると断言した。ただ残念なことに、キンメル提督が要求していた軍法会議はその開催を拒否された。ワシントン議会は開催を求める議決までしていた。それをＦＤＲ政権は無視したのである。

一九四四年六月五日、私は議会で次のように述べた。この中で私はこれから起こるであろう懸念を語った。そしてそれは現実のものになってしまった。

フィッシュ議員＝「議長、キンメル提督は公開裁判を要求しています。今日ここにショート将軍も見えています。私はショート君をよく知っています。彼も同じように公開裁判をすぐにでも開催するよう望んでいます。しかし、私は、ワシントン議会がそれを要求する決議をしているにもかかわらず、彼らが望む公開軍法会議は開かれないだろうとの悲観的な考えを持っています。現政権は議会が何を言おうが頑なにそれを拒むでしょう。少なくとも今年の大統領選挙が終わるまで、その態度は変わらないはずです。公開裁判は政権が新しくならない限り望み薄だと思っています」

ショート将軍＝「軍法会議の開催を議会は要求しています。開催しない責任は議会にはありません（それを開こうとしないＦＤＲ政権にあります）」

フィッシュ議員＝「ショート将軍の言うとおりであります。軍法会議が開かれれば、Ｊ・Ｏ・リチャードソン提督[12]が証人喚問されるでしょう。そうなれば、リチャードソン提督が太平洋艦隊を真珠湾に移動することに抗議していたことが世間に知れることになります。彼は真珠湾に艦隊を持っていけば（もしもの日本の攻撃の際には）、艦隊は動かないアヒルのように敵の攻撃目標になると恐れたのです。彼の危惧は一九四一年十二月七日に現実になってしまいました」

「リチャードソン提督は太平洋艦隊司令官でしたが艦隊移動に抗議したためにその職を解かれています。その後任がキンメル提督だったのです。リチャードソン提督がこのことを証言すれば国民は驚くに違いありません。公開の裁判になれば彼はこの事実を明かすことになります。証人は真実を述べることが義務付けられているからです。国民は真実を知りたいと考えています。真実を知る権利があります。それを知るための機会を得られないとしたら、それはまことに残念なことです」

ＦＤＲは一九四〇年十月八日には日本との戦争を考えていた。彼は当時太平洋艦隊司令官であったリチャードソン提督に、日本は必ず間違いをしでかしてくれるだろう、わが国に戦争を仕掛けてくるだろうと語っていたのであった。真珠湾攻撃の十四ヵ月前からＦＤＲは日本との戦争を起こし参戦することを画策していたのである。

一九四一年八月、ＦＤＲはチャーチルと会った（大西洋会談：カナダ・ニューファンドランド沖での会談）。ＦＤＲは東アジアにおけるイギリスの利権を守ることをそこで約束したのである。しかしそのことはアメリカ国民には知らされていない。このことは一九四二年一月二十七日のチャーチル首相の発言で確かめることができる。チャーチルは議会で次のように述べていた。

「大西洋会談の際にＦＤＲは、たとえアメリカが攻撃されない場合でも極東においてアメリカは参戦すると約束してくれた。そうなれば、われわれの勝利は確実である。彼の言葉は私の憂いを和らげてくれた」

スチムソンは何が何でも戦争をしたかった男である。彼にとっては議会も合衆国憲法の精神もどうでもよかった。大統領にすべての権限があるかのように振る舞った。要求する条件を呑まない国があれば、大統領はその国に対して宣戦布告することができると主張したのである。議会の承認など無用と考える男であった。合衆国憲法は宣戦布告の権限は議会にのみあることを規定している。憲法には大統領が国民を欺くような手口を使って戦争ができるなどとは書かれてはいない。

陸軍と海軍が出した報告書にある証言からわかるように、両軍の士官は誠実であり職務に誇りを持っている。調査委員会で証言した者たちはその地位が脅かされることを覚悟の上で真実を語ろうとしている。ワシントン政権の高官を非難すること、つまり彼らの上司にあたる陸軍長官や海軍長官の責任を口にすることはそういう覚悟が必要なことであった。

私は両軍の調査報告書を精読した。特に真珠湾攻撃当時ハワイにいた士官の証言に注目した。現場にいた彼らはみなキンメル提督を支持していた。彼らはみなワシントンのマーシャル将軍やスターク提督の責任を口にしていたのである。

ハルゼー提督は、前述の『真珠湾最後の秘密』に推薦の言葉を寄せ、次のように述べている。

「フェアプレイの精神を信じる国民すべてがこの書を読んでほしい」

セオボールド准将がこの本で訴えようとしたのはＦＤＲの責任である。准将は真珠湾の惨禍の責任はひとりＦＤＲが負うべきだと主張していた。准将は真珠湾攻撃の日にそこにいた。彼の性格は高潔であることは疑う余地がない。彼の証言は正直であり、言葉を濁すようなことはしていない。

「われわれには長距離偵察機の数が徹底的に不足していた。使用できるのはB18であったが、この機種はスピードが遅く、航続距離が短く偵察には不向きであった」

FDRはグリア号事件についても、明らかな嘘をついていた。彼は国民に次のように語っていた。

「私は事実だけを述べる。最初の攻撃を仕掛けてきたのはドイツ潜水艦である。彼らの攻撃は無警告で、確実に撃沈を狙っていたものである」

ウォルシュ議員は上院海軍委員会におけるスターク提督への質問（cross examination）で、このFDRの言葉が真っ赤な嘘であることを明らかにしている。アメリカ海軍駆逐艦グリア号はドイツ潜水艦を三時間にわたり追尾していた（一九四一年九月四日）。潜水艦の位置を、共同作戦を展開していたイギリス軍機に知らせている。イギリス軍機はその情報に基づいて機雷を投下していた。ドイツ潜水艦が反撃したのは、イギリス軍機が燃料を使い切り去っていった後であった。グリア号は潜水艦追尾を継続していた。この上院海軍委員会の報告書もしばらく公開されないでいた。

（一九四一年十月十七日にドイツ潜水艦に攻撃されたとされる）駆逐艦キアニー号事件についてのFDRの国民への説明も同じように嘘にまみれていた（訳注：FDRはこの事件を海軍の日〈十月二十七日〉にラジオを通じて語り、ドイツを非難している。キアニー号への魚雷攻撃で十一人が死亡した）。ドイツ潜水艦に最初に機雷投下したのはキアニー号であり、その結果反撃されたというのが真相であった。この二例は、ＦＤＲがわが国民に虚偽の説明をし、国民にドイツ憎しの感情を醸成した典型的な事例であった。ＦＤＲは計算ずくで国民を欺いていた。

真珠湾攻撃の二ヵ月前、ルーズベルトはドイツ軍船と潜水艦は見つけ次第攻撃すべしとの命令を発した。しかしヒトラーは攻撃されない限りアメリカ海軍との交戦は避けるようにと指示していた。ＦＤＲのドイツへの挑発はうまくいかなかったのである。その結果、日本がＦＤＲの犠牲になった。スターク提督は上下両院合同調査委員会で次のように証言している。

「わが国は国際法の観点からすれば交戦国ではなかった。宣戦布告をしていなかったからである。しかしキング提督指揮下の（大西洋海域での）米海軍は戦争状態にあったようなものである。一定の海域に侵入するドイツ艦船には攻撃を仕掛けていた」

スタークの証言と日本に対する最後通牒に鑑みれば、ＦＤＲがアメリカを参戦に導こうとしていたことは「合理的な疑い」の余地を持たせない（beyond reasonable doubt）。

（訳注：フィッシュ氏がここで「合理的な疑い」の余地がないとしていることは重要である。これは刑事事件の判断に用いられる、きわめてハードルの高い基準である。フィッシュ氏は、ＦＤＲは刑事事件の被告になってもしかたがないとまで言っているのである）

ＦＤＲのやり方は非アメリカ的で、非民主的で、合衆国憲法の精神に背くものであった。それでもＦＤＲを擁護したい連中はそのことを気にもかけていない。彼らの言い分は目的が正しければ手段の不正は問わないとか、（ＦＤＲの行為は）国益にかなっている、というものである。このような主張はわが国の民主主義の根幹を揺るがすものである。

リンカーン大統領の「人民の、人民による、人民のための政府」の精神を蔑ろにするものである。ワシントン、ジェファーソン、ジャクソンあるいはセオドア・ルーズベルトらの歴代の大統領が営々と築いてきたアメリカの精神を破壊する行為である。合衆国憲法の精神を示す数々の世に知られた演説がある。ハミルトン（初代財務長官）、マジソン（第四代大統領）、ジェイ（初代最高裁判所長官）、マーシャル（第四代最高裁判所長官）、クレー（第八、十、十三代下院議長）、ウェブスター（第十四代国務長官）。ＦＤＲの行為はこうした先人の努力を無にしてしまうものである。ＦＤＲの秘密主義外交は議会の意向を無視する独裁に等しい。合衆国独立宣言の精神を否定する。独立宣言の精神は、一人の人間（大統領）の判断で宣戦布告ができるなどと認めてはいないのである。

われわれにとって幸いなことに、スチムソン陸軍長官が日記を残していた。それにより、一九四一年十一月二十五日に（ワシントン中枢で）何が起こっていたか知ることができる。この日FDRはハル、ノックス、マーシャル、スタークをホワイトハウスに招集した。ヨーロッパの状況はこの日の会議では話題になっていない。この日に検討されたのは、いかにして日本に最初の攻撃の火蓋を切らせるか（fire the first shot）であった。

スチムソンの日記はエール大学に保存され、研究者はいつでも閲覧が可能である。このことはチャールズ・タンシル（ジョージタウン大学歴史学部長）の『裏口から仕掛けたアメリカ参戦（*Back Door to War: The Roosevelt Foreign Policy 1933-1941*）』（一九五三年刊）に詳しい。この書はどの図書館でも閲覧することができる。また、歴史学者チャールズ・ビーアドの著作『ルーズベルトと一九四一年の開戦（*President Roosevelt and the coming of the war, 1941*）』を読めば、わが国がいかにしてあの戦争に巻き込まれていったかが一目瞭然である。

ほかにも同様な主張の書は多い。そうした書物によって真珠湾攻撃の真実や、わが国の戦いの基本理念がヤルタ会談で蔑ろにされた事情を知ることができる。またこの章の初めで紹介したロバート・A・セオボールド海軍准将の著書『真珠湾最後の秘密』は必読の書である。日本にどのように攻撃を仕掛けさせたかがよくわかる部分をここに一部抜粋しておく。

「ルーズベルト大統領がリチャードソン提督と言葉を交わしたのは一九四〇年十月のことである。その会話で（ルーズベルトが）何か大きな事件が起きなければ、議会はわが国の参戦を承認しないだろうと考えていたことがわかる」

「一九四一年半ば以降、宣戦布告なきドイツとの戦いは実質的に始まっていた。しかしドイツはわが国との本当の戦い（formal war）が始まるのを避け続けた」

「一九四一年五月にはフィリピンからの日本向け輸出が大統領命令によって止められた。同年七月二十五日には日本の対米資産が凍結され、米、英、蘭は日本との交易を完全に停止した。十一月二十六日には米日の交渉も停止した。ハル国務長官が野村大使に最後通牒を手交したからである。このことは真珠湾攻撃以前には議会にも国民にも知らされていなかった」

「大統領も陸海軍指導者も、この最後通牒によっていつ日本の奇襲攻撃があってもおかしくないことを理解していた。真珠湾に太平洋艦隊を配置したのは彼らの攻撃を誘い込むものであった。その上、太平洋艦隊は一九四一年三月には（大西洋方面へ艦隊の一部をシフトさせていた結果）その戦力が低下していた」

「ハワイの二人の司令官は、解読された日本の暗号について何も知らされていないと述べている。これは日本に奇襲攻撃をさせるための布石であることの証左である。日本の戦いの歴史を知る者は、日本が敵国の主要艦隊に奇襲攻撃を仕掛ける戦法を得意にしていることを知っている。一八九四年の対清国、一九〇四年の対ロシアの戦い然りである。ハワイの太平洋艦隊こそ日本の格好のターゲットになり得る存在だった」

「東京からワシントン大使館に送付された暗号電は、二十六日のハル・ノートを最後通牒とみなし、さらなる交渉はもはやないことを示していた。十二月一日と二日には文書廃棄の指令があった。このことは（奇襲攻撃が）迫っていることを示している。十二月六日午後三時には解読された暗号電がルーズベルト以下の高官に配布されている」

「わが国の歴史上、数時間後に迫る攻撃の情報が遮断されたことなどなかった。（自らの部隊に危険を知らせない）スターク提督のような行動をとった海軍高官はこれまでに一人としていなかった。スタークの行動そのものが真珠湾事件の本質を示している。解読され報告されていた日本の暗号は、キンメル提督の艦隊指揮にとって死活的な情報であった。しかしその情報は彼には届いていない。ハワイには知らせるなという大統領命令があったことは疑いの余地がない」

「このことはスタークの一九四五年八月のメディアへの声明で明らかである。彼は真珠湾攻撃前の自らの行動は、上層部からの指示に従った結果であると述べたのである。彼の上司はルーズベルトだけである」

デューイ・ショート下院議員（共和党、ミズーリ州）は一九四四年十一月二十八日に議会で次のように述べている。

「議長、真実はどれほど隠蔽されても必ず表に出てきます。しゃべることのできない死体でさえ真実を語るのです。わがアメリカ国民は真珠湾事件について真実を知らされていません。われわれは真実を知りたいし、知る権利があるのです。私は予言者になるつもりはありませんが、真珠湾に関わる真実は、将来必ずや明らかになると考えています。わが国の歴史上最悪の敗北である事件の真相を知る日は来るのです」

「その日が来れば国民は驚き、怒り、悲しみ、そして深く傷つくことになるでしょう。わが国最大の悲劇とも言えるこの事件の責任の所在は将来歴史家が明らかにしてくれるとしても、われわれが今できることはやらなくてはなりません。フランスで起きたドレフュス事件[13]（のような冤罪事件）をわがアメリカで起こしてはならないのです」

注

1　Robert A. Theobald, *The Final Secret of Pearl Harbor*, The Devin-Adair Company, 1954.
2　Scott Lucas（一八九二―一九六八）任期は一九三九年から五一年。イリノイ州。
3　Homer Ferguson（一八八九―一九八二）任期は一九四三年から五五年。ミシガン州。
4　Ralph Brewster（一八八八―一九六一）任期は一九四一年から五二年。メイン州。
5　Jere Cooper（一八九三―一九五七）任期は一九二九年から五七年。テネシー州。
6　Jerome Clarke（一八八二―一九五九）任期は一九二九年から四九年。ノースカロライナ州。
7　John W. Murphy（一九〇二―六二）任期は一九四三年から四六年。ペンシルバニア州。
8　Bertrand Gerhart（一八九〇―一九五五）任期は一九三五年から四九年。カリフォルニア州。
9　Frank Keefe（一八八七―一九五二）任期は一九三九年から五一年。ウィスコンシン州。
10　Robert Reynolds（一八八四―一九六三）任期は一九三二年から四五年。ノースカロライナ州。
11　David Walsh（一八七二―一九四七）任期は一九一九年から四七年。マサチューセッツ州。
12　James O. Richardson（一八七八―一九七四）アメリカ太平洋艦隊司令官。艦隊の真珠湾への移動に反対した。日本との戦争が現実になった場合、目標になることを恐れたからである。一九四一年二月に太平洋艦隊司令官を解任された。
13　一八九四年にフランス陸軍大尉ドレフュスがドイツへのスパイ行為を働いたとして逮捕された。冤罪であった。

第17章 ダグラス・マッカーサー将軍

将軍は軍人としてだけでなく、行政官としても優れていた。

ダグラス・マッカーサー将軍は極東アジアに十五年も暮らしただけに、中国の危機的状況を誰よりも理解していた。マーシャルよりもアチソンよりも中国の事情はわかっていた。ルーズベルトもトルーマンもアジアの人々との交渉のやり方など知らなかった。もちろん私はマッカーサー将軍を美徳の鑑だとか高潔人士だと主張するつもりはない。しかし将軍が愛国者であり、戦時にあっては国益を第一に考える人物であったことは間違いない。

マッカーサーは指揮官として、あるいは行政官としての深い経験があった。フィリピン及び日本での経験があった。しっかりした知識をベースにし、彼は自らの考えをはっきりと言葉にしていた。この将軍の真の姿を伝えず、彼の名誉を傷つけることはわが国のためにならない。共和党支持者であろうが民主党支持者であろうが、そうしたことをしてはならない。彼はすでに亡き人になってしまったが、彼の言葉はけっして忘れられることはない。

先の大戦直後のことであったが、中国の情勢はひどいものであった。マーシャルは中国（蔣介石）に約束していた援助をストップしているが、この決定は歴史的な大きなミスであった。ジョン・ヘイ国務長官以来、中国に対してわが国外交が築いてきた蓄積が失われてしまったのである。

マーシャルの決断は、国務省極東部内の容共派の助言に拠っていた。アチソン、ラクリン・カリー、オーウェン・ラチモア、ハリー・デクスター・ホワイト、ジョン・カーター・ヴィンセント[1]、そしてヘンリー・ウォーレス（副大統領）。こうした人々の助言の結果、蔣介石は敗れ、中国は共産主義者の手に落ちてしまった。そうなってしまったことでアメリカの若者の命が再び失われる羽目になった。

マーシャルの容共的な政策に反対したのはマッカーサー将軍だけではなかった。アルバート・ウェデマイヤー将軍[2]、シェンノート将軍[3]、ハーリー将軍[4]も、マーシャルの中国共産党に対する宥和的政策に否定的な考えを示していた。結局マーシャルの政策によって中国は共産党の天下になってしまった。

反共産党勢力は一九四九年に敗れてしまい、台湾に逃げ込むことになった。現在台湾は五十万の反共産党兵力を擁している。この兵力と韓国陸軍が共産主義勢力の拡大を抑制する重要な戦力になってくる。この状況は今後十年にわたって変わることはないだろう。

共産中国はソビエトの脅威から自国を守ることに手一杯の状況が続いている。この状態は今後とも続くだろう。わが国は日本とフィリピンとの間で軍事協定を結んでいる。また間接的にではあるがオーストラリア、ニュージーランド両国とも協定がある。中でも日本との軍事協定が最も重要である。

わが国は日本に原子爆弾を使用してしまった。マッカーサー将軍、ニミッツ提督あるいは多くの科学者が、使う必要はなかったと述べている。原子爆弾で日本の二つの都市を破壊し、十二万人の非戦闘員を焼殺してしまったのである。この行為は先の大戦における最大の間違いであり、最悪の虐殺の一つであった（a ghastly blunder and one of the greatest atrocities）。仮にあの爆弾を使うことが必要だったのであれば、要塞化された小島をターゲットにする方法もあった。あるいは人気（ひとけ）のない森林地帯へ投下する方法もあった。それだけで、この新型爆弾の破滅的な破壊力を日本政府に見せつけることは可能であった。日本政府はすでに数ヵ月前からソビエト政府を通じて降伏の動きを見せていた。しかしスターリンはそのことを利己的な動機から隠していたのである。

広島と長崎に原子爆弾を落とした当時のわが国の海軍力と空軍力は世界最強であった。わが国が攻撃されることなど考えられない状況だった。今ではソビエトもその原子爆弾の製造に成功し、長距離ミサイルの開発に成功すると、わが国の防衛は裸同然になってしまった。神の報いかもしれない。この結果、わが国もソビエトもつねに核戦争の恐怖の中で暮らさなくてはならなくなった。アメリカは敵国の核攻撃を牽制するために、核による防衛の強化を継続せざるを得なくなってしまったのである。

極東において、わが国は強力な海軍を配備し、韓国、日本、台湾、フィリピン、インドネシア、豪州、ニュージーランドの防衛の責務を負っている。しかしわれわれが忘れてはならないのは、アジア大陸での紛争には陸上兵力を使用してはならないことである。マッカーサー将軍もタフト議員[5]も早い段階でこのことは主張していた。この主張が正しかったことはベトナム戦争で明らかになっている。アジア大陸に陸上兵力を派遣してしまえば、健全な経済運営などできなくなってしまう。ソビエトの狙いはわが国経済の不安定化である。彼らはわが国を終わりの見えない戦争に引きずり込むことで国家財政を悪化させようと考えている。

台湾情勢について、われわれは十分な注意が必要である。一九四九年十二月二十三日、ディーン・アチソン国務長官[6]は以下のような機密文書を海外の国務省職員に送付し、台湾が共産中国の手に落ちる可能性に備えること、そうなった場合、アメリカは台湾を支援しないと伝えた。

「わが国の台湾政策に対しての世論の批判は誤解に基づくものである。台湾は共産中国の手に落ちようとしており、同地は混乱を極めている。国民党支配下で軍も民政も悪化の一途をたどっている。台湾の防衛は、この統制力のない国民党政府を維持するという意味しかない。わが国民は、台湾を失うことはアメリカの国益を損なうと考えているが、そうではない。台湾の将来は中国（中共）政府が責任を負うべきであり、台湾そのものにはこれといった軍事的価値はない」

しかしマッカーサー将軍は復員兵士の大会で台湾の重要性について次のように述べている。

「台湾はアメリカの防衛戦略上重要である。台湾が敵国の手に落ちるようなことになれば、わが国の防衛線たる沖縄及びフィリピンと中国との距離を百マイルから百五十マイルも短縮させてしまうことになる。それは不沈の航空母艦あるいは潜水艦を使って沖縄やフィリピンのわが軍の基地に王手をかけるに等しい。彼らは台湾から戦闘機あるいはB29のような長距離爆撃機を飛ばすことができるようになるし、沿岸部で活動できるタイプの潜水艦の配備も可能になる」

マッカーサー将軍は一九五一年五月三日、ラッセル委員会（訳注：上院軍事委員会）でも次のように証言している。

「台湾を失うことは太平洋そのものを失うことにも等しい。共産主義者に台湾を渡してしまうことがあってはならない」

一九五〇年、北朝鮮の共産軍は南朝鮮（韓国）に侵攻した。南朝鮮軍を圧倒し朝鮮半島南端まで軍を進めたのである。トルーマン大統領は賢明にも介入の決断を下した。国連においてもソビエトを除く主要国の支持を取りつけている。国連軍の最高指揮官にはマッカーサー将軍を指名した。彼は九月十五日に仁川（インチョン）上陸作戦を敢行した。共産軍の封じ込めに成功し、最終的に彼らを南朝鮮から排除したのである。この作戦は見事なもので、イギリス参謀本部などは「歴史に名を残すもの」であると絶賛している。

この作戦の成功で北朝鮮軍は鴨緑江（おうりょくこう）の北岸まで押し戻され、李承晩（イスンマン）大統領はソウルの大統領官邸に帰還できたのである。しかし十一月に入ると毛沢東が二十五万の兵力を投入してこの戦争に介入した。鴨緑江を越えてくる中共軍との間で新たな戦いが始まった。毛沢東の介入は予想されていなかった。事前の予告もなく宣戦布告もない中共軍の行動に誰もが驚いた。アメリカ陸軍の諜報能力の稚拙さを嘆く者も多かった。

しかし事態の経緯をよく調べれば、彼らがなぜ侵入を決断したかがわかる。鴨緑江を越えた地点に爆撃を加えれば中共軍を壊滅することは簡単だった。マッカーサー将軍はそれをしたかった。中共軍の基地やあるいは橋梁などを徹底的に破壊することができた。それができなかったのは、攻撃を許さない命令が将軍に届いていたからである。中共軍は爆撃がないことを知っていたかのような行動をとっている。彼らはそうした命令の存在を知っていた。攻撃されないことがわかっていたのである。

一九六四年にマッカーサー将軍は二人のジャーナリスト、ジム・ルーカスとボブ・コンシダイン[8]のインタビューに答えている（その内容が公表されたのは将軍の死後二日目のことである）。すなわち国連軍の方針が彼に伝えられると、その内容は四十八時間後には敵に筒抜けになっていた。国連の考えや戦略はイギリス政府内に潜り込んでいたスパイを通じて中共側にリークされていた。スパイであったのはガイ・バーガス[9]とドナルド・マクリーン[10]であった。中共軍は言ってみれば、攻撃を受けない場所にいながら、国連軍に大打撃を与えることができたのであった。

マッカーサー将軍は、中共軍の攻撃に備えなければならなかったにもかかわらず、その手足は縛られていたようなものであった。鴨緑江の二十マイル圏内に空軍機を飛ばすことは禁じられていた。この命令はトルーマンとアチソンの考える宥和政策に基づくものであった。

政策の立案にはイギリスが関わっていた。イギリスは赤い中国（Red China）を承認しただけでなく、香港経由で中共軍の必要とする武器を輸出していた。私はなぜわが国務省がこのようなことに対して口を噤んでいたのか理解に苦しむ。マッカーサー将軍はこうしたわが国政府のやり方を批判しようと考えた。それを止めさせたのは統合参謀本部であった。マッカーサーはトルーマン大統領とウェーク島で会談している

（一九五〇年十月十五日）。

（マッカーサーは手足を縛られた状態であったから）朝鮮半島では劣勢が続いていた。こうした状況の中でマッカーサーは休戦が必要だと提案したのであった。このメッセージには、もし休戦提案を中共が受け入れなかったら、鴨緑江の向こう側を空爆するというマッカーサーの意思が隠されていた。この提案でワシントン中枢は自分たちの権限をマッカーサーが侵食していると不快に感じたに違いないのである。

下院共和党のリーダー（院内総務）であったジョー・マーチン[11]はマッカーサー将軍の意見を聞き、それを議会で公表した。また将軍は朝鮮戦争に台湾国民党軍も参加させるべきだとも主張していた。

トルーマン大統領はマッカーサーが考えを公にしすぎると苛立っていた。鴨緑江の向こう側を空爆するという考えの表明にも、彼が「戦争においては（膠着状態では価値はなく）勝利しなければ意味がない（in war there is no substitute for victory）」と述べたことにも気分を害していた。トルーマン大統領は、マッカーサー将軍が勝利のためにはどうしても必要だとする中共軍補給ルートへの爆撃に反対した。大統領がマッカーサー将軍をすべての職から突然解任したのは一九五一年四月十一日のことであった。

大統領のこの決定はチャーチル、アチソン、マーシャルの了解を得ていた。当然なご褒美が「解任」であった。

がら、スターリンも毛沢東もこの決定を喜んでいる。マッカーサー将軍は太平洋戦争をニミッツ提督らとともに戦い勝利に導いた。中共軍を南朝鮮から排除した。中共軍を北朝鮮からも追い出そうとしていた。そうした将軍の功績に対して大統領が下したご褒美が「解任」であった。

将軍はその決定をラジオで聞いた。彼は抵抗することなく、命令に従い帰国した。七十一歳であった。「将軍は半世紀にわたって類いまれな強靱な意志と勇気を見せた」。後にこう語ったのは皮肉にもトルーマンであった（一九六四年）。マッカーサーが、妻ジニーに「さあ国に帰ろう」と背筋を伸ばして言った姿に、わが国民の多くが心を打たれた。日本人も彼の解任に驚いている。彼らは将軍の離任を惜しんでいる。将軍への敬意は日本からだけでなくフィリピンからも寄せられた。帰国した将軍は熱狂的に迎えられた。各地で行なわれた歓迎パレードではどこでも無数のテープが舞った。

将軍はワシントン議会の上下両院合同委員会で次のように語っている。

「戦いで重要なのは勝つことである。なぜわれわれは戦いを有利に進めているのにもかかわらず敵を利するようなことをするのか。それが私に対する部下からの問いかけであった。私はその問いに答えることはできなかった。『老兵は死なず、ただ消え去るのみ（old soldiers never die, they just fade away）』。私が言えたのはそれだけであった。私はここに軍人としての人生の幕を閉じ、舞台から去るつもりである。私は神が示した私への義務を、全身全霊をかけて果たしたと思っている。そのことに誇りを持っている。それではみなさん、さようなら」

わが国民のほとんどが党派を問わずこの偉大なる将軍への賛辞を惜しまなかった。解任されたマッカーサー将軍の後任はマーク・クラーク将軍[12]であった。彼は後日議会で次のように証言している。

「私には鴨緑江の向こう側を空爆することは認められていなかった。橋を破壊することも許されていなかった。敵はその橋を利用して武器と兵士をやすやすと補給していた」

ジェイムス・ヴァン・フリート将軍[13]の証言は次のようなものだった。

「敵はわれわれが鴨緑江の向こう側を攻撃しないことを、何らかの外交ルートを通じて知っていたと私は疑っている」

マッカーサー将軍は正しかったのである。戦争では徹底的な勝利か、あるいははっきりとした宥和政策かのどちらかしかない。イギリスは明らかに中共に対して宥和的な態度であった。

歴史家のアーサー・シュレジンジャー・ジュニア[14]が指摘するように、マッカーサー将軍は母親の影響を受け、上層部と対立することが多かったようだ。

マッカーサー将軍はかつて陸軍参謀総長（訳注：一九三〇年から三五年）を務めてい

た。ＦＤＲが陸軍予算を五一パーセント削減することを決めたとき、将軍は大統領と激しい口論になった。ホワイトハウスから退出するときには眩暈（めまい）と吐き気を催している。シュレジンジャーはここに母親の教育の影響があると見ている。大幅な予算削減に激しく抗議したマッカーサーは「次に起こる戦争では戦死者が多く出るだろう。彼らが大統領を恨むことは間違いない」とまでＦＤＲに述べた。将軍は少し言い過ぎたことを謝罪してホワイトハウスを退出した。

ホワイトハウスを出た将軍が階段のところで吐いてしまったことは事実である。しかし、五十三歳の彼が吐いてしまったことを、母親の教育がそうさせたというシュレジンジャーの分析を信じる国民はほとんどいない。一九三〇年代の時点で国防の充実を大統領に訴えたのは正しいことであった。彼は自らの地位が危うくなることを覚悟して大統領に抗議したのである。将軍が議会名誉勲章を授与されたのも、立場上の一線を越えてでも軍人の義務を果たそうとする態度があったからである。

シュレジンジャー氏に軍隊経験があるのかどうかは知らない。仮に輝くような軍歴があろうとも、彼に、数々の勲功を立て実績のあるマッカーサー将軍を非難する資格はないだろう。イギリスのバーナード・モンゴメリー将軍は[15]『マッカーサー回想録[16]』を読み、次のようなコメントをロンドン・タイムズ紙に寄せている。

「私はつねにマッカーサー将軍をアメリカが生んだ最も偉大な軍人だと思っていた。

彼の回想録を読んで私のこの考えに間違いはないと確信した。彼はその職務上何をすべきかをはっきりと認識していた。やるべきことは必ずやり遂げたのである」

モンゴメリー将軍は、マッカーサー将軍が、ソビエト軍が日本の占領に関わることをきっぱりと拒絶した点に注目している。「マッカーサーがいなければ日本は共産主義者の手に渡っていた」ことは間違いない、とモンゴメリー将軍は確信している。

ニューヨーク・デイリーニュース紙も回想録を「わが国の軍人が著した最高の書である」と絶賛している。フーバー元大統領も同じ評価であった。

マッカーサー将軍はレトリックの名手であった。過去半世紀を振り返っても彼ほどの演説ができる者は少ない。ワシントン議会そしてウェストポイントの士官学校でのさよならの演説を聞いた者は心を強く揺さぶられた。彼の言葉を聞けば、彼に対する批判も忘れてしまうほどだったのである。

日本統治時代には、彼は日本の天皇に匹敵する敬意を払われた。リーダーシップがあったからこそ敵国であった日本を友国に変貌させることができた。彼はフィリピンでも同様に敬愛された。マッカーサー将軍を批判する共産主義者も過激なコラムニストも、彼の功績を傷つけることなどできない。

注

1 John Carter Vincent（一九〇〇―七二）国務省キャリア外交官。中国を擁護する立場をとるいわゆるチャイナハンズの一人。
2 Albert Coady Wedemeyer（一八九七―一九八九）陸軍大将。
3 Claire Lee Chennault（一八九三―一九五八）蔣介石の中華民国空軍顧問を務める。陸軍中将。
4 Patrick Jay Hurley（一八八三―一九六三）フーバー政権では陸軍長官（任期一九二九―三三年）。陸軍少将。中国大使（一九四四年）。
5 Robert Taft（一八八九―一九五三）ウィリアム・タフト大統領の長男。上院議員（共和党、オハイオ州）
6 Dean Acheson（一八九三―一九七一）トルーマン政権の国務長官。
7 Jim Lucas（一九一四―七〇）エドワード・スクリップス通信社の記者。朝鮮戦争報道で活躍。
8 Bob Considine（一九〇六―七五）ジャーナリスト、小説家。
9 Guy Burgess（一九一一―六三）ケンブリッジ大学卒業。ジャーナリストから英国諜報組織ＭＩ６の職員となる。一九五一年にソビエトに亡命。
10 Donald Maclean（一九一三―八三）英国外務省米国課長。一九五一年にソビエトに亡命。
11 Joe Martin（一八八四―一九六八）下院共和党院内総務。下院議長。
12 Mark W. Clark（一八九六―一九八四）陸軍大将。一九五二年から五三年まで国連軍司令官。

13　James Van Fleet（一八九二―一九九二）陸軍大将。朝鮮戦争時の米陸軍司令官。
14　Arthur Schlesinger, Jr.（一九一七―二〇〇七）ユダヤ系の歴史家。
15　Bernard Law Montgomery（一八八七―一九七六）北アフリカ戦線におけるロンメル将軍指揮下の機甲部隊との戦いで有名。陸軍元帥。
16　*The Reminiscences* (1964). 邦訳は『マッカーサー回想録』朝日新聞社、昭和三十九年。

第18章 ウィンストン・チャーチルの評価

チャーチルは功罪相半ばする政治家である。

戦いが続く中、ウィンストン・チャーチルはワシントンを訪問し、ホワイトハウスに滞在した（一九四三年五月）。私は当時、下院外交軍事委員会の共和党理事であった。

ルーズベルトは歴代の大統領の中でも党派性をとりわけ剝き出しにする政治家であった。チャーチル歓迎の場に共和党員を招待するはずもなかった。私はチャーチルと共和党の重鎮議員が顔合わせするのは大事なことであると考えた。わが党は当時はたしかに野党の立場であったが次の選挙では多数派となることが見込まれていた。この時点で共和党幹部がチャーチルとコミュニケーションをとっておくことは意味あることだった。

共和党幹部（ジョー・マーチン、ロバート・タフト、アーサー・ヴァンデンバーグ）にこのことを打ち明けるとみな賛同してくれた。私はすぐに妻に連絡し、（会員制親睦組織である）サルグレイブ・クラブのレセプションルームを予約させた。（五月十五日の）土曜日五時の予約であった。私は妻にこの予約はおそらく無駄になると伝えておいた。ＦＤＲが必ず邪魔に入るだろうからだ。

それでも根回しだけはしておいた。まず駐米英国大使ハリファックス卿に電話を入れた。[1]私は彼とは面識があった。すでに述べたように、私は一九三九年にオスロで開催された列国議会同盟のアメリカ議員団の団長であった。会議参加の途次に、当時外務大臣であった大使を訪問していた。ハリファックス卿に共和党幹部との親睦の機会を作ってくれるよう要請した。彼はその考えに直ちに賛同してくれた。

この返事を受けて私はハル国務長官に連絡した。これまでの議員活動を通して彼をよく知っていたから、彼も賛成してくれると考えていた。思ったとおり彼は私の考えに同意し、配慮すると約束してくれた。そして「もっと頻繁に私のところに電話があってもいいんじゃないのか」とまで言ってくれた。

ハリファックス卿はしばらくしてチャーチルの意向を伝えてきた。サルグレイブ・クラブの予約時間（土曜日午後五時）に、イギリス大使館内で顔合わせをしたらどうかという提案であった。私はもちろんそれを承諾した。ただ一つチャーチルは条件を出してきた。共和党議員だけでなく民主党議員も招待したい。上下院議員から両党のメンバーを五名ずつ招待したい。それが条件だった。サム・レイバーン下院議長と相談の上、訪問議員数を各党十名にすることで折り合いをつけた。

定刻に私たちは英国大使館の中庭に集まった。チャーチル首相は数分であるが遅れてやって来た。彼は芝生の上を上機嫌で歩いてきた。この日も数々の会議をこなし、すでに軽く一杯やっていたようだった。集まった議員は一人ひとりが自己紹介をかねてチャーチルと握手を交わしていた。それが終わると議員らはチャーチルを囲んでの政治談議になった。レイバーン議長は私に、チャーチルに両党議員の前で講演してもらったらどうかと提案していた。私はその考えをチャーチルに伝えた。

チャーチルは饒舌だった。自らの母がアメリカ人であることを語り、わが国とイギリスとの深い絆、ドイツの軍国主義とヒトラーへの共同戦線の重要性。そうしたことを滔々（とうとう）と語った。（感激した）ヴァンデンバーグ上院議員は、チャーチルがこの国にとどまれば共和党は彼を次の大統領選にかつぐだろう、などと言っていた。チャーチルは「検討してみよう」と返し、その冗談をいなしていた。

チャーチルの息子ランドルフは『もしチャーチルがいなかったら』[2]という書を発表している。同書の内容は、要するに、父チャーチルがいなかったらヒトラーはイギリスを征服していただろうし、わが国（アメリカ）までも、そして世界全体を支配していただろうというものである。チャーチル神話を広めようとするもので、現実の歴史を無視した強引な推論であった。

私はそのような考えには与しない。チャーチルのリーダーシップとフランスの敗北後に見せた不屈の精神に称賛を惜しむものではない。しかし、ランドルフの父親評は重要な事実のいくつかを無視している。

まずチャーチルは大英帝国の保持をイギリス国民に訴えて首相になったという事実を忘れてはならない。

第一にダンツィヒ問題である。すでに述べたように、この問題が外交交渉で決着していればイギリスとフランスはドイツと戦う必要はなかった。もしチャーチルとFDRがこの世にいなければ、そうなっていた可能性が高い。ヒトラーとナチスの軍隊は、間違いなくスターリンと共産主義を敵にして戦っていたはずなのである。

第二に、イギリスの本土防衛はチャーチルによるものではない。英国空軍とポーランドから亡命したパイロットが戦ったのである。ドイツの海からの侵攻には英国海軍がいた。チャーチル一人の力であるはずもない。

わが国はたしかに五十隻の駆逐艦の供与を筆頭にして大量の武器をイギリスに供給した。そしてイギリス国民はナチスからの侵攻を果敢に防いだ。それができたのはイギリス国民が勇敢に戦ったからであり、強力なアメリカとソビエトの陸軍の力があったからである。

わが国はイギリスから自由を勝ち取って（イギリスから独立して）以来、軍事的に他国の力を頼ったことはない。核兵器が出現するまでは、ヨーロッパからもアジアからもわが国の安全が脅かされることはなかった。先の大戦時におけるアメリカ海軍はドイツ海軍の三倍の規模であった。空軍も戦争が始まると、たちまち増強されてドイツ空軍を圧倒した。太平洋も大西洋もわが国を守る緩衝材の役割を果たしていた。

当事FDR政権はドイツがわが国を攻めてくるなどといって国民の恐怖心を煽っていたが、それは根拠のないプロパガンダであった。その上われわれは核兵器の開発中であった。アメリカとイギリスは比較的安全であった。イギリスには大陸との間にイギリス海峡（訳注：イギリス海峡は大陸とイギリスを分かつすべての海峡を指す）がある。わが国は二つの大洋に守られている。

一九一四年八月十四日、アール・グレイ（英国外相）は「ヨーロッパから光が消えた。私たちは二度と灯り（あか）が点される日を見ることができないかもしれない」と嘆いたものだった。この表現は、第一次世界大戦の惨禍を表現するのに半分程度は当たっていた。しかしこれが第二次世界大戦のもたらした惨禍について語っているものだとしたら一〇〇パーセント当たっているかもしれない。共産主義が世界の半分を支配し、われわれは核戦争の危機に晒（さら）されたからだ。まだ世界に灯りはついているが、その光は薄暗いままである。核戦争が現実になってしまえば、かすかに点されたその灯りも消えてしまう可能性さえある。

私はこの現状を前にして、チャーチルとルーズベルトがいなかったほうが世界は平和だったろうとさえ思っている。彼らがいなければ、ヒトラーとスターリンが独ソ不可侵条約（一九三九年八月二十三日）など結ぶはずはなかった。この条約があったからこそ、ドイツはポーランドに侵攻したのである。チャーチルとルーズベルトさえいなければ、ダンツィヒ問題は仲裁調停で解決したはずであった。

戦争が勃発してからでもこの二人がいなければ、英仏両国はヒトラーと何らかの妥協を見出し、その軍隊をライン川地域にまで戻すことで合意ができたと思っている。そうなっていれば、ヒトラーはソビエト侵攻を楽にできるはずであった。それがもともとのヒトラーの念願であったのだ。チャーチルはヒトラーとの宥和を拒否し続けた。ドイツがソビエト侵攻開始（一九四一年六月二十二日）する前もその後も、態度を変えなかった。その理由は、FDRがアメリカの参戦をチャーチルに約束していたからだと思っている。ソビエト侵攻からわずか半年でそれが現実になった。

ロイド・ジョージをはじめとしたイギリス保守派には、大陸の二人の独裁者を戦わせるべきであると考える者が多かった。そうなれば二つの独裁国が疲弊するはずであった。これこそがチャーチルの前任ボールドウィン首相（任期：一九三五—三七年）やチェンバレン首相（任期：一九三七—四〇年）が狙っていたことであった。わが国でもこの考えを支持する政治家は多かった。ハリー・トルーマン上院議員、アーサー・ヴァンデンバーグ上院議員、ロバート・タフト上院議員、バートン・ウィーラー上院議員、ベネット・クラーク上院議員などがこうした考えであった。もちろん私もそのように考えた。ドイツがソビエトと戦わなければ、東ヨーロッパはソビエトロシアの支配下に入ってしまうだろうと恐れたのである。

しかしチャーチルはそうした懸念に一切耳を貸さなかった。その結果は言わずもがなである。大英帝国は滅亡し、多くの有為な若者を戦死させたのである。自国民だけでなく連合国の若者までも命を失う羽目になった。ヤルタ会談において、勝者はスターリンであることがはっきりしたのである。

チャーチルはあの戦いに勝利のサインを誇らしげに掲げたが、それは空しいものだった。ソビエトの軍隊はワルシャワ、プラハ、ブダペスト、ウィーン、ドレスデン、ライプチヒそしてベルリンに侵攻した。東ヨーロッパも中国も共産化した。ヤルタでの外交的敗北の災いは今でも英連邦だけでなく世界中の自由諸国を危険に晒している。イギリスはインド、ビルマ、シンガポール、セイロン、アーデンそしてマルタを失った。エジプト、ギリシャ、パレスチナあるいは多くのアフリカ諸国への影響力も見る影もないほどに衰えた。

歴史の裁断は残酷である。チャーチルには悪意はなかったかもしれない。しかし彼には、戦争が始まる前にも始まってからも、ヒトラーと妥協できるチャンスは何度もあった。彼は、ヒトラーとスターリンとを戦わせるべきであった。それができていたらヨーロッパの破壊のほとんどを避けることができたし、（自由諸国の）多くの若者が命を失うことはなかったのである。

ヨーロッパでは三百万の命が失われた。ダンツィヒ問題の解決にこれほどの人命が失われる必要があったろうか。イギリスが固執した古めかしいかぎりのパワーバランスを維持するためだけに、これだけの犠牲は本当に必要だったのだろうか。

注

1　Sulgrave Club　ワシントンのマサチューセッツ通りにある。

2　Randolph Churchill（一九一一―六八）オックスフォード大学卒業。ジャーナリスト。

第19章　一九四四年におけるＦＤＲの健康と精神状態の隠蔽

大統領の健康状態は国民に明かされねばならない。

ルーズベルトには多くの隠し事があったが、なかでも彼の健康状態に関する隠蔽はその最たるものであった。一九四四年の大統領選挙及び四五年二月のヤルタ会談の時点での健康状態を国民に知らせなかった。実態がわかったのは一九四五年四月にルーズベルトが亡くなってからのことである。彼の状態がよくないことは、彼に直接会っている者には明らかなことだった。彼らのほとんどがそのことを書き留めている。もちろんルーズベルトの近親者はこのことを知っていた。知らなかったのはアメリカ国民だけであった。彼はテヘラン会談（一九四三年十二月）の際に体調を崩している。それから回復できなかったのである。そのことを一九四四年の選挙の年に国民に知らせなかったことは、国民への背徳行為であった。

ＦＤＲは自身を最高の政治家だと思い込んでいた。その思い込みと強烈な権力志向の性癖があったからこそ、危ない健康状態を隠し通し、民主党大統領候補になることに成功した。民主党員を騙すには、彼の健康には何の問題もないと、まず国民に信じさせることが先決だった。そのためにＦＤＲはお抱え医師を使った。利用されたのは海軍中将ロス・マッキンタイアであった。軍医総監のマッキンタイアはルーズベルトの友人であり、ルーズベルトを敬愛していた。同時にルーズベルトによって昇進の恩恵を受けていた。

マッキンタイアはルーズベルトの心臓が不調であることを知っていた。それが重篤であることも知っていた。だからこそ海軍軍医の中から心臓病の専門医を密かに抜擢して大統領の傍らに常駐させたのである。マッキンタイアは大統領の仕事量まで制限している。一日四時間のリミットを設けたのである。四時間しか勤務できない健康状態であったことだけを見ても、ＦＤＲは大統領職に失格であった。再選される資格はなかった。大統領職は激務である。長時間勤務も要求される。大統領は健康でなくてはならない。

それにもかかわらずマッキンタイアは嘘をついた。その理由は彼にしかわからない。彼はライフ誌のジーン・パーキンスのインタビューに次のように語っている。大統領選挙戦の最中の一九四四年七月二十一日のことである。

「大統領の健康は申し分ない（excellent）。それには太鼓判を押せる」

しかしＦＤＲは前年十二月のテヘラン会談の際に体調を崩した。クリスマス休暇でハイドパークの私邸に戻って休養したが、それでも回復していない。その時点での健康状態がいかなるものであったか、いまだに明らかにされていない。インフルエンザが原因で気管支炎を発症し、咳がひどくなっている。これがマッキンタイアの説明であった。ニューヨークでのクリスマス休暇を終えるとFDRはワシントンに戻った。そのころになっても咳の症状はおさまっていない。四月になると温暖な南部に移動している。彼がワシントンに戻ったのは五月十日である。FDRの健康は一九四四年に入って急激に悪化したことがわかっている。それにもかかわらず彼は四選を目指したのである。

一九三六年のことであるが、ガーナー[1]（副大統領）は近親の者に、「彼（ルーズベルト）は必ず三選いや四選までも狙う男だ。選挙に負けるか死なない限り、ホワイトハウスから離れようとはしないだろう」と漏らしていた。一九四四年は、ルーズベルトが重篤な病と選挙の敗北の可能性という危機に見舞われていた年であった。

ＦＤＲは病人であった。ただ権力を絶対に手放したくない。それだけが彼の存在意義であった。私はテオドラ皇后（訳注：東ローマ帝国ユスティニアヌスの后）の言葉を思い出す。

「誰にも確実に死は訪れる。しかし皇帝の座にある者にとって、その死がやって来る前にその座を失うのは惨めなことである」

ルーズベルトも権力にかじりついたのである。

五月にワシントンに戻ったルーズベルトに、マッキンタイアは二人の心臓病の専門医を手配した。FDRに動脈硬化の症状が見られることがわかった。心電図の波形がそれを示していた。静脈にも影が見えていたし、咳も相変わらず続いていた。それにもかかわらずマッキンタイアは大統領の健康は絶好調であると発表していた。国民を欺く虚偽の説明であった。

一九三二年の大統領選に勝利したFDRの主治医としてマッキンタイアを推薦したのはグレイソン提督[2]である。マッキンタイアは耳鼻咽喉科の専門医であった。FDRがマッキンタイアを可愛がったのはよく知られた話である。彼を提督（admiral）の地位に上げたのも、海軍病院の責任者にしたのもFDRであった。

マッキンタイアの説明ではFDRは健康のはずだった。しかし、心臓病の専門医であるジェイムス・ポーリングは大統領の業務量に制限をかけた。ポーリングは日々のスケジュールを次のように指示した。十時間の睡眠、午前中二時間、午後二時間の業務。そして日に三十本の煙草を五本に制限させた。また毎日四十五分間のマッサージと（血行促進効果が期待される）紫光線治療（violet ray treatment）を受けることも義務付けた。夕食の前には必ず横になって休む時間をとり、ビタミン注射もほどこされた。もしもFDRがマッキンタイアの言うように健康であるならばこんな指導がなされるはずもなかった。

一九四四年八月、ＦＤＲはハワイからの帰りにワシントン州ブレマートン[3]の造船所を訪問した。このとき軽い心臓発作を起こしている。造船所内で演説を行なったのだが、その際明らかな混乱状態に陥った。彼の言葉は聞き取ることができなかった。典型的な心臓発作の症状を見せたのである。ＦＤＲの秘書であったグレイス・タリー[4]は、大統領は演説原稿の上にうつぶせになり眠ってしまうのではないかと思ったと語っている。これまでも、ＦＤＲは友人とのおしゃべりの際に同じような症状を見せていた。ＦＤＲはわれに返るたびに「僕はいま何の話をしていたんだっけ」と確認していたはずだ。

（ジャーナリストの）ジョン・ガンサー[5]は一九四四年に次のように語っている。

「私は彼（ルーズベルト）の顔色を見てショックを受けた。もう死期が迫っていることが誰にもわかった。精気が全く感じられないのである。ルーズベルトの肌の色は『灯心の消えかかったランプシェード』のようなものだった。唇をコントロールする顔の筋肉はその機能の一部を失っていた」

ルーズベルトは一九四三年末に蔣介石とその妻（宋美齢（そうびれい））にカイロ会談で会っている。彼女は知的で魅力的な女性であったが、彼女もルーズベルトの顔色を見て驚いた一人であった。体力は全くなく病は重篤だと感じていた。チャーチルもルーズベルトの容態の悪化に気づいていた。しかし主治医のマッキンタイアは相変わらず、そんなことはないと言い張っていた。

ジェシー・ジョーンズは商務長官及び復興金融庁長官を務めた人物であるが、著書『五百億ドル（*Fifty Billion dollars*）』（一九七五年刊）の中で次のように述べている。

「ルーズベルトは精神的にも肉体的にも衰弱の極みであった。そんな身体でスターリンとその取り巻きに会いにヤルタに旅立とうとしていた。彼の健康状態は日に日に悪化していたし、精神的にも弱りきっていた。そんな状態でスターリンと会うために真冬のヤルタに向かうのである。それを考えると私の身体は震えてきた。（私が恐れたとおり）ヤルタの会談で、わが国とそしてすべての非共産国がもはや二度と回復できないと思われるほどの、とんでもない約束をスターリンにしてしまった。その数ヵ月後にルーズベルトは死んだのである」

ハル国務長官は自由フランスのド・ゴール将軍に対する不快感をあらわにしていた。フランスがセントローレンス川（カナダ・ケベック州の川）河口にあるフランス領の島（サンピエール島、ミクロン島）を、ハルに知らせることなく占領したからである。抗議の辞任まで考えたほどである。しかし思いとどまっている。ハルは、ＦＤＲは次官のサムナー・ウェルズや財務長官のモーゲンソーを贔屓（ひいき）にしていることに苛立っていた。それでも国務長官の地位にしがみついてきた。そういう男であった。ケベック会談[6]でも大西洋憲章を協議する場でも、テヘランとヤルタでも、ハルの国務長官としての出番はなかった。ルーズベルトの分身のようなハリー・ホプキンスが国務長官の役割を果たしていた。

ハルはその屈辱に耐えていた。ルーズベルトが後継にはハルを指名することを仄めかしていたからである。ハルはFDRの罠にはまっていたのだ。FDRはハルに期待を持たせながら、大統領にするには年齢が高すぎるとか、優柔不断な性格だと周囲に語っていた。ハルは結局辞任せざるを得なかった。健康を害してしまったのである。ルーズベルトはマッキンタイアをハルのところにやって辞任を思いとどまらせようとした。このルーズベルトの行動には歴史的な意味がある。ハルは明らかに病んでいた。そのことを自覚していた。だから辞任を覚悟した。それにもかかわらずルーズベルトが翻意を促した事実は何事かを物語っている。

ルーズベルトはハルに対して辞任を思いとどまらせようとしたにもかかわらず、後任人事についてハルの意見を聞いていない。後任をエドワード・ステティニアス[7]と決めたのはハリー・ホプキンスであった。ステティニアスに国務長官の資質があるのかは全くの未知数であったし、ハルは彼のことを知らなかった。彼が選ばれたのは大統領とホプキンスの言いなりになる男だったからである。ステティニアスがまとめたヤルタ会談の報告書は、創作されたお伽噺のようなものだった。FDRは素敵な王子様であり、スターリンは共産主義のゴッドマザーであった。

ジェイムス・ファーレイはメリーランド州ベセスダにある海軍病院に入院しているハルを訪問した。その際の会話を回想録の中で記録している。ルーズベルトが亡くなった直後のころだったから、話題のほとんどが彼の思い出話であった。ハルは次のように語った。

「ウォームスプリング（ジョージア州）出発前の大統領に会った。私は大統領の衰弱ぶりに驚いた。彼には死相が出ていた。気分もよくないらしかった。どうしたんだという私の問いに、静脈に問題があって吐き気が止まらないと話していた。結局それが大統領の最後の旅になった」

「ルーズベルトはヤルタ会談の様子を私に語ってくれた。彼の話は大雑把なものであったが、チャーチルは饒舌な爺さんで、ヤルタの協議での九割は彼がしゃべっていた、残りの一割がスターリンと私だった、と言っていた」

「私（ファーレイ）もハルもルーズベルトは明らかに病んでいたとの意見で一致した。あのような身体で、わが国の、いや世界のあり方をも決めてしまうような会談に出かけていくべきではなかった。彼の病が彼の判断力を鈍らせたことは間違いない。相手はタフネゴシエーターで知られるスターリンと、狡猾さでは誰にも負けないチャーチルだったことを考えればなおさらである」

ジョージ・マクガヴァン上院議員[8]が一九七二年の民主党大統領候補だったときのことである。彼は副大統領候補にトーマス・イーグルトン[9]を指名した。マクガヴァンは選挙に敗れたが、彼は副大統領候補にイーグルトンを選んでしまったことを後悔していた。イーグルトンが指名を受ける際に、自らに精神の病があることをマクガヴァンに告げていなかったのである。大統領職を全うするには健康でなければならない。それがマクガヴァンの信条であった。（訳注：イーグルトンは鬱病で入院し、電気ショック療法を受けていた。核戦争の不安のある時代であり、発射ボタンを押す可能性のある副大統領のこの病歴が問題視された）

国務省の仕事（外交）をルーズベルトが完全に仕切っていたことは、妻（エレノア）が残した一九四四年十二月四日付のルーズベルト宛の手紙から推察できる。おそらくこの手紙は秘密とされるはずのものだった。

「あなた（ルーズベルト）はジェイムス・ダン[10]のアドバイスを聞かないだろうと思いますが少し心配です。あなたは過去三年間国務省を思いどおりに動かしてきましたし、これからもそうするでしょう。彼はあなたの指示に従うでしょう。でも気をつけてください。ダンはスペインのフランコを支持しているのです」

エレノアはヤルタ会談を偉大な成果と信じ、ルーズベルトを絶賛した。彼女でさえもわれわれや国民と同様に、ヤルタで密約があったことなど知らなかったのである。

チャーチルはヤルタでのルーズベルトは顔に血の気がなく、目はどこか遠くをぼんやりと見ているようだったと語っている。

マッカーサー将軍はホノルルにやって来たルーズベルトとの会談（一九四四年七月二十六日）に行きたくなかった。任務を離れたくなかったし、会談の目的がルーズベルトの選挙キャンペーンのための政治ショーだとわかっていたからである。二人の間には次のようなやりとりがあった。

「大統領、十一月の選挙では（共和党の）デューイ候補に苦戦すると思いますか」（マッカーサー）

「あの糞野郎（son of bitch）を叩きのめしてやる」（ルーズベルト）

ルーズベルトはこのときニヤッと笑みを浮かべていたが、マッカーサーは彼がもうすぐ死ぬと気づいていた。任地に戻ったマッカーサーは妻ジーンに「大統領の命はあと半年だな」と語っている。

巡洋艦クインシーに乗船していた大統領（訳注：ヤルタ会談にはこの艦を利用した）を見たキング提督は、ＦＤＲの健康状態が極度に悪化していることにショックを受けた。そのことをハリー・ホプキンスに伝えている。

ルーズベルト政権の女性閣僚であったフランシス・パーキンス（労働長官）も次のように記している。

「私は列車に乗ったルーズベルトの写真を見た。党の候補に指名され、その受諾演説のためシカゴで開かれていた党大会に向かう大統領の写真である。彼はあまりに痩せ細っていた。私はその写真を撮ったのは敵の政治勢力で、望遠レンズでも使って痩せた身体を強調したプロパガンダ写真ではないかと疑ったほどだった」（*Roosevelt I Knew*, p390）

これがヤルタに出かける前のルーズベルトの姿を見た側近たちの感想であった。それでも彼らは一九四四年にはルーズベルトが病人であったことを認めようとしなかった。ハル、ファーレイ、ジョーンズ、パーキンス。彼らはみな民主党員で閣僚であった。そしてそれぞれがＦＤＲの病が重そうなことを記録していた。それにもかかわらず、そのことを国民には黙っていたのである。

上述のフランシス・パーキンスはルーズベルトとは長い付き合いで、最も親しい人物の一人である。彼女は、第四期ルーズベルト政権の始まる前日の閣議でのルーズベルトを次のように描写していた。

「顔はげっそりし、顔色も悪かった。目にも生気がなかった。会議に出ている者は皆が皆、大統領を疲れさせてはいけないと思ったはずだ。会議は素早く終えなければならなかった。私は彼の隣の席に座ったが、彼がひどく疲れているのがわかった。彼の青ざめた、いやむしろ灰色がかった顔つきは長いこと病を患っていることの証（あかし）であった。『傷病兵が久しぶりに面会を許され、その面会人が長居をしてしまい、疲れきってしまった』。そんな比喩が相応しかった。病院であれば、看護婦が優しく腕を頭の後ろに添え、枕の上に戻してくれるだろう。しかしここは会議室であった」

「大統領は椅子に座り、顎を手で支えていた。まるで重過ぎる物体を懸命に支えているかのようだった。唇は真っ青であった。私はボディーガードのスチモンスを呼んで横にさせるようにしたらどう、大統領は疲れきっているわ、と指示した。車椅子の大統領を会議室に押してきたのはスチモンスであった」

「グレイス・タリーに私の心配を伝えた。彼女も同じように勘づいていた。大統領のあのような姿を見たのは初めてだった。自分の執務室に戻ったときの私の顔は真っ青だった。秘書もそれに気づくくらいであった。心配する彼女に『大統領は病気です。でも誰にも言ってはいけません』と釘を刺した」

「日曜の朝食は副大統領のヘンリー・ウォーレス夫妻と一緒だった。ウォーレス夫人は私に、昨日の大統領を見たでしょ、あんな大統領を見るのは数ヵ月ぶりのことだわ、と心配そうに語った。大統領は大丈夫なの、と聞いてきた彼女を前にして、私はおしゃべりをやめるようにとシーッと指を口元にやって会話を遮った。これは話題にしてはならないことだった。大統領がヤルタに向かう直前のことである」

　大統領を警備するシークレットサービスは大統領の状態を秘密裏に知らされていた。

「大統領はいつ亡くなってもおかしくない」という情報が伝わっていたから、（次期大統領の可能性のある）副大統領の警備を強化させていた。この指示を誰が行なったか、いまだに明かされていない。

郵政長官のジェイムス・ファーレイの日記によると、すでに一九三五年ころから大統領の体調は悪く、風邪をひくたびに顔色が悪くなり動きも鈍くなったらしい。一九三七年のある日、ファーレイは大統領の執務室を訪れているが、血色が悪く皺も増えたことに気づいている。大統領は疲れ切った様子であった。心配したファーレイがグレイソン提督にかけあい、マッキンタイアを主治医として紹介させたのであった。

ファーレイはグレイソンとの会話を通じてＦＤＲには心臓の病があるらしいことに勘づいた。大事になる可能性があるから専門医に見せようと提案したのも彼であった。グレイソンも同意した。ただその人物は口の堅い男でなくてはならなかった。この事情についてファーレイは『ジェイムス・ファーレイの物語』[11]の中で次のように述べている。

「テヘラン会談（一九四三年十一月）から戻ったあたりから、ルーズベルト大統領の健康状態が悪いことが報告された。ワシントンの官僚たちは誰もが大統領の顔色の悪いことを指摘していた。心ここにあらずとなることも多いと報告してきた。手は震え、顎が下がり、すぐに疲れてしまう。写真でもニュース映画でもＦＤＲの体調の悪さが目立っていた。ラジオの声にも張りがなかった。閣僚、上下院議員、ホワイトハウスの職員、連邦政府職員、新聞記者。誰もがこのことを話題にしていた」

一九四四年に入ると、大統領の健康不安の噂は全国に広がりを見せていた。政治的理由からその噂はもみ消されることになる。マッキンタイアはもみ消しの命令を受けていた。単に上司から指示されたのか、あるいは彼自身ももみ消し工作を謀るグループの一員だったのかはわからない。私自身はマッキンタイアの心を読み取ることはできない。しかしＦＤＲを知る閣僚や友人あるいは新聞記者の残した言葉は書き留めておくべきだろう。

上述のファーレイはＦＤＲと個人的にも親しく、政治信条を同じくしていた。彼が大統領の健康が悪化したことにいち早く気づいたことも述べた。彼は一九四四年の大統領候補を決める民主党大会でのＦＤＲの健康状態についても記している。

「一九四四年の民主党大会では大統領の健康問題で持ちきりであった。ただそれは静かに、こそこそと囁かれたものだった。『スズメの脳みそ程度の人間でも大統領を一目見るだけで、彼が健康を害していることはわかった。彼にもう一期四年を務めることなどできるわけがない』」

「しかしＦＤＲは大統領を続けたかった。彼がそう願ったのは、彼の周りにいた、権力を握ったままでいたい連中の影響であったことは間違いなかろう。彼らはおのれの利益ばかり考えている輩だからだ」

「ルーズベルトが精神的にも肉体的にもしっかりしていれば、テヘランやヤルタで疲れ切ってしまうことはなかったろう。彼が言うべきことを言っていたら、現在の世界が抱えるトラブルの多くは存在しなかった可能性が高かった。多くの政治家がそう思っている」

これこそがルーズベルトに対する真の告発なのである。ファーレイは、FDRの健康が悪化したのはテヘラン会談の時期ではないかとも述べている。この会談が行なわれたのは一九四三年十二月である。FDRが民主党大統領候補に選ばれる七ヵ月も前のことなのだ。

また、かつてイギリス国王（エドワード八世）であったウィンザー公[12]は、FDRの四選前にハイドパークにある彼の私邸を訪問したことがあった。そのときのメインゲストはチャーチルだった。ウィンザー公はこのときの様子を次のように語っている（ニューヨーク・デイリーニュース、一九六六年十二月十五日付）。

「ルーズベルトは私を歓迎しようと車椅子で玄関ホールに現れた。私は彼があまりに痩せこけているのに驚き、思わず声を出してしまった。それに気づいたFDRは『少し痩せたよ。医者が体重を減らせとうるさいんだ。おかげで体調は最高だ』と大きな声で言い訳した」

「昼食のテーブルではルーズベルト夫人（エレノア）が私の隣の席だった。チャーチルは絶好調で気のきいたおしゃべりを続けていた。そのテーブルの端の、ホストの定位置に座っていたルーズベルトは一言もしゃべらなかった。その身体はいまにも壊れてしまいそうな、脆いものに感じられた」

ジョージ・クロッカー[13]は『ルーズベルトのロシアへの行程[14]』（一九五九年刊）を出版している。彼はその中で、「FDRは壮大な政治ショーを演出しようとしていた。しかしそれはもうすぐ命が消えそうな大統領による情けない見世物だった」と病める身体でヤルタ会談に臨んだルーズベルトを痛烈に批判している。

「衰弱したルーズベルトはスターリンにわけなく翻弄された。彼は独裁者（スターリン）にお決まりのおべっかを使った。（上機嫌の）スターリンに完全にしてやられたのである」

ヤルタ会談のこうした実態は、政府の巧妙なプロパガンダ工作で国民に知らされることはなかった。大統領の健康状態、密約、友国であったポーランドと中国に対する裏切り。何もかもがスターリンの思うままだった。このことが明らかになるまでに二十五年もの月日が必要だったのである。

ヤルタでのルーズベルトの健康について、チャーチルの主治医であったモーラン卿[15]はステティニアス国務長官と交わした会話を書き留めている。「この船旅は良い休養になったようだ。大統領は調子が良さそうだ」と話すステティニアスに対して、モーラン卿は次のように反論した。

「医者の私にはとてもそんなふうには見えない。彼が病人であることははっきりしている。大統領は、脳の血管が詰まった場合の典型的な症状を見せている。それもかなり進行したステージにある。おそらくあと数ヵ月の命だろう」

驚くステティニアスにモーラン卿は「見たくないものを見ないのが人間の性癖で、ここにいるアメリカ人の連中は、大統領がもはや体力的に限界を超えている（finished）ことに気づきもしない」と嘆いたのであった。

モーラン卿は一九四四年二月九日の日記にこう記している。

「誰もが大統領の姿を見てびっくりしていた。FDRはずいぶんと痩せた上に老けこんで見えた。彼は呆然とただ前を見つめ、いま起こっていることも理解できないようだった」

イギリス外交官の中でヤルタ会談の模様を知っている者は今ではグラッドウィン卿[16]だけになってしまった。彼もヤルタ会談から四半世紀が経った時点で次のように語っている。

「とにかく大統領はひどく病んでいると感じられた。見た目にもはっきりとそうわかるのである。（スターリンに気に入られたいのか）極東問題については譲歩しすぎていた。英国海軍のロシア語通訳官がＦＤＲの通訳に使われたことがある。その通訳官は、『大統領は、会談の内容に全く関心がなかった（no business at the conference)。見かけも、しゃべり方も、その行動も、何もかもが病人のそれだった』と述べていた」

リチャード・バートン[17]は誰もが知っている俳優である。彼もヤルタ会談についてこう嘆いている。

「（スターリンに）おべっかばかりのあの病んだ男がいなければ、チャーチルはヤルタでの会談を成功させたに違いない。彼は妥協を一切しない政治家だった。そうなっていれば世界はこんな状態にはならなかった」

注

1　John N. Garner（一八六八―一九六七）第一期、第二期ＦＤＲ政権の副大統領。
2　Cary T. Grayson（一八七八―一九三八）海軍軍医。
3　Bremerton　ワシントン州シアトル近くの港。
4　Grace Tully（一九〇〇―八四）ルーズベルトの個人秘書。
5　John Gunther（一九〇一―七〇）ジャーナリスト。政治評論家。邦訳に『死よ驕るなかれ』（岩波書店、一九七四年）がある。
6　ケベック会談。一九四三年八月、カナダのケベック州で行なわれたルーズベルトとチャーチルの会談。対日・独戦争方針及び英委任統治領であったパレスチナの扱いが協議された。

7 Edward Reilly Stettinius（一九〇〇—四九）トルーマン政権でも国務長官。戦後は初代国連大使。

8 George McGovern（一九二二—二〇一二）民主党上院議員。サウスダコタ州。

9 Thomas Eagleton（一九二九—二〇〇七）民主党上院議員。ミズーリ州。

10 James Dunne（一八九〇—一九七九）国務次官補（ヨーロッパ、極東、中東、アフリカ担当）。任期は一九四四年十二月から四六年十一月。

11 *James Farley's Story*, McGraw-Hill, 1948.

12 Duke of Windsor（一八九四—一九七二）父はジョージ五世。一九三六年独身のまま即位。同年末、離婚経験のあるアメリカ人婦人ウォリス・シンプソンとの結婚のため退位した。

13 George N. Crocker（一九〇六—七〇）ゴールデンゲート大学法学部長。ルーズベルトのニューディール政策を批判。

14 George Crocker, *Roosevelt's Road to Russia*, Henry Regency Company, 1959.

15 Lord Moran（Charles Wilson. 一八八二—一九七七）チャーチルの主治医として多くの会談に同行。

16 Lord Gladwyn（Gladwyn Jebb. 一九〇〇—九六）イギリスの外交官。国連創設時には事務総長代行。

17 Richard Burton（一九二五—八四）イギリス出身の映画俳優。

第20章　ヤルタの裏切り

大統領を容共派の顧問たちが囲い込んだ。

ステティニアスはヤルタ会談に臨んだメンバーの一人である。先に述べたように彼は病気で職を辞したハル国務長官に代わって国務長官となった人物である。新任ではあったがけっして未熟な政治家ではなかった。またジェイムス・バーンズも有能かつ経験豊富な経歴の持ち主でアメリカ代表団の一員であった。しかし、両名とも会談の際にはＦＤＲから何のアドバイスも求められていないし、会談で何が打ち合わされたのかも知らされていない。リーヒ提督は海軍のトップでもあり、ＦＤＲの友人でもあった。リーヒは、スターリンに満洲方面への侵攻を促してしまうような妥協はけっしてしてはならないと（ＦＤＲに）警告していた。[1]

マーシャルもヤルタに行っている。彼はＦＤＲの言うことは何でも聞いた。ＦＤＲによって登用された男だったから、たとえパタゴニアで戦争しろと言われても喜んでその命令に従うような人物であった。マーシャルは中国共産党に対しても甘かった。

それがどのような結果をもたらしたかは言わずもがなである。

ヤルタの同行メンバーの中で最も力を持っていたのはハリー・ホプキンスだった。彼は外交には素人同然であった。しかしハル国務長官のいない場面でつねに重要な政策決定に関わっていた。ホプキンスとアルジャー・ヒスはヤルタの会談では、いつもルーズベルトの後ろに控えていた。FDRに必要に応じてメモを入れていた。

駐ソビエト大使のハリマンはスターリンを完全に見誤っていた。スターリンは民族主義者であると考えていた。裏切ることをなんとも思わない共産主義者であり、大量虐殺の張本人であることには目をつむっていた。彼はスターリンの本質に後になって気づいたがもう手遅れであった。チャールズ・ボーレン[2]はロシア語に堪能でヤルタでは通訳をつとめている。ハリマンもボーレンもFDRを支持するグループに属し、FDRの主張する新国際主義（訳注：国際連合を基軸にする安全保障体制の設置）を信奉していた。ヤルタ会談に出席したのはこういう人間たちなのである。現在（一九七六年）生きているのはハリマンだけである。

ルーズベルト大統領はほとんど自分だけで判断していた。ヤルタに到着する前にすでに何をするかを決めていた。ポーランドに対する裏切り、提案されている国際連合に対する支援、ドイツに対するモーゲンソー・プラン[3]。スターリンから何か要求されれば何もかも譲歩した。ヤルタに同行したスタッフはこうした交渉にほとんど関与させてもらっていない。チャーチルも（イギリス交渉団の）イーデン卿も、米人スタッフと似たようなものだった。チャーチルはかなりしゃべったようだが、ＦＤＲとスターリンは聞く耳を持たなかった。ただドイツの軍事占領にはド・ゴール将軍のフランスにも加わってもらうことだけは認めさせた。

精神的に疲れ切り、肉体的な病にも冒された大統領。彼がヤルタ会談をソビエトロシアの独壇場にしてしまった。レーニンが、一九一七年にケレンスキー暫定政権から権力を奪取して以来の大勝利であった。スターリンだけがこの会談での勝利者であった。わが国もイギリスも得るものは何もなかった。むしろ何もかも失ったと言ってよい。わが国は百万を超える犠牲者と何十億ドルもの戦費を費やした。イギリスも同様に大きな犠牲を払った。国家財政は破綻し、その帝国の半分を失った。大西洋憲章の理念も実現できなかった。憲章を作り上げたわが国とイギリスは、かえって全体主義国家の拡散に協力してしまう羽目になった。

レーニンが立てていた計画の第一段階は東ヨーロッパの共産化であった。それがヤルタ会談で成功したのである。次の狙いが中国の共産化であった。それもスターリンの支援によって成功した（一九四九年）。今では共産主義がアジアを席捲している。彼らの次のターゲットはスエズ運河地帯であり紅海であろう。さらには西アフリカまで勢力を拡大しようとするだろう。彼らの狙いはわが国を囲い込むことである。キューバの共産化もその一段階である。これで西アフリカへの進出が成功すれば次のターゲットは南米となる。

彼らは、アメリカ国内に存在する共産主義シンパの勢力拡大を期待している。わが国は熟した柿が落ちるように共産化するだろうと楽観視している。国内の共産主義者、社会主義者、過激分子らは、わが国の自由競争社会のシステムを社会主義に置き換えようと企んでいる。

ハリー・ホプキンスは下院においてはすでにホワイトハウスのラスプーチンではないかと疑われている。彼は、陸軍が決めていた共産主義者の幹部登用禁止規則を解除した。この問題についてはウォルター・トローハン[4]が次のような記事を載せている（ワシントン・タイムズ・ヘラルド、一九四五年三月十日付）。

「下院軍事問題小委員会は、共産党員としても活動歴のある者が幹部に登用された事案について調査している。こうした人物の登用が可能だったのは、大統領に最も近い人物の関与があったかららしいことがわかっている」

ホプキンスは大統領に次ぐ力を発揮していた。ヤルタ会談でもその影響力を遺憾なく発揮している。それだけではない。原子爆弾製造に必要な材料を密かにソビエトに送る作業にも関与していたらしいのである。設計図までつけてそうした材料をソビエトに渡していたことが疑われている。このことはレイシー・ジョーダン少佐[5]の日記に詳しい。彼は、ホプキンスが密かにウラニウムを輸送する計画について電話してきたと述べている。

ヤルタ会談の半年後には、スターリンはその会談での約束を反故にして、ポーランドを共産化した。チェコも、ハンガリーも東ヨーロッパの国々も続々と共産化された。こうした事態に直面しながらもホプキンスは驚くような発言をしている。

「ロシアの狙いは、わが国の外交政策と大きな隔たりはないと信じている」

ドイツが五月に降伏するとスターリンはたちまちヤルタでの約束を反故にした。真っ黒な雲で東ヨーロッパを覆い尽くした（共産化した）。ルーズベルトの死後数ヵ月経ったころであるが、ホプキンスは呆れ返るような発言をしている。

「ロシアの人々はわれわれアメリカ人と同じように考え、同じように行動する」

一九四五年三月十一日付のニューヨーク・タイムズ紙はアール・ブロウダーの共産主義者政治協会全国委員会における発言を短く伝えている。

「アメリカ国民はクリミア（ヤルタ）での約束を支持するように組織化されなくてはならない。議会における反対勢力が何も言えないくらいに運動を盛り上げなくてはならない」

これこそが共産主義者のプロパガンダの典型であり、議会を脅す手口であった。共産主義者がヤルタ会談の約束を全面的に支持するのは良いとしても、そのメリットとデメリットは徹底的に議論し、またその内容を精査しなくてはいけない。そうしたプロセスなしで共産主義者が喜ぶような会談内容をそのまま支持することなどできない。

ブロウダーはヤルタ会談に批判的な者をファシストあるいはナチスと罵った。これは共産主義者がよくやる攻撃の手段である。ブロウダーは紛れもなくヤルタ会談の結果に狂喜していた。ヤルタ会談の結果、一億の自由な民が共産主義国家の中に組み込まれてしまった。そしてわずか四年でさらに六億人がそれに加わった。

ジェイムス・バーンズは、スターリンがどれほどFDRに好意を持っていたかについてジェイムス・フォレスタルと話し合ったことがある。フォレスタルは次のように語っている。

「その理由は単純だ。ヤルタでFDRから合意を取りつけたからである。スターリンは欲しいものは全てとった。その上、世界中に共産主義思想の宣伝が可能になったからだ」

FDRはソビエトに極東方面への参戦を促したかった。満洲を含む中国をソビエトに差し上げる。それが条件になってしまった。バーンズは、大統領はそのことを私に教えてはくれなかった、その議定書はホワイトハウスの中の書庫に鍵をかけて保管されていた、と語っている。

ヤルタでの議定書はワシントン議会に提示されていない。その理由は、ポーランド、東ヨーロッパそして満洲までもソビエトに差し上げる約束を議会が批准しないだろうと恐れたからである。否決の可能性も高かった。

チャーチルは回想録の中でスターリンとの交渉の難しさを次のように記している。

「アメリカはたしかに勝利者であった。世界の指導者であった。しかし悲しいことに外交方針に一貫性がなかった。グランドデザインを欠いていた。わが国は依然強国ではあったが、とてもわが国だけの意見を通せるほどの力はなかった。私がＦＤＲに対してできたことは、注意を促すことぐらいであった。私の人生の中できわめて不幸な場面であった。私は人々の歓迎を受けるたびに胸が痛んだ。（ヤルタ会談の結果は）必ず不幸な結果を生むだろうとの嫌な予感があった」

これは歴史の皮肉そのものである。チャーチルは勝利の美酒に酔いしれてもおかしくない場面にいた。しかし回想録ではそのときが最も不幸な時間であったと記録しているのである。

三巨頭がヤルタで顔を合わせたのはヨーロッパの戦いも終結に近づき、日本の降伏も半年先に迫っていた時期である。戦いでの成果の分配と戦後の和平維持。それがヤルタ会談の目的のはずだった。しかし結果はスターリンの一人勝ちであった。イギリスはその帝国のほとんどを失った。アメリカは朝鮮戦争とベトナム戦争の種をヤルタでもらったようなものだった。戦後三十年にわたる冷戦の原因を作ったのはヤルタ会談であった。

ヤルタへの代表団にはただの一人も共和党員が選ばれていない。中立系の人物も、経済や財政政策の専門家もいなければ、国際法に精通した人物もいなかった。

FDRはテヘラン会談への途次、カイロに寄っている（一九四三年十一月二十二日）。同地の米国大使館に宿泊した。カイロで彼は蔣介石夫妻に会っている。夫人（宋美齢）はアメリカで教育を受けていた。FDRは蔣に対して、戦後補償、台湾の返還、武器供与を約束した。FDRはヤルタでその約束を反故にした。約束を果たしたのは台湾の返還だけであった。

ルーズベルトの四つの自由も、大西洋憲章でうたわれた民族自決の理念も、それを主張した張本人が反故にした。エストニア、リトアニア、ラトビア、ポーランド、チェコスロバキア、ハンガリー、ルーマニア、ブルガリア、ユーゴスラビアそして中国。武力と暴力によってこれらの国々が共産化されてしまった。

ソビエトロシアとスターリンはすさまじい勢いでヒトラーを追い払い、自らがヒトラーに成り代わったのである。しかしロシアはドイツよりも大国である。これらの国にいた共産主義者の売国奴がヒトラーのやり方と同様な手法をもって共産化を進めた。多くの人々はヒトラーを倒すためにはやむを得ない戦争だと思い込んだ。しかしその結果はヒトラーよりも始末の悪い「共産主義」という独裁体制を生んだだけの戦いだったのである。チャーチルはあの大戦は必要でなかったかもしれないと述べていたが、もはやどうすることもできないのである。

われわれは正義の実現（ヒトラー打倒）のためには、その手段に多少乱暴（違法）なところがあっても致し方ないと考えた。ヨーロッパの揉め事に介入すべきではなかったが、それも仕方ないと考えた。しかし冷静になって当時を振り返ってみよう。ヒトラーのドイツに対してアメリカが不干渉の立場をとるのは恥ずべきことだと考えたのが一九四一年である。それにもかかわらず、わずか四年後に、アメリカは世界和平のためと称してテヘランとヤルタでとんでもない約束をスターリンと結んだ。この矛盾をどう説明したらよいのだろうか。

ルーズベルトはその死の十分ほど前に友人らと話し込んでいた。そこには、いとこのローラ・デラノ[6]、デイジー・サックリー[7]、ルーシー・ラザフォード[8]もいた。FDRは真面目な顔つきで「僕は大統領を辞めようと思う」と語っている。辞めた後はどうするのかとの問いに「国際連合のトップになろうと考えている」と答えたのである。この驚愕の言葉が報道されることはなかった。彼の望んでいたのは国際連合の設立であり、そしてまたその組織のトップになることだったのである。その野望の実現のためにはスターリンにその構想を支持させなければならなかった。だからFDRはスターリンの要求は何でも聞いたのである。

ジェイムス・ファーレイは自叙伝を残している。その中でハル国務長官の次のような言葉を記録している。

「大統領はヤルタへの出発前に私の執務室に顔を出してくれた。スターリンとチャーチルにわが国の立場をしっかり説明して理解させてほしい、彼らに安易な妥協をしてはならないとルーズベルトに伝えた」

ジェイムス・バーンズはその著『率直に語る[9]（*Speaking Frankly*）』の中で、ソビエトの強制労働の問題について述べている（訳注：ドイツ国内にいたロシア人政治犯を強制労働に使用することをルーズベルトはヤルタで容認していた）。バーンズはこの問題がヤルタで話し合われたことを知らなかった、とした上で次のようにFDRを批判している。

「もし私がこの案件について知らされていたら、奴隷労働そのものである強制労働を容認するような内容をヤルタでの議定書に盛り込むことは絶対にしてはならないと助言しただろう」

またバーンズは、FDRがソビエトの対日戦争参加を促すために満洲を含む中国を彼の勢力下に置くことを容認したことなど知らされていない、と述べている。

ヤルタ会談についてはマッカーサー将軍も怒りを隠していない。

「直接的にも間接的にも私はヤルタ会談には全く関与していない。あの戦争終盤になってのソビエトの極東における対日戦参入を促すようなことは、私はしない。私も私の部下もヤルタ会談には出席していない。実は私はヤルタで会談が開かれていることさえ知らなかった。私が意見を求められていれば、ソビエトを対日戦に誘うことなど絶対にしなかった。戦いも終盤を迎え、日本の降伏はもう時間の問題になっていたからだ」

ルーズベルトが中国（蔣介石）をスターリンに譲渡してしまったことを示す証拠はどこにでもあった。その決定は誰にも知らされずFDR自身の決断であった。彼のソビエト好きの性癖がそうさせてしまったのだ。ジョージ・クロッカーの名著『ルーズベルトのロシアへの行程』にそのときの事情が詳しい。FDRの決断は、軍の意見を勘案してなされたなどと言い張る者がいるが、それは誤りである。ソビエトの要求は日本の降伏後に実現される、そのことを三巨頭は確認した、と言われている。これはルーズベルトが、蔣介石に満洲、大連、旅順を諦めさせ、そのことをチャーチルに無理に認めさせたという意味である。

ルーズベルトの忠僕とも言えるロバート・シャーウッドさえ、ここまでスターリンの要求をFDRが呑むとは思いもしなかった。もし中国がこの合意に逆らったらどうしようというのだろう、と憂慮したのである。しかしシャーウッドはFDRの弁護に終始した。「ルーズベルトは疲れていたのだ。ヤルタ会談の終盤にあって激しい議論になることを避けたかったのである。そうでなければ、あのような妥協はしなかった」とFDRを庇ったのである。

シャーウッドの「大統領は疲れていた」という弁護には何の説得力もない。FDRはヤルタで疲れ切ったのではない。大統領に再選される前、いやもっとその前、民主党候補に選出される以前から彼は精神的にも肉体的にも病んでいたのだ。シャーウッドはこの事実に触れられることを徹底的に避けている。その様は、悪魔が聖水を浴びせられるのを恐れる姿にそっくりであった。

多くの軍事関係者はスターリンを対日戦争に参加させることに反対であった。リーヒ提督、ヘンリー・アーノルド将軍[10]らおよそ五十人の高官がFDRのこの決断に抗議する陳情書に署名したのである。

「もしソビエトがアジア方面の戦いに参入すれば、中国の独立は間違いなく失われる。中国はアジアのポーランドとなるであろう。朝鮮はアジアのルーマニアに、そして満洲はアジアのブルガリアと化してしまうだろう。ソビエト軍が侵入すれば中国は形式的な独立国の体面すら保つことは難しいだろう。蔣介石は中国を脱出せざるを得なくなるだろうし、南京にはソビエト傀儡(かいらい)政権が樹立されるだろう。どんなことがあってもソビエトに中国を破壊(共産化)させるようなことをしてはならない。そうなってしまえば、わが国のアジアでの立場は危ういものになってしまう」

この陳情書はマーシャル将軍に提出された。しかし彼はそれを無視したのである。大統領に伝えることもしていない。マーシャルは、ソビエトがアジア方面での戦いに参入することに反対していたニミッツにもマッカーサーにも相談しなかった。残念なことだが、マーシャル将軍の中国に関わる大統領への助言はいつも間違っていた。その理由は、恐らく、容共派官僚の跋扈(ばっこ)していた国務省極東部の影響を受けていたからであろう。

私自身は、マーシャル将軍が親共産主義者であるとは信じたくない。彼はバージニア州立軍事学校（Virginia Military institute）で学び、長きにわたってわが陸軍の幹部であった。しかしFDRと接するようになって容共的になってしまったのかもしれない。対日戦争も終わりそうな時期に、スターリンに満洲を侵攻させるというFDRの考えを支持したことからもそれがわかる。そうでなければ、ニミッツやマッカーサーなど五十二名もの軍高官の反対を無視するようなことはなかったはずである。

マーシャルは蔣介石に対して、国民党政府に共産主義者を登用し、共産党の軍隊をも国民党軍の一部とするように圧力をかけた。蔣がそれを拒否すると、国民党軍への武器の供給を停止した。それによって国民党は共産党との戦いに敗北することになった。マーシャル将軍は中国に代表団を引き連れて乗り込んでいる（訳注：一九四五年十二月に国民党と共産党の統一を画策して中国に向かった使節団を指す。合作工作は失敗し、一九四七年に使節団は帰国した）。

マーシャルは後に国防長官（訳注：任期は一九五〇―五一年）になっている。一九五一年五月八日、彼は上院で次のように証言した。

「われわれの朝鮮での戦いの狙いは中国軍に血を流させ、徹底的に疲弊させ、奴らにもう戦いは止めてくれと言わせることである」

これほど馬鹿げた発言はない。マーシャルは中国での交渉から戻った後には「自分は国民党軍の三十九もの師団に装備を充実させたが、（蔣介石に頭にきたから）それらをみな武装解除してやった」などと言っていたのである。

マーシャルの脅かしは中国共産党の指導者にとっては何の威嚇にもなっていない。彼らは一億人くらいは人口を減らしたいと考えていた。だいたいその一億人程度の国民は栄養不足で、腹を空かせた、貧乏人ばかりだった。現在時点（一九七六年）においてさえ、核戦争で一億人程度死んでも構わないと考えている。ルーズベルトはチャーチルにもバーンズにもリーヒにも耳を貸さなかった。FDRはホプキンスやアルジャー・ヒスの助言だけを頼りにしたのであった。

（ヤルタ会談の時期において）マッカーサーもニミッツも日本の降伏は時間の問題であることを知っていた。ニミッツは日本海軍の艦船は完全に破壊されていることを知っていたし、マッカーサーは日本がすでに降伏条件を探りにきており、日本の条件は天皇が保護されることだけであったことを知っていた。マッカーサーが知っていたことを大統領が知らないはずはなかった。もちろんソビエトは知っていた。彼らこそが仲介に立ってくれと日本に頼まれていたからだ。しかしスターリンは狡猾にも黙っていた。FDRはそうした状況にもかかわらず、ヤルタで中国をスターリンに差し上げる約束をしたのである。そのことは蔣介石も知らなかった。この事実は半年にもわたって隠されたのである。

こうしてアメリカの極東における最大の友人であるはずだった国民党は終焉を迎えることになる。ソビエトは降伏した日本軍から没収した武器を満洲の共産党軍に譲渡した。国民党は完全に裏切られ、(国民党の) 反共の軍隊は見捨てられた。その結果、彼らは戦いに敗れ、台湾に逃げ込むしかなかったのである。

チャーチルは中国を売り渡したことに自分は責任はないと強調している。「中国問題はアメリカの管轄である。私はただ (FDRとスターリンの考えに) 了承を求められただけである」などと言い訳している。チャーチルには『第二次世界大戦：その勝利と悲劇』[11]という著作がある。あの大戦における戦いとヤルタ会談の模様が記された書である。ドイツ、イタリア、日本との戦い。これは軍事的勝利の記録である。しかしそうした勝利もヤルタ会談以降は悲劇の歴史となった。

わが国とイギリスは七十万もの若い兵士の命を失った。しかしヤルタの悲劇では、一億にものぼる自由な民を全体主義、共産主義の犠牲者に追いやった。ポーランド、ハンガリー、チェコあるいはバルカン諸国に暮らしていた自由な民は共産主義国家の支配に入ったのである。これに中国の共産化が輪をかけている。

蔣介石は勇敢な反共の闘士であり、わが国の友人であった。しかしFDRが満洲をソビエトに譲ることを約束したことで彼は裏切られたのである。結局その裏切りからわずか四年で中国全土が共産化してしまった。これによってアジア全体が不安定化することになった。そしていま赤い中国は核兵器を開発しているのである。

たしかにチャーチルは、FDRがスターリンに見せる友情は愚かであり、世界に共産主義を拡散させることになると心配してはいた。彼は外相アンソニー・イーデンに次のようにその不安を伝えている（一九四二年十月二十一日）。

「ソビエトの蛮行がヨーロッパを覆うようなことがあれば、計り知れないほどの惨禍を招き、古き良きヨーロッパ文化が破壊され、多くの国家の独立を危うくするに違いない」

またチャーチルはヨーロッパ大陸への反攻をバルカン半島方面から始めたかった。しかしFDRはその考えに反対した。これに喜んだのがスターリンであった。チャーチルはまず東ヨーロッパに兵を進めるべきだ、そうすればバルカン半島やハンガリーなどの東ヨーロッパにある国々はその独立を維持できると考えていた。

ルーズベルトは一般にイギリスに過剰なまでの肩入れをしたとされている。戦争中はイギリスでは偶像視されるほどに彼は人気があった。イギリスに対して三百五十億ドルもの支援をしたのだからそれも当然であった。しかしチェンバレン首相はそうは思っていない。チェンバレンはイギリスを対独戦争に仕向けた張本人がFDRだと考えている。多くのイギリスの若者を死に至らしめ、大英帝国の国富を喪失させ、その領土の半分を喪失させたのはルーズベルトであると考えている。チェンバレンは真面目で正直な政治家であった。

ヤルタの悲劇はすでに歴史が証明している。東ヨーロッパが共産化し、六億の中国人が奴隷同様の生活を強いられている現実がその証（あかし）である。ヤルタ会談の直接的な結果ではないにしろ朝鮮とベトナムでの戦争も、キューバやチベットが共産主義の支配下に入ったことも、またアルジェリア、シリア、リビア、イラクが社会主義化したことも、元はと言えばヤルタ会談に原因がある。

ヤルタでのFDRとスターリンの打ち合わせにアメリカ側から出席したのはハリー・ホプキンスとアルジャー・ヒスだけであった。ヒスが危険人物であると警告していたのはW・チェンバース[12]であった。しかしそれは何の役にも立たなかった。ヒスがソビエトのスパイとして告発され、国務省の秘密文書をソビエトに流していたことが判明したのは、ヤルタ会談から四年後のことだった。ヒスはソビエトのスパイ組織の一員であった。彼は有罪となり投獄されている。そのヒスがワシントン議会で次のように証言している。

「ヤルタ会談の中身についてある程度私が関与していたことは事実である」

ＦＤＲ政権を擁護する歴史学者や作家は、ソビエトのスパイであったヒスがヤルタ会談に出席していたことを語ろうとしない。またヒスが関与していたことを記す場合でも、彼の役割は単なる秘書役に過ぎないと強弁している。しかし事実は全く違う。バーンズは、ヒスがホプキンスと一緒に行動することが多かったと証言している。会議に出席していたステティニアス国務長官も、会談ではヒスが大活躍だったと日記に綴っていた。

イーデンはＦＤＲとスターリンの間で決まった協定内容に驚愕している。チャーチルに対して調印しないよう説得に努めた。しかしチャーチルはルーズベルトとスターリンの気分を害したくはなかった。極東における大英帝国の存亡がかかっているだけに、少々のことは目をつぶろうと考えたのである。ルーズベルトは香港を中国に返すと脅していた。

チャーチルの娘のサラ[13]はヤルタに同行している。後のことだが私のニューヨークの友人宅に彼女が泊まる機会があった。そこでヤルタの出来事を語っている。一日の会議が終わって宿泊所に戻ってきたチャーチルは気落ちしていた。彼女は父親を元気づけようと、ヤルタの海岸が素晴らしいこと、そしてそれが彼の好きなリビエラの海岸に似ていることなどを話題にした。チャーチルはサラに次のように答えた。

「たしかにこの海岸は美しいかもしれない。そんなことよりもこの会談に嫌な空気が流れている。正真正銘の悪魔が会議を仕切っているかのようだ。奴（スターリン）はこの会談で何を狙い、それをどうやって手に入れるかをすべてわかっている」

ルーズベルト政権の幹部は、一九三九年以前はヒトラーに対して宥和的な態度で交渉に当たることを徹底的に嫌悪した。ヒトラーと妥協することを軽蔑し、そうすることは悪魔の所業とまで言いきった。そうした連中があのスターリンに対しては口を閉ざしたのである。スターリンに宥和的態度を見せることがどれほど陰湿なことであるのか、そして非倫理的なことであるのか。そのことに気づかなかったとでも言って弁解するのだろうか。歴史家ジョン・フリンの著作『ルーズベルト神話』についてはすでに触れた。彼はその中でこう綴っている。

「ヤルタでスターリンは欲しいものはすべて手に入れた。チャーチルはそれに失敗した。ルーズベルトは自分の夢を実現させるためにスターリンの側に立った。その夢とはもちろん国際連合の設立である。しかし冷静になって考えてみれば、この機関の設立はテヘラン会談の前にはもう決まっていた。スターリンは、自分に都合のよいルールでこの機関を運用することを決めていたし、世界中のどんな揉め事に対しても口を挟める立場をソビエトは確保していた。従ってルーズベルトにとってもヤルタ会談で新たに得るものはなかったのである。ソビエトは（国際連合設立後も、紛争があるたびに）秩序回復と和平を目指すわが国とイギリスの作業を邪魔することになった」
「わが国内ではルーズベルトを支持する共産主義者やそのシンパたちがプロパガンダ工作を継続していた。ハリー・ホプキンスはスターリンのために相変わらず精励していたし、副大統領のヘンリー・ウォーレスはヨーロッパでの革命を促すような発言を繰り返していた。すべてがルーズベルトに始まっていた。結局はスターリンが一番賢かったということだ」

十五年ほど前（一九六一年ごろ）のことになるが、私はあるテレビ番組に出演した。ルーズベルトの人となりを語る番組であった。そこにはＦＤＲ夫人であるエレノアも出ていた。彼女はそこでＦＤＲが死の直前にスターリンに失望したことを明らかにした。そしてスターリンに対して抗議の文書を何通かしたためていたと証言した。つまり遅きに失しながらも、ＦＤＲもようやく自らの対ソビエト外交の過ちに気づいたのである。

彼はウォームスプリングの保養所に向かう前に閣僚のレオ・クローリー[14]を呼んでいる。クローリーは外国経済局長官であった。外国経済局は連合国への支援を担当する部局である。彼とのやりとりは次のようなものであった。

「武器貸与法に基づいて実施された連合国への支援の総額はどのくらいになっているか」（ＦＤＲ）
「四百億ドルを超えています」（クローリー）
「そのうちソビエトへの援助額は？」（ＦＤＲ）
「百十億ドルほどです」（クローリー）
「（それだけの援助をしたにもかかわらず）スターリンからは何の譲歩ももらえていない。クローリー君、もう戦争も終わる。この法律による長期契約ベースの援助は止める。そしてドイツが降伏した時点ですべての援助を停止する。私に再度確認する必要はない。ドイツの降伏と同時に援助を停止しなさい」（ＦＤＲ）

エレノア夫人のこの証言があるまで、ＦＤＲがこのような指示を出していたことは誰も知らなかった。ルーズベルトもその死の直前になってようやく、スターリンはヤルタでの約束さえも守らないこと、つまり彼に騙されたことに気づいたのである。クローリー長官へのＦＤＲの指示はスターリンへの復讐でもある。しかし時すでに遅かった。復讐の程度もかすり傷を負わせる程度のものだった。スターリンはすでに占領地域の共産化を進めていたのである。ルーズベルトは自らの過ちに涙したかもしれない。しかしそれは言ってみれば、ミルトンの『失楽園』に現れる堕天使の涙のようなものであった。

注

1 William D. Leahy（一八七五―一九五九）陸海軍最高司令官付参謀長（一九四二―四九年）。
2 Charles E. Bohlen（一九〇四―七四）後のソビエト大使（一九五三―五七年）。
3 ドイツの分割、重工業の解体により農業国とすることで二度と戦争のできない国にするという懲罰的な意図を持った計画。モーゲンソー財務長官の立案。
4 Walter Trohan（一九〇三―二〇〇三）シカゴ・トリビューン記者。ジャーナリスト。
5 George Racey Jordan（一八九八―一九六六）米陸軍航空隊に所属し、武器貸与法に基づくソビエトへの援助物資輸送に関与した。
6 Laura Franklin Delano（一八八五―一九七二）ウォーレン・デラノ（母方の伯父）の娘。
7 Daisy Suckley（一八九一―一九九一）ルーズベルトの遠縁。ホワイトハウスに泊まることも多かった。FDRと親しかったが愛人関係にあったかは不明。
8 Lucy Mercer Rutherford（一八九一―一九四八）FDRの元秘書。愛人。
9 *Speaking Frankly*, Harper & Bros., 1947.
10 Henry Harley "Hap" Arnold（一八八六―一九五〇）アメリカ陸軍航空軍司令官。
11 Winston Churchill, *The Second World War: Triumph and Tragedy*, Houghton Mifflin Co., 1953.
12 Whittaker Chambers（一九〇一―六一）アメリカ共産党員。ソビエトのスパイ。
13 Sarah Churchill（一九一四―八二）チャーチルの次女。映画俳優。

14　Leo Crowley（一八八九―一九七二）ＦＤＲのニューディール政策推進者の一人。連邦預金保険公社（Federal Deposit Insurance Corp.）の長官でもあった。

第21章 ルーズベルトとパレスチナ

ルーズベルトはユダヤ人問題に無関心だった。

ルーズベルトはヤルタからの帰路にサウジアラビアのイブーン・サウド国王[1]と会っている。国王は強烈な反ユダヤ思想の持ち主であった。二人はパレスチナにおけるユダヤ人とアラブ人の紛争とイギリスの統治のあり方について話し合った。帰国したFDRは次のような親書を国王におくっている。

「国王閣下、パレスチナ問題に関わるわが国政府の態度については、先の会談で述べたとおりであります。わが国はこの問題について、アラブおよびユダヤ双方と調整を図っていきます。その手続きなしでわが国の方針を立てることはありません。また先の会談でお伝えしたように、アラブ民族に敵対的な行動をわが国がとるようなことはない、ということです。合衆国行政府の長として断言いたします」

この曖昧で、どちらの側にも阿る親書は、わが国内のユダヤ人を強く刺激した。彼らはパレスチナこそがユダヤ人の祖国であると信じていた。もしルーズベルトがあと数ヵ月でも生きていればこの親書は政治的に大きな問題になっていただろう。

一九二二年のことになるが、私はある決議案（フィッシュ案）を下院に提出したことがある。この決議案の趣旨は、パレスチナにおけるユダヤ人の文化、歴史、宗教の興隆を支援するというものであった。私の提案は可決され、ハーディング大統領がこれに署名した。これにより多額の援助資金がパレスチナの開発に投入されることになった。その結果、ダン[2]（Dan）からベルシェバ[3]（Beersheba）間の痩せこけた土地が豊饒な土地に変貌したのである。

ルーズベルトがサウド国王に上記の手紙を出した四年後、ユダヤ民族はイスラエルの独立を宣言した（訳注：イスラエルの独立宣言は一九四八年五月）。（ジャーナリストの）テッド・バークマン[4]は『サブラ[5]（*Sabra*）』という著作の中で「六日間戦争[6]」について語っているが、その中で私を次のように評していた。「ハミルトン・フィッシュはユダヤ人にとって長年の友人である。歴史に名を残す人物である。彼の助けがなければイスラエルの建国はなかったかもしれない」

イスラエル建国から二十七年が経ち、その間三度[7]の戦争が起こった。現在（一九七六年）はヘンリー・キッシンジャー[8]国務長官の外交努力でイスラエルと周辺のアラブ諸国との間に和平が保たれている。ニクソン大統領の強い後ろ盾があってのことである。しかしその和平もけっして安定的なものではない。和平が維持されているときにあっても、そうでないときでも、パレスチナの側にもアラブ諸国の側にも戦争を望んでいるハゲタカがうようよしている。イスラエルの場合、南ベトナムのケースとは異なり、十分な近代兵器さえ供給されていれば独立を保持することは可能であろう。

ヤルタの約束をスターリンは見事に裏切った。そのことにルーズベルトが気づいたのは死の直前であった。そして前述のように文書で抗議を試みたのであった。そのヤルタからの帰りにルーズベルトはアラブ人の心をくすぐる約束をしていた。すでに述べたように、アメリカ国内のユダヤ人がそのことに気づいたときにはＦＤＲは世を去っていた。彼らはＦＤＲに文句を言う時間もなかったのであった。

一九四三年の初め、私は議会にヒトラーの民族浄化政策非難決議案を上程した。ポーランドやドイツ国内における数百万人にも及ぶガス室を使った虐殺に対しての抗議の決議案であった。しかし国務省はそうした事実を承知していない、としたのである。世界に向けてユダヤ人抹殺の非道を糾弾しようと訴えるべきだ。それが私の決議案だったが可決されることはなかった。国務省がなぜそのような態度であったか、私には理解できなかった。残虐なユダヤ人虐殺行為の存在はヨーロッパ各国ではすでに知られていた。ＦＤＲ政権がなぜ私の決議案を葬ったのかその理由の説明はなかった。

（ユダヤ人脚本家の）ベン・ヘクト[9]はその自叙伝の中で、ルーズベルトを次のように批判している。

「ルーズベルト大統領はユダヤ人抹殺の所業について問題提起することはほとんどなかった。歴史上最悪の大虐殺にほとんど関心を示さず、終始冷たい態度であった」「(私は彼のこの態度を全く理解できなかった。) デイヴィッド・ナイルズ[10]はルーズベルトの主席秘書役でありユダヤ人であった。彼は、FDRがこの問題について何らかの発言をし、ドイツを指弾することはないだろうと私に伝えてくれた」

ベン・ヘクトはFDRのこの問題に対する無関心さに憤っていた。ビバリーヒルズのホテルの一室で、彼は劇の脚本を書いた。それには『次の裁き (*Call the Next Case*)』とタイトルが付けられていた。死後の世界の「歴史裁判所」の場面であった。ルーズベルトが被告である。生前、ユダヤ人救済のために彼は何をしたか。それに答えなければならなかった。陪審員はナチスの焼却炉で焼かれて死んだ十二人のユダヤ人である。この勇気ある告発劇の脚本を書き終えようとしたまさにそのときにヘクトはラジオから流れるニュースを聞いた。ニュースはルーズベルトの死を伝えていた。

ヘクトは勇気があった。「ルーズベルトは世界に向かって、ナチスのユダヤ人抹殺政策の非道を訴え、それを止めさせる倫理的な責任があった」と堂々と主張した。ナチス政府が抹殺政策を続けるなら、ドイツは敗戦後にその責任が必ず問われるべきだとも訴えた。このような主張がルーズベルト政権によって公式になされていれば、ヒトラーもその考え方を変えざるを得なかった可能性がある。そうならなかったとしても、そのような声明を出すことで、アメリカ国内のドイツ系、ポーランド系の人々にヒトラーのとんでもない行為の存在を知らしめることだけはできた。

私は一九四四年の選挙に敗れ、その翌年にはワシントン政界を去ることになった。もう三十年も前のことになる。民族差別、宗教迫害などの偏見に基づく迫害行為の是正に、私自身がどのように取り組んできたかを書物にして残そうと考えたこともある。私に対する中傷がひどかったからである。共産主義者や過激分子は私の議員活動の業績を貶めようとやっきになっていた。そうした連中の悪口に対抗しようと思ったのである。しかし私は隠忍自重することにした。市民権問題、黒人の地位向上と機会均等の保証、マイノリティーグループの保護。私はこうした問題に真摯に取り組んできた。リンカーンの精神に恥じない活動をしてきたつもりである。そうした自負があったから、あえて私に対する誹謗中傷や嫌がらせに耐えることができたのかもしれない。

〈訳注：ルーズベルトのフィッシュに対する嫌がらせは徹底していた。日本の国税局にあたるＩＲＳ〈Internal Revenue Service: 内国歳入庁〉に対して、フィッシュ夫妻に対する調査を二度も行なわせている。ルーズベルトの次男エリオットは「父がＩＲＳを政敵への懲罰の道具に使った最初の大統領ではないか」と述べている。またフィッシュは一九四四年の下院選挙に敗れたが、選挙区割り調整の結果であった。区割りの実務を行なうニューヨーク州が、フィッシュの不利になるような選挙区割りを行なったのは、ＦＤＲからの圧力があったからである。選挙での敗北は恣意的選挙区割り〈ゲリマンダー〉の結果であった。
IRS as Weapon: http://www.teapartytribune.com/2013/05/17/irs-as-weapon-history-repeats/〉
そうは言っても、いわれなき非難に対して黙って堪えるのは辛いことであった。ユダヤ人問題一つとっても、自分の属する民族（オランダ系）以上に親身になって取り組んだつもりである。私はハーバードの学生時代にフットボールの選手であった。プレーを通じて学んだことは、攻撃は最大の防御ということであった。それにもかかわらず私は、私への誹謗中傷に対して沈黙を守ってきた。しかし私ももう八十七歳になった。どんな地位も望んではいない。もうそろそろ反撃をしてもよい時期だろう。二十五年にわたる議員生活を通じて私がどのような取り組みをしてきたか。その真実を述べるときが来たと思う。特にユダヤ人の友人にはそのことをわかってほしいと思っている。

ときにバルフォア宣言[11]のアメリカ版とも呼ばれるアメリカ・パレスチナ決議案は一九二二年に採択され、ハーディング大統領が署名した。ユダヤ人国家をパレスチナに建国することを支持するわが国初の声明である。この文書の起草は私がしたものである。

スターリンとその後継者たちはロシア国内のユダヤ人への約束を反故（ほご）にした。帝政ロシア時代にユダヤ人は迫害された。スターリンはそのユダヤ人に自由を約束していたはずだった。しかし反ユダヤ人思想は共産化された以後もソビエト国内で、そして東ヨーロッパ諸国でいっそう激しくなったのである。ユダヤ人もユダヤ主義を支持する者も迫害された。スターリンも全くヒトラーと変わるところはなかった。苦しんだのはユダヤ人だけではない。信教の自由が奪われたソビエトにあっては、キリスト教信者もイスラム教信者も苦しんだのである。

アーサー・モース[12]はその著書『六百万人が殺された[13]（*While Six Million Died*）』の冒頭のページでルーズベルトをこう非難している。

「一九四四年一月、ルーズベルトに秘密文書が届けられている。表紙には『わが国のユダヤ人虐殺に対する（恥ずべき）無関心』とあった」

「私は本書で、これまで隠されていた驚くべき事実を語るつもりだが、これを読めば、わがアメリカ政府がナチスの大量虐殺行為にどれほど無関心であったかがわかるだろう。わが国政府はこの問題に実に冷淡であった」

そしてこの書の中に私（フィッシュ）について述べているくだりがある（三四頁）。「連合国がナチス批判声明を出すべきかどうか検討していたころであった。ハミルトン・フィッシュ下院議員（ニューヨーク州）は国務省に電話し、ナチスによる大量虐殺について国務省にはその情報が届いているかを問い合わせている。また、（それが事実なら）どうやって止めさせたらよいかについても尋ねている」

「フィッシュは孤立主義を主張していた議員[14]である。彼はニューヨーク・タイムズ紙に掲載されたピエール・ヴァン・パーセンの記事に心を動かされた。パーセンは自らの目で確かめたことを記事にしていた。『毎日毎日、何千人もの罪なきユダヤ人が殺されている。今それに何も言わず黙っていることはゲシュタポ[15]にそうした行為の白紙委任状を与えるのと同罪である』。フィッシュ議員はパーセンのこの記事について国務省の見解を質したのである。電話口に出たユダヤ問題担当官の答えは『ナチスによる大量殺人についてはまだ確証が得られていない』というものであった」

また次のような記述もある（九五頁）。

「アメリカ国内のユダヤ人人口は四百万である。彼らも（ナチスによるユダヤ人迫害報道について）心配していた。自分たちがいったい何をすべきか迷っていた。全国各地でこの問題の解決を求めるデモがあったが、まとまりのないものだった。そうした活動の中で最も規模が大きかったのは、ニューヨークのマジソンスクエアガーデンで行なわれた集会であった（一九三三年）。場内の二万人の聴衆に加え、場外にも三万五千人が集まった。彼らはアルフレッド・スミス（ニューヨーク州知事）やロバート・ワグナー上院議員[16]（民主党、ニューヨーク州）のナチスの民族差別政策に抗議する演説に聞き入ったのである」

「こうした動きに対してホワイトハウスは慎重な態度であった。抗議活動に沈黙した。

しかしワシントン議会ではユダヤ人に対する支援の空気が大勢を占めた。ハミルトン・フィッシュ下院議員は次のようにユダヤ人グループを支援した。『ドイツあるいはその他の国がどれほどユダヤ人を迫害しても、アメリカではそのようなことはあり得ない。（わが国のユダヤ系の人々が）心配する必要はまったくない』」

私は単純な孤立主義者（平和主義者）ではなかった。ただアメリカが攻撃されない限り他国のいざこざに介入すべきではないと考えていた。この非干渉主義の立場は世論の八五パーセント近くに支持されていたのである。当時の私の立場を説明するために評論家の言葉や新聞の記事を使ったのは、読者の目に自己弁護と映るようなことはしたくなかったからである。

一九三八年一月六日、シロヴィッチ下院議員[17]は次のように述べ、私のユダヤ人擁護の活動を認めてくれている。

「私はハミルトン・フィッシュ議員の活動に称賛の言葉を惜しまない。彼はお父さんやお祖父さんの名に恥じず[18]にヒューマニティー向上に全力を尽くしている」

また私に寄せられた手紙も以下に載せておく。

一九四二年十二月十日

親愛なるフィッシュ下院議員殿

議会報の九六九頁に掲載されていた貴殿のスピーチおよび国務長官に宛てた書面を読みました。ナチスによる大量虐殺についてのものです。私は貴殿の考えに賛同し、あなたに神のご加護があるようにと祈る者です。バルフォア宣言の議決がなったのは、ひとえにあなたの努力によるものと感謝しております。

覚えていらっしゃると思いますが、ニューヨーク州ミドルタウンのユダヤ人の仲間が集まり、あなたを晩餐会に招待したことがありました。そのときにユダヤ教の聖書が貴殿にプレゼントされました。私はラビ（ユダヤ教指導者）としてその場に居合わせたことをうれしく思っています。

また私は、あなたの国務長官宛の書面を、ボストンのラビ協会の集会で紹介させていただきました。あなたが第一次大戦に従軍して黒人部隊を指揮した経歴を持ち、その後も黒人の地位向上に尽力されたことはよく知られています。私たちはあなたのような議員がもっと増えてくれれば、わが国の将来は明るいものになると信じています。

貴殿の努力に心から感謝いたします。

ラビ・ビック　貴殿の選挙区の一有権者

新聞への投書も紹介しておきたい。

ニューバーグ・ニュース紙編集者殿（訳注：日付不明）
最近、ヒトラーの支配するヨーロッパでユダヤ人虐殺の報道が増えています。この件について私どものよき理解者であり、私の長年の友人であるハミルトン・フィッシュ議員が公式に声明を出してくれたことを喜ばしく思っております。無防備なユダヤ人たちを抹殺するという行為をなんとか止めさせなければいけません。フィッシュ議員はこれまでもずっと少数民族問題に関心を持ってきてくれました。フィッシュ議員のワシントンでの頑張りは、われわれを元気づけるものです。

すでに二百万人が殺され、さらに五百万人がガス室での死か銃殺の恐怖に怯えています。彼らは、墓穴を掘らされたあげくその中に崩れ落ちて死んでいくのです。それにもかかわらず、わが国では組織的な抗議活動がひとつもないのが現状なのです。

セイモア・S・コーヘン　ニューバーグ・ユダヤ人協議会

注

1　Ibn Saud（一八八〇―一九五三）初代サウジアラビア国王。

2 イスラエル北部の町。
3 イスラエル南部の都市。
4 Ted Berkman（一九一四―二〇〇六）ユダヤ人作家。ジャーナリスト。
5 *Sabra: The Story of the Men and Women Behind the Guns of Israel*, Harper & Row, 1969. サブラ（Sabra）とはイスラエル生まれを指す言葉。
6 一九六七年六月にイスラエルとその周辺のアラブ諸国の間で起こった戦い。イスラエルの圧勝で、六日間で戦いは終了した。
7 Henry Kissinger（一九二三―）五十六代国務長官。任期は一九七三年から七七年まで。本書出版時（一九七六年）の国務長官。
8 Richard Nixon（一九一三―九四）第三十七代大統領。共和党。任期は一九六九年から七四年。
9 Ben Hecht（一八九四―一九六四）映画およびミュージカルの脚本家、プロデューサー。ロシア系。
10 David Niles（一八八八―一九五二）ルーズベルトの顧問。ユダヤ系。
11 バルフォア宣言はイギリスの外相アーサー・バルフォアによる、ユダヤ国家建設運動支持の声明文書（一九一七年）。
12 Arthur D. Morse（一九二〇―七一）アメリカ人歴史家。
13 *While Six Million Died: A Chronicle of American Apathy*, Random House, 1968.
14 Pierre Van Paassen（一八九五―一九六八）オランダ系ジャーナリスト。
15 Gestapo　ナチス政権下のドイツ秘密警察。

16 Robert F. Wagner（一八七七—一九五三）民主党上院議員。任期は一九二七年から四九年。

17 William I. Sirovich（一八八二—一九三九）民主党下院議員（ニューヨーク州）。任期は一九二七年から三九年。

18 祖父及び父もハミルトンの名を持つ。祖父はグラント政権の国務長官。父は下院議員。

第22章　中国の共産化

ルーズベルト外交が中国を共産化させた。

歴史書は、われわれはあの戦いに勝利したと教える。何十万という若者がヨーロッパや極東での戦いで命を落とし、傷ついた。それでもあの戦いは偉大な、そしてまた栄誉あるものだったと教えている。歴史家は、あれは自由と民主主義の国が、軍国主義で全体主義の枢軸国と戦ったのだ、と主張する。われわれの血は世界の平和と安寧の実現のために流されたのだと教える。

しかし彼らは、あの一九四五年二月のヤルタ会談で、そうした戦いの意義が失われてしまったことを、けっして口にはしない。戦いは平和の実現のためのはずだった。それさえも実現できなかった。ドイツと日本は全面降伏した。それからわずか四年後に共産主義者が中国を制圧した。ＦＤＲとマーシャルは大間違いを犯したのである。その失策は私たちをこれから何世代にもわたって苦しめるだろう。もしかしたら、これまでにないほど悲惨な結果をもたらす核戦争の危険まである。

先の戦いの勝利の果実をもぎとったのはスターリンだった。FDRのヤルタでの失敗がわれわれの将来を危うくしてしまった。建国以来二百年が経ったが、彼の失策が最悪の結果を生んだのである。あの戦いが終わったと思ったら、わずか五年で今度は韓国に三十六万もの兵士を送る羽目になってしまった。共産主義者の侵攻を止めるためである。その結果、三万八千の若者を死なせてしまった。彼らは故国から九千マイルも離れた土地で命を落としたのである。

これもあのヤルタ会談の失敗が招来した惨禍である。そして十年後にはベトナムで戦いが始まった。多くの犠牲者と戦費を費やして、最終的に南ベトナムを独立させることで和平がなった。和平の条件は撤兵と戦争捕虜の解放であった。われわれの軍隊が引き揚げると北ベトナムは再び戦いを始めた。和平の条件などおかまいなしだった。共産主義者の常套手段である。共産主義の脅威はまだ始まったばかりである。東南アジア全域に拡大する恐れが十分にある。ラオス、マラヤ、タイ、ビルマ、インドネシア。こうした国々に赤い旗がはためくことになってもおかしくない。

なぜこんなことになってしまったのか。わが国が蔣介石を裏切ったからにほかならない。わが国の最悪の過ちが、赤い中国を生み、朝鮮、台湾、ベトナムでの緊張を惹起してしまったのである。中国はおよそ八年にわたって日本と戦った。多数の中国人の犠牲で戦いに勝利したはずだった。その中国を、なぜわが国は裏切ったのか。スターリンの餌食にしてしまったのか。今それが問われている。中国を共産化させてしまったことは犯罪行為にも等しい。共産中国は世界中に暴力革命を引き起こそうと躍起になっている。ベトナムとカンボジアでは武器援助を現実に行なっている。それは朝鮮半島で彼らがやっていたことでもあった。

（わが国は共産主義思想に甘かったのである。）一九四〇年代のサタデーイブニングポスト紙やコリヤー（*Collier*）誌には、中国共産党を賛美する記事が溢れていた。たとえば一九四三年から四九年の期間に、サタデーイブニングポスト紙は五十以上の中国共産党側に立つ記事を掲載した。中国の共産化（一九四九年）はスターリンの世界革命の一里塚であった。わが国の容共派は中国国内にもいたし国務省本省にもいた。彼らこそが共産主義を美化し、共産主義と戦う勢力を潰した張本人であった。彼らこそが中国に交渉に出かけたマーシャル国務長官の判断力を削いだのである。

前述のリーヒ提督は当時の状況を分析している。蔣介石はジョーゼフ・スティルウエル将軍[1]に侮辱されたと感じ、彼の解任を要求した。国民党とアメリカ軍の協力関係の維持がその見返りの約束だった。マーシャルは蔣介石が何と言おうとスティルウエルを解任してはならないと大統領に訴えている。しかしＦＤＲはマーシャルの意見を聞かず、スティルウエルは任を解かれ帰国することになった。

アグネス・スメドレー[2]はアメリカ人であるが、誠に不誠実な女性であった。彼女は中国で長期にわたって活動していたが、ソビエトのスパイであった。フリーダ・アトリー[3]はその著書『チャイナ・ストーリー』[4]で、学術的かつ冷静な視点で中国の赤化に協力した人々を描写している。アチソン、ラチモア、ヒス、カリー、ハリー・デクスター・ホワイト、ヘンリー・ウォーレス、マーシャル。そして彼らの周囲にいた人物の正体を暴いている。彼らこそが国共内戦（一九四五―四九年）を共産党の勝利に終わらせた責任者であった。

「スメドレーは駐漢口（かんこう）領事館の領事であったジョン・デイヴィス（John Davies）に気に入られた。デイヴィスはスメドレーを『心が澄み切った女性』であると言うほど彼女に魅せられた。領事館の晩餐会に頻繁に招待した。デイヴィスは国務省の（対中外交）方針の設定に大きな影響力を持った。彼も共産主義の思想を広めることに貢献した一人である」

イーディス・ロジャース女史[5]（マサチューセッツ州下院議員）は、中国支援法（the Aid to China Bill）が中国共産党軍兵士の訓練や装備充実に利用されたことを示した上で、この法案を誰が起草したのか明らかにするよう要求した。ディーン・アチソンはそれが国務省・海軍・陸軍調整委員会（State, Army and Navy Coordinating Committee）によるものだとしぶしぶ認めている。ロジャース女史はこれに満足せず、さらに調査を続けた。そして、そのような名称の委員会が存在しないことを突きとめた。

実際の仕事をしたのは国務省に設けられた一組織であった。

その組織の委員長はディーン・アチソンで、アルジャー・ヒス、ジョン・カーター・ヴィンセントが委員に入っていた。ヒスは特別政治部部長（the Office of Special Political Affairs）、ヴィンセントは極東担当部長（the Office of Far Eastern Affairs）の肩書を持っていた。ロジャース女史は「彼らは中国に支援した武器が朝鮮の戦いでわが国兵士に向かって使われていないか」と当然の疑問を呈している。「中国はそんなことはしないはずだ」とアチソンは答えているが本当だろうか。中国は二十五万の武装兵士を朝鮮に送り込んでわが軍に戦いを挑んだのであった。

サムナー・ウェルズもルーズベルトをあくまで擁護する関係者の一人である。彼は『歴史を作った七つの決定（*Seven Decisions Which Shaped History*）』[6]の中で次のように述べてFDRを庇っている（責任をマーシャルに押し付けている）。

「FDRは自らが任命した部下たちに、マーシャル将軍がやったようなやり方、つまり国民党政府の中に中国共産党のメンバーを入れるよう強制するような手法は絶対にとらせなかっただろう。アメリカ政府は、イタリアのガスペリ首相[7]に対して、イタリア政府の幹部職員から共産党員を追放するよう勧めていたことからもそれはわかる」

「ガスペリ首相がそのアドバイスに従ったのは喜ばしいことであった。イタリアで（共産主義者による）クーデターが起きなかったのはこれが理由である。ところが中国に対してマーシャルは全く逆のことをした。蔣介石に対して、共産主義者を閣内に登用しなければアメリカの援助を引き揚げると脅したのである」

アチソン、マーシャル、ラチモア、ウォーレスらが形成したグループが、中国の反共の仲間を共産主義者の軍門に下らせたのである。私は共和党員であるという理由で当時の民主党政権を非難しているのではない。民主党員のジョン・F・ケネディでさえも次のように述べているのである（一九四九年一月三十日）。当時はトルーマン政権の時代であり、彼は下院議員であった。[8]

「対中外交について、わが国は自業自得のところがある。共産党と国民党合作の政府を作らなければわが国は援助を停止すると脅した。これは国民党政府には大きな打撃となった。国務省の外交顧問も、ラチモアのグループも、フェアバンクのグループも、[9]国民党政府の腐敗に気をとられすぎた。その結果、中国に非共産党政権を維持することがどれほど重要かを忘れてしまったのである。いまだに中国共産党は農地改革を進める進歩的な政党であり、モスクワからの指令など受けてはいないと弁護する者さえいる」

「これが中国の悲劇である。われわれは中国の自由を守るために戦ったはずだった。そのために戦った兵士、交渉に当たった外交官、そして大統領の努力もみな水泡に帰した」

親中国共産党にシフトした対中政策に強く反発したのがマッカーサー、ウェデマイヤー、シェンノートあるいはハーリーといった将軍らであった。彼らがそうした声を上げたのは中国での戦いの経験があったからである。中国共産党を嫌い、蔣介石を見捨てることに否定的であった。中国が赤化したのはわが国が蔣介石を裏切ったからである。それは歴史がはっきりと証明している。

それにもかかわらず国務長官ディーン・アチソンは「(共産中国が出来上がったが)これで新しい時代がやって来ると期待している。われわれはアジアのいかなる地域も失ってはいない」と強弁している（ナショナル・プレスクラブでのスピーチ）。

その彼も結局はその過ちを認め、アメリカ国民に謝罪する羽目になった。

ジョン・ヘイ国務長官が中国に対しての門戸開放通牒（一八九九年）を発して以来、民主党の大統領も共和党の大統領もその政策に沿って外交を進めてきた。その根本の思想は中国をわが国の友国とすることで太平洋地域の安全保障を確かなものにすることであった。この外交の基本方針をアチソンは変えてしまったのである。

「わが国の太平洋地域をめぐる外交の長い歴史の中で、中国の共産化を許したことは最大の失敗であると思う。われわれは何世紀にもわたって苦しむことになろう」

こう述べたのはマッカーサー将軍であった（一九五一年五月三日、ラッセル委員会での証言）。

蔣介石はルーズベルトに追い込まれたのである。「言うことを聞けば、お前には良くしてやろう、少なくとも体裁だけは指導者の座についたままでいることも容認する。それが嫌なら中国は共産主義者が治めることになろう」。これがルーズベルトのメッセージであった。蔣介石は満洲も大連も旅順もスターリンにくれてやるように強制されたのだ。

ルーズベルトが世を去ると、スターリンは蔣介石に対して、アメリカと手を切りソビエトと手を組むように要求した。中国を共産化させてソビエトのグループに入るように求めた。蔣介石がそれを拒否すると、満洲にいたロシアの指揮官は日本軍から接収した武器を共産党の軍隊に供与した。共産党軍は、当時は満洲方面に力を伸ばそうとしていたころだった。

蔣介石にとって悲劇だったのは、マーシャルがこの状況を悪化させたことだ。共産党員を政権幹部に登用せよ、さもなければこれ以上の軍事援助はしない、と脅かした。マッカーサー将軍が言うように、マーシャルは「水と油を無理やり混ぜようとした」のである。

この結果国民党軍の士気は下がり、軍事力は弱体化し、共産党の軍隊に敗れた。敗北は当然の帰結であった。こうして六億の民（現在は七億）が共産党の支配下に入ってしまったのである。中国は自由主義の敵と化した。以後軍事力を強化し工業化が進んでいる。核兵器の完成に向けて全力を挙げている。数年で巨大な軍事国家に変貌するであろう。イギリスよりも、フランスよりも、ドイツよりも強力な軍備を持つ大国となり、世界平和を脅かす存在になるだろう。一九四九年、反共産主義勢力は戦いに敗れ台湾に逃れた。この島にいる軍隊は五十万ほどである。南朝鮮の五十万の兵力と合わせた百万が太平洋地域での反共の軍事力に過ぎない。

一九四四年、ジェイムス・フォレスタル（海軍長官）は中国から戻ったばかりのパトリック・ハーレイ大使と昼食を共にした。そのときの会話を日記に残している。「彼（ハーレイ）は大使館のスタッフのほとんどが役立たずであったと不満たらたらであった。役に立たないどころではなく、邪魔だった者が多かったらしい。アメリカ人ジャーナリストは共産主義思想に染まっていたし、国務省も給料さえもらえればいい、というような連中ばかりだったと憤慨していた」

ウォルター・トローハンはシカゴ・トリビューンのワシントン支局詰め記者であった。彼は、「フォレスタル日記」を遺族から手に入れたニューヨーク・ヘラルド・トリビューン紙の記者の話を伝えている。その記者によれば、「フォレスタル日記」のオリジナル原稿はマーシャルに対する悪口に溢れていたとのことであった。「フォレスタル日記」の相当部分が削除されたのは間違いなかった。編集に当たったマイルズ氏もそれを認めている。名の知られている人物やＦＤＲ政権の幹部を評するコメントはみな削除された。これもＦＤＲ政権の失敗を隠蔽する工作の一つだった。彼らの行為はウォーターゲート事件[10]の隠蔽工作となんら変わるものではない。

朝鮮戦争のときのマーシャルは、中国にできるだけ血を流させなければならないと考え、わが兵士たちの多大な損害にもかかわらず戦いを続けた。彼のこの主張は実に馬鹿げたものだった。中国の人口はわが国の三倍から四倍もある。中国は過剰人口に悩んでいた。そして今もそうである。そんな国が少々の犠牲者を出したところで、彼らはいささかの痛痒も感じない。おそらく数年のうちに中国はその人口膨張圧力が原因で、シベリア方面でソビエトと戦いを始めるだろう。

チャーチルは先に紹介した著書『第二次世界大戦：その勝利と悲劇』の中で、中国の共産化について自分は一切責任がないと弁明している。ＦＤＲは誰もが覚えているように、「アメリカの若者を外国の戦場に送ることはけっしてない」と選挙民に約束した。今こそ私たちは問い返さなくてはならない。「それではなぜ大統領三選を決めた後にその選挙民に約束した崇高な誓いを破ったのか」「なぜ枢軸国との戦いに勝利するや否や、今度はスターリンや共産主義者と戦う羽目に陥ったのか」「なぜヤルタ会談に精神的にも肉体的にも病んでいる身体で出席し、ハリー・ホプキンスやアルジャー・ヒスのような（共産主義者の）意見ばかりを聞いたのか」

ＦＤＲの治績を礼賛する書物は書店に溢れている。一九三七年から四五年までの彼の業績を誉めそやすルーズベルト神話の書物の洪水である。この神話はプロパガンダ情報に補強され、今ではわが国では主流の考え方になってしまい、真実のＦＤＲの姿を隠蔽している。おそらく現在の時点（一九七六年）でも、騙されていたことを知るアメリカ国民はほとんどいない。おそらく人口の一パーセントもいないだろう。

われわれは、なぜあの第二次世界大戦に巻き込まれてしまったのか。その真実をそろそろ見極めるときに来ている。プロパガンダ情報、隠蔽、作られた神話などを捨象し、歴史的事実だけで判断する。そういう態度をとればＦＤＲの裏の顔（the other side of the coin）が自ずから浮き上がってくるのである。

注

1　Josepf Warren Stilwell（一八八三―一九四六）陸軍大将。駐華米軍司令官兼蔣介石の参謀長。

2　Agnes Smedley（一八九二―一九五〇）アメリカ人女性ジャーナリスト。コミンテルン擁護の著作活動で知られる。

3　Freda Utley（一八九八―一九七八）ジャーナリスト。元英国共産党員。後に共産主義に幻滅した。一九三九年にアメリカに移住。反共産主義活動に積極的に取り組んだ。

4　Freda Utley, *China Story*, Constructive Action, 1951. 邦訳は『アトリーのチャイナ・ストーリー』（日本経済評論社、一九九三年）

5 Edith Rogers（一八八一―一九六〇）共和党下院議員。任期は一九二五―六〇年。

6 Sumner Welles, *Seven Decisions Which Shaped History*, Harper, 1951.

7 Alcide De Gasperi（一八八一―一九五四）イタリア外務大臣、首相を歴任。

8 ケネディは一九四七年から五三年までマサチューセッツ州選出の下院議員（民主党）。

9 John King Fairbank（一九〇七―九一）歴史学者。中国専門家。国民党の腐敗を見て、共産党に期待した。

10 ニクソン政権時代（共和党）に起きた民主党本部盗聴事件。これによってニクソン大統領は辞任に追い込まれた（一九七四年）。

第23章 議会権限を無視したFDRの宣戦布告

わが国は合衆国憲法の精神に立ち戻らなければならない。

わが国は憲法の精神に基づいた政治を行なうべきであることを再確認しなくてはならない。ジョン・バセット・ムーア[1]は国際法の権威であり国際司法裁判所の判事であった。ウッドロー・ウィルソン政権では国務省の国際法顧問を務めている。私は彼から次のような手紙をもらった。この手紙はワシントン議会決議（ＨＪ２４２号、一九三七年三月一日）に共和党少数意見書として引用した。

「議会が宣戦布告の権限を持っている。その権限は議会だけが保持するものであり大統領に委譲してはならない。大統領の判断のみで、議会の承認のない（正式な宣戦布告のない）戦争をすることはできない。そのようにあなたが考えていることは正しいのである。『中立を守るために』とか『和平実現のために』などの枕詞（まくらことば）を使って大統領府がその権限を議会から取り上げようとするのは自己欺瞞の典型である。（大統領に開戦権限があると主張する議論を）理解することはできない」

「大統領がどれほど無制限の権限を持ちたいと望んでも、それはできない。大統領の判断だけで他国に対して貿易の制限をかけたり、禁輸したりすることは、その権限を逸脱するものである。戦争を引き起こしてしまう可能性のある行政権の執行を大統領に委譲すれば、議会が本来持っている開戦権限が形骸化してしまう」

ルーズベルトは一九三六年ごろにはすでに議会の持つ開戦権限を侵害しようとしていた。共和党の少数意見書はムーア判事の意見を受けて次のように結んだ。

「今次提案されている中立法なるものは、大統領に（敵国はどこかを勝手に決めさせる）裁量権を与えるものである。われわれ共和党はこの法案に反対する。議会が行政府に付与する権限は最低限のものに限定しておかねばならない。そうでなければ国務省の官僚は、外国へのちょっかいを思いのままにしてしまうだろう。そうなれば（中立を守るという法律の趣旨とは逆に）わが国を戦争に巻き込んでしまう可能性が高くなる」

「仮に将来わが国が戦争せざるを得ない場合があっても、それは国家そのものの防衛のためでなければならない。軍事産業に代表される戦争利得者、あるいは特定の外国の利益を守るために戦いを始めるようなことがあってはならない」

この意見書に私を含め以下の議員が署名した。ジョセフ（ジョー）・W・マーチン、イーディス・ロジャース、レオ・E・アレン[2]、ジョージ・A・ドンデーロ[3]。

議会の開戦権限を侵害し、大統領権限で戦争ができるようにしようとするルーズベルトの企ては一九三六年から始まっていた。そしてそれは五年後の日本に対する最後通牒（ハル・ノート）の手交で現実のものになってしまった。議会のあずかり知らないところで最後通牒が発せられていたのである。

ワシントン議会は、非干渉主義の世論の後押しを受けて、ルーズベルトの参戦の意思に待ったをかけていた。FDR政権の幹部も、メディアも、国際資本も、わが国の参戦を望んでいた。それに議会が歯止めをかけていたのである。そんな中でルーズベルト政権は、真珠湾攻撃の十日前に日本に対して最後通牒を発していた（訳注：正確には十一日前）。このことを知る国民はほとんどいない。この事実を知っている国民は一パーセントにも満たないであろう。隠蔽工作のプロが隠し続けているからである。

私は二度とわが国は他国の戦争に介入すべきではないと考える大多数の国民に訴えたい。もし仮に国民の代表である上下院議員がルーズベルトの干渉主義的外交に歯止めをかけていなかったら、どうなっていただろうかと。おそらくＦＤＲは半年いや一年以上も前に参戦していた可能性が高い。もしドイツが対ソ戦を開始した一九四一年六月二十二日以前にわが国の介入があったらどうなっていたか。

ヒトラーは対ソ戦争を始めはしなかっただろう。ドイツは対ソ戦で戦車、航空機などを失い石油も相当に使ってしまっていた。兵力の損失も大きかった。対ソ戦争がなければ強力なドイツ軍は無傷で残っていたのである。そこにアメリカ軍が参戦していたらどうなったか。フランスへも北アフリカへもわが軍は上陸できなかった可能性さえある。戦いは長期化し、わが国は疲弊し、何百万もの若者の命を失っていたかもしれないのである。私は、議会の果たした役割の重要性を繰り返し国民に訴えておかなければならないと思っている。

ＦＤＲは「民主党の政治綱領に従って政治を進める」と何度も繰り返した。一九四〇年十二月二十九日、彼は次のように述べた。

「国民は海外派兵を望んでいない。わが政権内にそのようなことを考えている者は一人もいない。われわれがそのようなことを画策しているなどという批判は悪意を持った虚言である」

ルーズベルトがアイスランドに派兵を決めたのは、この発言のわずか数ヵ月後のことであった。ナチスからの攻撃に備えるという理由であった。アイスランドはアメリカの勢力圏でないことは明らかである。この派兵は民主党の政治綱領に反するものだった。そして自らが国民に示した約束を反故にするものであった。もちろんこの決定は議会の承認を得ていない。議会の持つ権限を侵害する行為なのである。ＦＤＲがやったように、大統領が議会の承認なくどこにでも派兵できるとなってしまえば、合衆国憲法が議会に与えた開戦権限など意味のないものになってしまう。

ルーズベルトは、アイスランド派兵（一九四一年七月）に続いて、ドイツ潜水艦は見つけ次第攻撃せよとの命令を出した（同九月）。そしていよいよ日本に戦いを決意させる最後通牒を手交したのである（同十一月）。開戦権限は議会の手に戻さなければならない。民主党支持者であろうが共和党支持者であろうが、大統領がこの権限を横取りすることを許してはならない。そうしなければ、将来（ＦＤＲのような）いけいけの好戦的な大統領が現れた場合に歯止めが利かなくなってしまう。世界が破滅する全面戦争を惹起させる危険さえある。

憲法が定めた議会の開戦権限は、最近の大統領によっても蔑ろにされることが多くなっている。議会はこの危険を再確認し、もう一度議会だけが戦争するかしないかの決定権を持っていることを明確にしなくてはならない。将来の大統領にもそれを知らしめなくてはならない。具体的に言えば、大統領が自らの裁量だけである国を侵略国家であると決めつけたり、戦争地域を画定したりできないようにしなくてはならない。FDRがやった、戦争状態にある国に武器を供与したりする行為、潜水艦を見つけ次第攻撃せよと命令する行為の再発を防がなければならない。わが国が世界の警察官であるかのように勝手に振る舞ったり、緊急事態を宣言したりすることは許されない。上下両院の外交問題委員会に諮問されなければならない。大統領には議会の承諾がなければいかなる戦争行為もできないのである。

この大原則への反論の一つに、議会はつねに開催されているわけではないというものがある。しかしその主張は意味がない。現実に今の議会はほとんど一年を通して開かれているし、仮に閉会中でも、二十四時間あれば招集できるのだ。核攻撃に代表されるような緊急事態にあっては大統領はすぐさま戦争状態にあることを宣言できるし、そのように規定されている。

一個人（大統領）に戦争か和平かを決定させることを許すことは、わが国の伝統に馴染まない。民主主義の精神、合衆国憲法の精神、リンカーンの唱えた「国民（人民）の国民による国民のための政治の精神」に違背することになってしまう。要するに軍事独裁政治と同じものになってしまう。かつて建国の父たちは、国王に神権が授けられ、国王が何でも好き勝手ができるという考えを拒否した。だからこそイギリスからの独立を求めて戦ったのである。わが国はヒトラー、ムッソリーニそしてスターリンに代表される専制政治に反対した。今こそ議会は大統領権限の範囲について真剣に議論すべきときである。わが国の現状は、一人の人間が何でもできる状態に陥っている。

先の大戦をもう一度振り返ってみよう。国民はわが国が戦争に巻き込まれるのを強く拒否し続けていた。日本の真珠湾攻撃までは間違いなくそうだった。第一次大戦に国民は幻滅していた。もう二度と、戦争を煽るメディアのプロパガンダには騙されまいとしていた。その強烈な世論の前にルーズベルトはなす術がなかった。政権幹部やメディアの工作では世論は動かなかった。この事実はわが国に健全な民主主義の精神が存在していることを示すものである。

一九七三年、議会は戦争権限法を成立させた。ニクソン大統領は拒否権を発動したが（上下両院の三分の二の賛成で）再可決して成立させたものである。議会の承認のない戦争発動を大統領にさせないための法律である（訳注：この法律は、議会への事前説明責任、速やかな議会への報告、戦闘が始まっても六十日以内に議会承認が必要等が規定されている）。私はこのような法律の必要性を長年にわたって訴えてきた。成立した法律にもまだ甘いところがある。大統領はこの法律を迂回して（脱法的に）戦争することが可能である。核戦争の時代にあって、わが国は攻撃されない限り和平を維持することに全力をあげなければならない。

ジェイムス・マジソン大統領は建国の父の一人であり、憲法の立案者でもある。彼は大統領権限について次のように述べている（ウィリアム・ライヴスへの手紙）。[4]「わが国憲法が、戦争と平和に関わる権限を議会に付与しているのは、まさにわれわれの知恵の結実である。この権限を一個人に付託することは危険である。戦争の誘惑はあまりに大きい。戦争は行政権を握る者にとって栄誉を獲得する絶好のツールである。しかしそれは危ない玩具（おもちゃ）でもある。戦争のためには軍備が増強され、そのためには国庫が開放されてしまう。それを好き勝手に使うのが行政府である。このように行政権力は戦争をしたがる性癖をつねに持っている。従って、いかなる国でもそうした行政府の性癖を排除しようと努力するのである」

われわれは、マジソンの警告を、核戦争の危機にある現代にこそもう一度噛みしめなければならない。

注

1 John Basset Moore（一八六〇―一九四七）国際法学者。コロンビア大学教授。
2 Leo E. Allen（一八九八―一九七三）下院議員（共和党、イリノイ州）。
3 George A. Dondero（一八八三―一九六八）下院議員（共和党、ミシガン州）。

4　William Cabell Rives（一七九三―一八六八）バージニア州上院議員。駐仏大使。

終章　われわれは何を学ぶべきか

ルーズベルトの死後、彼の政策を是とするプロパガンダも少しずつおとなしくなってきた。そうはいってもＦＤＲを擁護するプロパガンダ情報の量は膨大である。その結果、いまだに多くの国民が、ＦＤＲによってわが国はあの不況から脱却し、失業者をなくすことができた、経済が復興したのも自由主義経済を守ることができたのも彼のおかげだと信じている。ド・ゴール将軍と協力してフランスを解放し、自由と民主主義を復活させたのもＦＤＲであると思っている。しかしこれらはすべてプロパガンダによって作られた虚構の神話である。

ＦＤＲのニューディール政策で景気は回復していないし、失業者も減ってはいない。この政策が始まってから七年が経過した後にＡＦＬ（アメリカ労働総同盟）は、失業者の数は千二百万であると報告している（この数字はニューディール政策を始めたころとほとんど変わらない）。この間に財政赤字は百九十億ドルから二千五百億ドルにまで膨張した。連邦予算の規模も四十億ドルから四百億ドルになってしまった。FDRはわが国の歴史上最悪の浪費家であった。私たちはいま高い税金とインフレの進行に悩まされている。この元凶はルーズベルトのニューディール政策であった。

わが国は必要もない戦いにFDRの嘘によって巻き込まれた。その結果三十万人が戦死し、七十万人が傷ついた。その犠牲の上での勝利の成果は、重篤な病を隠し、死期が近づいていた大統領がヤルタ会談で台無しにした。自由と民主主義の国が次々とスターリンによって共産化された。世界中に人民共和国（People's Republics）が出現し、皮肉にもそうした国々こそが自由と民主主義の敵となり、信仰の自由も抑圧している。何もかも不確実な時代となり、わが国の存在までもがこうした国々によって脅かされている。

一九四五年四月十二日、ルーズベルトは世を去った。死因は脳卒中であった。第四期政権の所信表明演説から三ヵ月、ヤルタ会談で自由と民主主義を裏切ってから二ヵ月後のことである。ドイツ降伏の一ヵ月前であった。連合国の、そして枢軸国の首脳でさえもFDR神話の影響を受けていたが、ピウス十二世（ローマ法王）は冷徹な観察力を持っていた。平和と民主主義の本質を理解していた。非倫理的な行為をはっきりと蔑んでいた。法王は、ドイツ降伏の報を喜び、バチカンからラジオを通じて次のように演説した（一九四五年五月九日）。法王はドイツとの戦いが終わったことを喜びながらも、東ヨーロッパでは戦いが現在進行形で続いていることを忘れてはならないと訴えた。

「ヨーロッパの大戦は人類史上最悪とも言える物質的そして精神的破壊をもたらして、ようやく終わった。戦争の終結を感謝し、恨みの気持ちを静めようとする声に満ちている。神の加護を心から願っている。しかし、永続する真の和平の実現にはまだまだ困難が待ち受けている。この戦いで命を落とした者たちの魂の叫びが聞こえてくる。より良い世界の構築のためには、小さき国も大きな国も、弱き国も強き国も対等であるという意識を大切にしなくてはならない。（他国を）騙したり、憎んだりする気持ちを捨てること。それなくして平和な世界は生まれない」

今年（一九七六年）は合衆国建国二百年の記念の年にあたる。今こそ民主的プロセスを遵守することの重要性と、わが国は素晴らしい憲法の下に立国していることを再認識するときに来ている。ソビエトが築いた鉄のカーテンが消え、わが国への移民が容易になれば、共産主義に囚われていた国々から、そしてソビエトロシアから多くの移民がやって来るだろう。

前ニューヨーク州知事のアルフレッド・スミスも述べているように、わが国憲法は人類最高の英知の結晶である。自由の理念が保障され、自由であることを謳歌できる国である。宗教や民族で差別を受けない。それがアメリカである。その精神を微塵たりとも毀損してはならない。

訳者あとがき

本書が出版された一九七六年はアメリカにとって特別な年であった。アメリカ十三州がフィラデルフィアで開催された大陸会議で独立宣言を採択して二百年目の節目の年であった。採択のなされた七月四日は毎年独立記念日とされ、イギリスからの独立を祝う行事で全米各地が賑わうが、この年のお祭り気分は尋常ではなかった。この前年にベトナム戦争が終結していた。実態はアメリカの惨めな敗北であったが、国民は十五年にもわたった泥沼の戦争に終止符が打たれたことを素直に喜んでいた。戦争終結の喜びの余韻を残したままアメリカは建国二百年を迎えたのである。

ニューヨークの港は世界五十五ヵ国から祝福にやってきた艦船で溢れていた。中でも目を惹いたのは大型帆船の雄姿であった。地元アメリカ船籍の帆船に加え、ノルウェー、デンマーク、スペインあるいは旧ソビエトの帆船も姿を見せていた。総計二十一隻の中には日本から参加した「日本丸」の姿も見えていた。この日の夜にあがった無数の花火はマンハッタンの摩天楼だけでなく、港内に優雅にマストを林立させた帆船群の姿をも鮮やかに浮かび上がらせていた。

ニューヨーク港に集まった帆船に手を振るフォード大統領。
1976年7月4日

建国二百周年を祝う、時の大統領はジェラルド・フォードであった。この共和党大統領はかつてアメリカ第一主義委員会のメンバーであった。同委員会の、ヨーロッパの戦争への非干渉の主張に共鳴するエール大学法学部の学生であった。日本の真珠湾攻撃を受けてアメリカ第一主義委員会の活動が停止してから三十五年が経った。非干渉主義者であったフォード大統領の時代にベトナム戦争が終結し、建国二百周年を祝うことになったのは何かの巡り合わせかもしれなかった。

第二次世界大戦はアメリカの非干渉主義勢力を壊滅させ、アメリカを世界の警察官に変貌させた。ベトナム戦争の敗北は、多くのアメリカ人に、アメリカの戦後外交は正しかったのかを改めて問うていた。そして建国二百年祭は、アメリカを世界の警察官に変貌させた大統領フランクリン・ルーズベルトの外交を再検証すべきではないかとの機運に火を点したのであった。

これが、ハミルトン・フィッシュが本書を一九七六年に出版することを決めた背景であった。アメリカは十三州がまとまって作り上げた「合衆国（合州国）」であった。次第に連邦政府がその力を強めてきたが、州権を尊重すべきだとの考えは根強かった。ジェファーソン大統領（第三代）がそうした考えを持っていたことから、州権に重きを置く政治家はジェファーソニアンと呼ばれている。フィッシュもジェファーソニアンであった。彼らは必然的に議会の力を重視する。大統領は連邦政府（中央政府）の長である。したがって、ジェファーソニアンは、大統領に権限が集中することを嫌った。

フランクリン・ルーズベルトは、大統領に権限を集中させた。その集中は一九二九年に発生した恐慌（不況）からの脱出を名目にしたニューディール政策を実行する過程で進められた。ルーズベルトが見出した若手経済ブレーン集団（ブレイン・トラスト）は次々に国家社会主義的な性格をもった連邦政府組織を設立し、議会のコントロールがきかない予算を手中にしていった。どのような組織が生まれたかは本書に詳しい。NRA（全国復興庁）、AAA（農業調整局）、TVA（テネシーバレー開発公社）などの頭文字三文字の新組織が潤沢な予算を与えられ景気回復に努めた。新組織の配分する資金がルーズベルトの権力を強化したのである。しかし、こうした組織は景気回復に何の効果も生みはしなかった。一九三七年にはあらたな不況に襲われ、一千万を超える失業者が世に溢れた。

本書でも述べられているように、ニューディール政策を推進した経済ブレーンは社会主義思想を持つ者が多かった。中には後にソビエトのエージェントであったことが判明した者もいた。ルーズベルトがスターリンに無警戒だった理由もここにあった。共和党政権が承認を拒んでいたソビエトロシアを、大統領就任早々に承認（一九三三年）した事実は、ルーズベルト政権のソビエトとの親和性が極めて高いことを示していた。

フィッシュは共産主義を嫌っていた。全体主義の権化である共産主義思想が州権を尊重する思想と馴染むはずもなかった。フィッシュがアメリカ国内の共産主義活動の調査委員会をワシントン議会に発足させたのは一九三〇年のことである。この委員会はフィッシュの名をとってフィッシュ委員会と呼ばれた。大統領への権限の集中を嫌い、ソビエト（共産主義思想）を警戒するフィッシュが、ルーズベルトの政治に批判的になるのは自然の成り行きであった。

ルーズベルトにとって、ハミルトン・フィッシュの存在は実に不都合であった。上記のような思想的な違いに加え、フィッシュは家系的にもルーズベルト家に遜色ない典型的なオランダ系WASP（ホワイト、アングロ・サクソン、プロテスタント）であった。ニューヨーク周辺に多かったオランダ系WASPはニッカーボッカーと呼ばれているが、フィッシュ家はルーズベルト家と双璧をなすニッカーボッカーの名門だった。フィッシュの祖先はニューヨークがオランダの植民地時代のオランダ総督にまで遡ることができたし、彼の祖父はグラント政権時代の名国務長官であった。その上、ハミルトン・フィッシュには輝かしい軍歴があった。前線に出て現実に戦い、シルバー・スター勲章まで授与されている。フィッシュは、ルーズベルトのように、ふかふかの椅子に座って軍事を語る、いわゆる「肘掛椅子に座った軍国主義者（armchair jingoist）」ではなかった。軍歴だけではない。学歴も全くひけをとっていない。ハーバード大学法学部に学び、フットボール部のスター選手であり、更には成績優秀な学生だけが入会を許される排他的親睦組織ポーセリアン・クラブのメンバーでもあった。ルーズベルトもハーバードに学んだが平凡な成績で勉強も好きではなかった。

すべての分野で、ルーズベルトに劣等感を感じさせるフィッシュは野党共和党の重鎮であり、ヨーロッパの戦いに介入したいルーズベルトの干渉主義的外交をことごとく「妨害」した。フィッシュはルーズベルトにとって厄介な政敵であった。さらにルーズベルトを刺激したのは、ニューヨークの自邸がフィッシュの選挙区内にあったことである。権力を掌握したルーズベルトにとってフィッシュは獅子身中の虫であった。それも大型の虫であった。だからこそルーズベルトはフィッシュを「最も恐れ、そして激しく嫌悪」したのである。

ルーズベルトはただ一点においてフィッシュを上回る才能を持っていた。それは「政治屋」としての能力であった。ヨーロッパの戦いへの非介入を願う、八〇パーセントを超える世論と、七五パーセントのワシントン議会の議員の意向を逆転させるために、自身が「最も恐れ、そして激しく嫌悪」する男を利用したのである。日本を経済的に追い詰めたうえ、アメリカへの完全なる隷属か戦争かの二者択一を迫る「ハル・ノート」を、議会に隠したまま日本に手交した。その結果、日本は真珠湾を攻撃した。ハル・ノートを知らされていないフィッシュも、アメリカ国民も日本は気が触れたと怒りに震えた。ルーズベルトの行なった対日宣戦布告を求める演説に続いて、フィッシュに対日戦争容認演説をさせることに成功したのである。非干渉主義のリーダー的存在であったフィッシュ議員の演説の効果は絶大であった。そのことはその後の歴史が示している。

ルーズベルトの死後、彼の外交の実態が次々に明らかにされていった。ルーズベルトはハル・ノートを隠していただけではなかった。なぜポーランドは強大なドイツの軍事力を前にして、他のヨーロッパ諸国もあきれるほど頑なにドイツとの妥協を拒んだのか。イギリスやフランスがなぜその安全保障になんの関係もないポーランドを守るためにドイツに宣戦布告したのか。そうした当たり前の謎を氷解させるルーズベルトの対ヨーロッパ外交の実態が明らかになったのである。

私には、フィッシュがいつの時点で騙されたことを確信したのかわからない。それがいつであったとしても、フィッシュはその怒りをすぐには公にはできなかった。もちろん怒りを公にすることは自らの愚かさをさらけ出すことであったからそれなりの躊躇はあっただろう。

しかし、公にできなかったのはそのようなパーソナルな理由ではない。ルーズベルト外交のもたらした異形な世界、つまり共産主義者の跋扈する世界が出現していたからである。中国が共産化し、朝鮮戦争ではアメリカの若者が再び血を流す羽目になった。そしてベトナムでは泥沼の戦争が続いていた。「それみたことか」とルーズベルトを非難することはいつでもできた。しかしフィッシュはアメリカの若者が戦っている現実を前にしてそれができなかった。抑制し続けた怒りを爆発させるためには一九七六年まで待たなくてはならなかった。一九七六年の持つ意味は冒頭に記したとおりである。

本書の日本語訳の発表が奇しくも二〇一四年になったことも何かの因縁であると私は思っている。この年は第一次世界大戦勃発から百周年にあたる。ヒトラーのポーランド侵攻（一九三九年）から始まったヨーロッパの戦いも、真珠湾攻撃（一九四一年）から始まった太平洋方面の戦いも、その原因は第一次世界大戦にあった。しかし、あの戦争の原因はよくわからない。昨年（二〇一三年）ごろから、アメリカやカナダの書店には、あの戦争の原因を探る書が溢れ始めた。それらを読んでも原因をピンポイントに説明できていない。

オーストリア皇太子夫妻の暗殺事件は確かにきっかけとはなった。しかし、ヨーロッパ諸国が戦いを始めるきっかけとなり得る事件はそれまでにも多々あった。モロッコでもバルカン半島でも複数回の衝突危機があった。なぜその時には自制したヨーロッパ諸国が一九一四年六月の暗殺事件では抑制的態度がとれなかったのか。書店に並ぶ多くの書は懸命にそれを解き明かそうとするが、どれも腑に落ちないあとづけの説明でしかない。

暗殺事件の起きた日曜日（一九一四年六月二十八日）はのんびりしたものであった。暖かい陽気に恵まれたパリ郊外のロンシャン競馬場には、ポワンカレ大統領が訪れ、その横には駐仏オーストリア大使の姿もあった。ドイツのキール軍港ではイギリス艦隊が表敬に訪れ親善行事を繰り広げていた。そこにはご自慢のヨットでかけつけたヴィルヘルム二世の姿があった。ドイツ参謀総長のモルトケも温泉療養に出かけていた。ヨーロッパのどこにも緊張した雰囲気はみられなかった。それにもかかわらず、皇太子暗殺事件をきっかけにして、ヨーロッパ諸国は戦いを始めてしまった。そこにいたるまでの彼らのさまはまるで、ふらついて歩く「夢遊病者（sleepwalkers）」のようだった[1]（クリストファー・クラーク）。

原因をピンポイントで説明できない戦いに、どの国が不正義を働いたかなど決められるものではない。しかし、アメリカの支援を取り付けることを外交目標としてきたイギリスは、ドイツを完全な悪玉にするプロパガンダに成功した。フィッシュが命を懸けた戦いも、所詮は、イギリスに利用されたアメリカの参戦がもたらしたものだった。アメリカが参戦さえしなければ、ヨーロッパ諸国の力関係でどこかに落としどころを見出していたにちがいない。彼らは国境の線引きがいかに難しいか熟知している。彼ら自身が戦争の終結のための線引きをしていれば、あとに残る恨みも少なくなったはずであった。

一九一四年は、アメリカがヨーロッパ問題非干渉の伝統を破った第一次世界大戦の勃発の年であり、今年はそれから百年目の節目の年なのである。期せずしてこの年に日本の読者に本書を紹介できることになったのも歴史の偶然である。

本書を読了された読者の多くが、これまで理解していた歴史観への疑問が湧いたのではないか。英チェンバレン首相の対独宥和政策は、弱腰外交の代名詞となっているが、それは正しい評価なのか。ドイツとの宥和政策が成功していれば、ドイツはソビエトに矛先を向ける可能性が高いとみていた多くの政治家の存在はなぜ隠されているのか。ドイツとソビエトの戦いの必然性を理解していた政治家にとっては、ドイツが独ソ不可侵条約を結んでもなおソビエト侵攻（一九四一年六月）に打って出るだろうことは予想できた。本書は私たちの頭の中に根を下ろした通説の歴史観にも挑戦しているのである。

ルーズベルト外交は正しいとする史観（ルーズベルト神話）に疑義を呈する本書は、「正史」（コインの表側）に対する「外史」（コインの裏側）である。本書の原題が「*FDR: The Other Side of the Coin*」とされているのはそういう意味である。「正史」を信じる歴史家に無視されてきた本書を、二〇一四年という節目の年に翻訳上梓できたことは訳者として望外の喜びである。フィッシュが亡くなったのは一九九一年のことだった。本書が、日本の読者に、より広い視点で歴史を解釈するヒントを与えることができたら、泉下のフィッシュも必ずや笑顔を見せるに違いない。

今回の訳出作業にも草思社編集部の増田敦子さんの協力を得た。この場を借りて謝意を表したい。

二〇一四年五月

渡辺惣樹

注

1　Christopher Clark, *The Sleepwalkers*, Allen Clark, 2013.

参考資料(1)　ルーズベルト大統領「恥辱の日演説」の嘘

以下はルーズベルト大統領が一九四一年十二月八日に議会で行なった対日宣戦布告の承認を議会に求める演説の一部抜粋である。

「わが国と日本は平和状態にあり、同国政府および天皇と、太平洋方面における、和平維持に向けて交渉中であった。実際、日本の駐米大使らは、日本の航空隊がオアフ島攻撃を開始してから一時間後に、直近のわが国の提案に対する公式回答を国務長官に手交したのである。この回答には、これ以上の交渉の継続は無益であると述べられているが、戦争行為あるいは武力行使を示す言葉は含まれていなかった」

右の大統領の説明は全くの嘘である。真珠湾が攻撃された前日の午後六時には解読された日本の暗号を大統領は確認している。大統領が「これは戦争ということだな」とつぶやいたことは多くの証言から明らかになっている。従って、議会演説のおよそ十八時間前には日本の軍事行動が近いことを知りながら何もしなかったことがわかる。それどころかその事実を隠そうとした。わが国歴史上最悪の隠蔽工作である。その結果として先の大戦にわが国は巻き込まれ、三十万人が戦死し七十万人が負傷した。戦費は五千億ドルにのぼった。

大統領の隠蔽は少し前から始まっていた。十一月二十六日には日本に対して最後通牒を手交していた。ベトナム、中国、満州からの撤退を要求するものであった。日本はこれで完全に追い詰められた。戦争か、腹切りか。この二者択一を迫られたのであった。このことは議会に全く報告されていない。合衆国憲法に明白に違反する行為であった。

参考資料(2) ジェイムス・フォレスタル海軍長官「日記」(抜粋)

一九四四年八月二十五日の閣議について。

「ルーズベルト大統領はヘンリー・モーゲンソー財務長官と昼食をとって戻ってきた。午後に始まった閣議で、大統領はモーゲンソー長官とドイツの戦後処理について話し合っていたと語った。陸軍のほうで考え方をまとめているらしい。大統領はその原案がドイツに対する厳しさに欠けていると述べた。ドイツには生きていくのにぎりぎり程度の食糧供給でよいというのが大統領の考えであった。

バーンズはこのときの様子を記憶している。大統領はドイツの戦後処理を扱う委員会をモーゲンソーに任せる考えであると述べた。これにはハル国務長官もスチムソン陸軍長官も驚きを隠せなかった。大統領は陸軍の原案の一部を読み上げ、示されている手法がドイツに対する厳しさに欠けると不満げであった。

ハル長官は(一九四四年九月に開かれた)第二回ケベック会談には出席しなかった。出席したのはモーゲンソーであり、彼はドイツの戦後処理の原案をルーズベルトとチャーチルに承認させている(訳注:ドイツに対する条件はイギリスの反対で若干緩和された)。バーンズによれば、ハル長官が辞意を表明したのはこの会談にひどく立腹したからだったらしい。

ジョン・マックロイ[1]（陸軍次官）から聞いたのだが（一九四四年九月十八日）、モーゲンソーの原案はドイツにあまりに厳しい内容であったらしい。スチムソン陸軍長官は頑強にこの案に抵抗したが、最終的に大統領がモーゲンソーに与（くみ）したということである。マックロイは、モーゲンソー案はドイツ経済の破壊を意図するものであり、ドイツの窮乏化と社会秩序の不安定化を招くものであると感じた。陸軍には秩序を回復することが求められる。しかしモーゲンソー案は、秩序の回復どころか、民衆の反発を招き、社会の秩序破壊をもたらす。そう思わざるを得なかったのである」

注

1　John J. McCloy（一八九五―一九八九）法律家。銀行家。陸軍次官の任期は一九四一年から四五年。

参考資料(3)　カーチス・ドールとジョージ・アールのインタビュー＝ドイツ高官とのドイツ降伏に関わる交渉について

カーチス・B・ドール[1]はルーズベルトの義理の息子にあたる（FDRの娘アンナの夫）。彼には『利用された義父（*My Exploited Father in Law*）』の著作がある。その中で彼は、ジョージ・アール前ペンシルバニア州知事にインタビューしている。アールはFDRの親友であり、FDRによってオーストリア公使、ブルガリア公使を歴任した。

アールがトルコのイスタンブールに駐在官の立場で出かけたのは一九四三年のことである。当時トルコは中立国であり、バルカン半島やドイツ国内の情報を入手するのに都合がよく、そうした情報はワシントンに送られた。ドールがアール公使と昼食を共にしたのは戦後ずいぶんと経ったころであった。

このときドールに「ドール君、僕は君のお義父さんに、この戦争を速やかに止める方法があると伝えたことがある。私がトルコに駐在武官として赴任していたころのことだ」と話し始めたアールの伝えた内容は次のようなものだった。

アールがイスタンブールに入ったのは一九四三年の春のことだ。ある朝、宿泊先のホテルのドアをノックする音を聞いた。やってきたのは肩幅の広い中肉中背の男であった。彼はヴィルヘルム・カナリスといい、ドイツ海軍の提督でドイツ情報機関の幹部であるらしかった。制服は着用しておらず民間人の格好であった。アールと少し話がしたいということであった。話題はヒトラーについてであった。アールは、カナリスが言葉に詰まりながらしゃべり始めたことを覚えていた。アールが自分の重大な提案にどんな反応を見せるのか確認しつつしゃべっているようだった。[2]

「ドイツには国を愛してやまない国民がいる。彼らの多くがヒトラーを好いていない。このままではヒトラーが祖国を破滅させるかもしれないと恐れている。カサブランカ会談でFDRとチャーチルが示したドイツへの無条件降伏の要求は、ドイツの将軍たちが呑めるものではない。しかしFDRが栄誉ある降伏を認めるのであれば、そのように進めることは可能だ。そうすれば、西洋文明にとっての真の敵ソビエト共産主義が拡大するのを抑止できる。ドイツ陸軍は部隊を東部戦線に集中させ、ソビエト軍の侵攻を止めることができる。ソビエトは、自らがヨーロッパにおける超大国になり上がろうと企んでいる」

このびっくりするようなカナリスの訪問の後に、ドイツの駐トルコ大使フランツ・フォン・パーペン[3]と会談した。彼は敬虔なローマカソリック信者であった。彼は心情的に反ヒトラーであった。アールは二人の反ナチスの思いに偽りがないように感じられたと述べていた。アールは、ソビエトが密かに侵攻計画を立てていることを察知すると、外交行嚢を使った暗号文で、カナリスとパーペンから伝えられた情報をワシントンに報告した。またこの問題についてどのように対処すべきか、至急指示してくれるように要請した。しかしワシントンからは何の指示も返ってこなかった。カナリスがアールに電話をかけてよこしたのは三十日後のことであった。「どうなった」との問いに「まだ何の連絡もない」と答えるのが精一杯であった。

同じような投げかけが東洋協会（the Orient Society）のフォン・レルスナー男爵[4]からもあった。仮にドイツ国内の反ナチス勢力がドイツ陸軍をアメリカ軍に投降させることに成功すれば、連合軍はソビエト軍の中央ヨーロッパ進出の阻止に協力するかどうか確認したいということだった。「FDRがドイツの栄誉ある降伏を認めれば、反ナチス勢力はヒトラーを逮捕し、連合軍に引き渡すということも考えられる。その上で、（ドイツ軍は）ソビエトの侵攻を押しとどめることができる」との考えを示したのである。

アールはこの情報もホワイトハウスに暗号電で伝えた。FDRを満足させるには、反ナチスグループがどのような条件を提示すればよいのか。それを確認したかったのである。これにもFDRからはなしのつぶてであった。FDRの回答を待つ間にも男爵から新たな提案があった。反ナチス勢力がヒトラーの司令部を包囲し、急ぎドイツ軍を東部方面の防衛に集中させる。その間に連合国との休戦を実現したらどうかというものであった。

アールはこの提案を受け、外交行嚢を使った交信方法だけでなく、陸軍海軍の通信ルートも使って、その内容をホワイトハウスに急ぎ報告したと語っている。ＦＤＲの手元に必ず届くように工夫したのだ。しかし、この報告にも回答はなかった。アールは、ＦＤＲと顧問らは、スターリンの魔術にかかってしまっていたのだろうと回想している。（反ナチスグループはＦＤＲからの前向きな回答を期待して）イスタンブール近郊に航空機を準備させていた。アールをドイツ国内の秘密の場所に運び、より具体的な降伏条件を提示しようと考えていた。しかしドイツ機の手配は徒労に終わった。ＦＤＲからは何の指示もなかった。アールは苛立ち、その苛立ちは次第に失望に変わったのである。

待ちに待ったＦＤＲからの回答は、本件についてはヨーロッパ司令官に報告し、その指示に従えというものであった。アールはＦＤＲの態度に落胆し、これ以上の交渉を諦め、帰国したのであった。

「私は用無しになったと感じ、帰国した。そして危惧したとおり、ソビエトはヨーロッパにその勢力を大きく広げた。私はアメリカ国民に、ヨーロッパで何が起こっているか、そしてＦＤＲが友国であるとするソビエトの実態を伝える義務があると感じた。その考えを大統領に伝えると彼は強く反発し、私の考えを公表することを禁じた。しばらくすると、私の次の任地は太平洋のサモアであると知らされた」

アールはＦＤＲの友人でもあり支持者であった。上記の情報はそうした人物によってもたらされたものである。ドイツが降伏する十八ヵ月も前に、ドイツは降伏条件を打診していた。ヒトラーを殺害するか、あるいはアメリカ軍への引き渡しの可能性が反ナチス組織から伝えられていたのである。その見返りの条件はソビエトが東ヨーロッパを席捲する前にドイツ軍が防衛に当たるというものだった。この構想が実現しなかったことは悲劇というほかはない。

アメリカは自由と民主主義のために戦ったはずである。しかし東ヨーロッパではその理想は破壊された。ルーズベルトは結局のところ、（反ナチス勢力の構想を無視することで）ナチズムを葬るという動きを受け入れず、ポーランドを共産化から防ぐこともしなかった。アメリカ国民はアールを通じた対独戦争早期解決の動きがあったことなど知りはしない。ルーズベルトがこのとき示された条件付き降伏を受け入れていたら、そこでヒトラーの命脈は尽きていた可能性があった。そうなっていれば、チェコスロバキアからも、ポーランドからも、そしてハンガリーからも自由と民主主義の灯が消えることはなかったのである。戦いが一年半早く終わっていれば、多くのユダヤ人がガス室に送られなくても済んだだろうし、アメリカの若者の多くが命を落とすこともなかったのである。

注

1　Curtis B. Dall（一八九六―一九九一）銀行家。ルーズベルトの娘アンナの夫。

2　Wilhelm Franz Canaris（一八八七―一九四五）ドイツ海軍情報部長。ヒトラー暗殺計画に関与したとして処刑されている。

3　Franz von Papen（一八七九―一九六九）ドイツ首相、ヒトラー内閣の副首相など歴任。一九三九年から四四年まで駐トルコ大使。

4　Kurt von Lersner（一八八三―一九五四）ドイツ外交官。第一次大戦後のベルサイユ条約ではドイツ首席代表を務めた。

Lawrence Dennis, *A Trial on Trial,* National Civil Rights Committee, 1944.
Martin Dies, *Martin Dies' Story,* Bookmailer, 1973.
Martin Dies, *The Trojan Horse in America,* Dod Mead & Co., 1940.
Dwight Eisenhower, *Eisenhower's Own Story of the War,* Arco Publishing Co., 1946.
James Farley, *Jim Farley's Story,* Whittlesey House, 1948.
Finis Farr, *New Rochelle,* Arlington House, 1972.
John T. Flynn, *As We Go Marching,* Doubleday & Co., 1944.
John T. Flynn, *The Lattimore Story,* Devin-Adair Co., 1953.
John T. Flynn, *The Roosevelt Myth,* Devin-Adair Co., 1948.
John T. Flynn, *While We Slept,* Devin-Adair Co., 1957.
John T. Flynn, *The Final Secret of Pearl Harbor,* 1945. 出版社不明。
John T. Flynn, *The Smear Terror,* 1947. 出版社不明。
James Forrestal, *The Forrestal Diaries,* Viking Press, 1951.
Donald Geddes 他、*Franklin Delano Roosevelt: A Memorial,* Pocket Books, 1945.
John L. Gilbert 他 , *The New Era in American Foreign Policy,* St. Martin's Press, 1973.
Hartley C. Grattan, *The Deadly Parallel,* Stackpole Books, 1939.
John Gunther, *The Riddle of MacArthur,* Harper & Bros., 1950.
Ernst Hauptaengl, *Unheard Witness,* JB Lippincott. 出版年不明。
Herbert Hoover, *America's First Crusade,* Charles Scribner's Sons, 1942.
Alistair Horne, *To Lose a Battle: France 1940,* Little Brown & Co., 1969.
Cordell Hull, *Memoirs of Cordell Hull,* Macmillan Co., 1948.
Frazier Hunt, *The Untold Story of Douglas MacArthur,* New American Liberty, 1964.
Harold Ickes, *The Autobiography of a Curmudgeon,* Reynal & Hitchcock, 1964.
Harold Ickes, *The Secret Story of Harold Ickes,* Simon Schuster, 1953.

参考文献

Bernard Baruch, *The Public Years,* Holt Rinehart & Winston, 1960.

Charles A. Beard, *American Foreign Policy in the making,* Yale University Press, 1946.

Charles A. Beard, *President Roosevelt and the coming of the war, 1941,* Yale University Press, 1948.

Jozef Beck, *Final Report,* Robert Speller & Sons, 1957.

David Bergamini, *Japan's Imperial Conspiracy,* William Morrow & Co., 1972.

Jim Bishop, *FDR's Last Year,* William Morrow & Co., 1974.

James MacGregor Burns, *Roosevelt: The Soldier of Freedom,* Harcourt Brace Jovanovich, 1970.

James F. Byrnes, *Frankly Speaking,* Harper & Bros., 1947.

Eugene W. Castle, *Billions Blunders and Baloney,* Devin-Adair Co., 1955.

William H. Chamberlain, *America's Second Crusade,* Henry Regenery Co., 1950.

William H. Chamberlain, *The European Cockpit,* Macmillan Co., 1947.

William H. Chamberlain, *The End of the Beginning,* Boston Little Brown Co., 1943.

William H. Chamberlain, *The Gathering Storm,* Houghton Mifflin Co., 1948.

William H. Chamberlain, *The Hinge of Fate,* Houghton Mifflin Co., 1950.

Jan Ciechanowski, *Defeat in Victory,* Doubleday & Co., 1947.

Don Congdon, ed, *Combat: World War2 Vol. 1 European Theatre,* Dell Book, 1958.

1st Session, May 1943. 第七十八回議会議事録。

Curtis B. Dall, *FDR: My Exploited Father in Law,* Action Associates, 1970.

索　引

ア

カ

サ

タ

ナ

ハ

マ

ヤ

ラ

ワ

＊本書は、二〇一四年に当社より刊行した著作を文庫化したものです。

草思社文庫

ルーズベルトの開戦責任

2017年4月10日　第1刷発行

著　者　ハミルトン・フィッシュ

訳　者　渡辺惣樹

発行者　藤田　博

発行所　株式会社 草思社

〒160-0022　東京都新宿区新宿5-3-15
電話　03(4580)7680(編集)
　　　03(4580)7676(営業)
　　　http://www.soshisha.com/

印刷所　株式会社 三陽社

付物印刷　株式会社 暁印刷

製本所　加藤製本 株式会社

本体表紙デザイン　間村俊一

ISBN978-4-7942-2266-4　Printed in Japan

草思社文庫既刊

渡辺惣樹
日本開国
アメリカがペリー艦隊を派遣した本当の理由

1854年のペリー再来航の本当の目的は何だったのか。米側の史料を丹念に読み解き、開国のシナリオを練ったアーロン・パーマーの動向から今日に至るまで、一貫するアメリカの対日政策の原型を描き出す。

渡辺惣樹
朝鮮開国と日清戦争
アメリカはなぜ日本を支持し、朝鮮を見限ったか

維新まもない日本が日朝修好条規を結んで朝鮮開国の役割を担い、その後朝鮮の独立を承認させるために清国と戦ったのはなぜか？ 米国アジア外交の視点を加えることで謎が解き明かされる新・日清戦争開戦史。

チャールズ・マックファーレン　渡辺惣樹＝訳
日本1852

天皇と将軍、宗教、武士道、民族性、ルーツ――米英は1853年のペリー来航以前に、日本と日本人について恐るべき精度で把握していた。大英帝国の一流の歴史・地史学者が書いた驚きの〝日本の履歴書〟。

草思社文庫既刊

鳥居 民
日米開戦の謎

昭和十六年の日米開戦の決断はどのように下されたのか。避けなければならなかった戦いに、なぜ突き進んでいったのか。当時の政治機構や組織上の対立から、語られることのなかった日本の失敗の真因に迫る。

鳥居 民
原爆を投下するまで日本を降伏させるな

なぜ、トルーマン大統領は無警告の原爆投下を命じたのか。なぜ、あの日でなければならなかったのか。大統領と国務長官のひそかな計画の核心に大胆な推論を加え、真相に迫った話題の書。

鳥居 民
昭和二十年 全13巻

太平洋戦争が終結する昭和二十年の一年間、何が起きていたのか。天皇、重臣から、兵士、市井の人の当時の有様を公文書から私家版の記録、個人の日記など膨大な資料を駆使して描く戦争史の傑作。